今井兼次

建築創作論

鹿島出版会

今井兼次 1977年5月6日撮影

早稲田大学図書館　1925 年

碌山美術館　1958 年

東洋女子短期大学壁面陶片モザイク　1961 年

日本二十六聖人殉教記念館　1962 年

日本二十六聖人殉教記念館聖堂　1962 年

訪問童貞会修道院聖堂　1965 年

桃華楽堂　1966 年

遠山美術館　1970 年

刊行の言葉

今井兼次は一八九五年（明治二八年）一月一一日、東京青山権田原町に生まれ、早稲田大学で建築を学び、卒業と同時に助教授として大学に残り、初期の代表作「早稲田大学図書館」（一九二五）を完成させた。一九二六年欧米の地下鉄調査のために渡欧し、モスクワでシュッセフに、ストックホルムでエストベリ、アスプルンドに会い、ベルリンでは地下鉄調査の傍ら、ペルツィッヒやメンデルゾーンに、デッサウではグロピウスに、パリではル・コルビュジエに会い、ドルナッハではシュタイナーのゲーテアヌムを、バルセロナではガウディのサグラダ・ファミリアを訪ね、アメリカ経由で帰国している。

帰国後、今井兼次は上野—浅草間の「東京地下鉄道銀座線」（一九二七）の駅舎、ホームの設計を行い、「早稲田大学演劇博物館」（一九二八）、創設に関わった「多摩帝国美術学校校舎」（一九三五）、母校「日本中学校校舎」（一九三六）、代々木「航空記念碑」（一九四一）等を完成させている。

そして戦後間もない一九四七年、マリア静子夫人を失い、一九四八年「十字架のヨハネ」の霊名でカトリックの洗礼を受けている。それからは「西武ユネスコ村」（一九五二）、「根津美術館」（一九五四）、「カトリック成城教会聖堂」（一九五五）、「碌山美術館」（一九五八）、「跣足男子カルメル会修道院聖堂」（一九五九）等を次々に設計し、六五歳の時、「大多喜町庁舎」（一九五九）で「日本建築学会賞」を受賞する。そして今井兼次の代表作「日本二十六聖人殉教記念館」（一九六二）が続き、「訪問童貞会修道院聖堂」（一九六五）を経て、皇后陛下御還暦記念音楽堂「桃華楽堂」（一九六六）では「日本芸術院賞」を受賞している。その創作活動はさらに「大隈記念館」（一九六六）、「遠山美術館」（一九七〇）へと続き、一九七七年には「近代建築のヒューマニゼイションによる建築界への貢献——作家研究と作家活動の詩的統合」によって「日本建築学会大賞」を受賞し、「日本芸術院会員」として晩年を迎えている。その創作エネルギーは尽きることなく、そのスケッチは入院先の病院でも続けられ、復活祭の夕日を絶筆として一九八七年五月二〇日、九二歳を以て他界した。

日本の近代建築史の中で今井兼次の占める位置は独特なものである。近代建築運動が華やかなりし時代の中で、今井兼次はその流れに大いなる関心を寄せながら、その流れに流されることは決してなかった。今井は近代建築の歩みの中でル・コルビュジエに感動しつつ、同時にアッシジのサン・フランチェスコ聖堂に感動する作家であった。その感動は人間的なものに対する限りない愛情に由来し、今井はそれを数々の建築作品によって身を以て示している。その作品はモダニズムの時代にありながら、モダニズムの枠を超えていたために、今日においてもその精神の輝きを失ってはいない。

かつて一九九三年から一九九五年にかけて『今井兼次著作集一、二、三、四巻』（中央公論美術出版）が出版された。それ以来久しく途絶えていた刊行事業が、多摩美術大学今井兼次共同研究会の手により再開されることになった。それは「概論——建築とヒューマニティ」（一九九五）、「作家論Ⅰ——私の建築遍歴」（一九九三）と「作家論Ⅱ——芸術家の倫理」（一九九四）、「旅記随想」（一九九四）に次ぐものであり、建築家今井兼次が生涯に亘って創り上げた大部分の建築作品のそれぞれについて自らが語る創作論である。

今回初めて出版される『今井兼次建築創作論』は一九二五年から一九七七年までの五〇年以上に及ぶ芸術家としての創作の喜びと苦しみを表しており、それぞれの作品についての今井兼次自らの言葉を収録している点で、限りなく貴重なものである。それぞれの言葉の中に「人間今井兼次」が生きており、それによって私たちは今井兼次の内面の世界に入ってゆくことができるからである。大いなる過渡期である今日、今井兼次の『建築創作論』が多くの人々に読まれることを願っている。それは混沌の時代の闇を照らす一条の光であり、熱であるからである。

二〇〇九年三月

多摩美術大学 今井兼次共同研究会

目次

凡例

本書は、建築家今井兼次が残した建築作品について、今井自身が発表し、あるいは生原稿として書き残した創作論を年代順にまとめたものである。それ故、作品の存在は知られていても、それについての創作論がないものは含まれていない。

本書に収録される論文は、一九二五年から一九七七年に及んでいるため、その編集に当たっては、旧漢字、旧仮名を、新漢字、新仮名に改め、明らかに誤植と思われるものの他は、原文を可能な限り忠実に再録している。ただし、今井が好んで用いた旧漢字にはルビを付し、今井の造語として理解できるものはそのままにしている。作家名に関しては同一作家の場合は、例えばオエストベルヒ、エストベルク、エストベリーのように表記が異なっているものは、索引を設ける便宜上、「エストベリ」に統一している。

本書の構成としては、口絵に八枚のカラー写真を収録した。

各作品の冒頭には写真による扉ページを挿入し、作品名、竣工年、所在地を表記した。

文章ページに関しては、上方四分の一を余白とし、図版や註を適宜挿入している。必要と思われる人名註に関しては、各種人名辞典によっている。文末には、文章の執筆日を〈　〉で、掲載誌名を（　）で表示した。

図版に関しては、創作論という性格上、本文の理解に必要と思われる図版に限定している。特に文中に図版説明があるものは、その図版または類似のものを収録するが、同一作品が複数の雑誌に発表されている場合は、掲載図版を適宜選択している。未発表の今井兼次のオリジナル・スケッチがあるものは、できるだけ多くこれを収録している。

今井兼次 建築創作論

早稲田大学図書館

1925年
東京都新宿区西早稲田

早稲田新図書館建設の感想

このたびの図書館建設という一大画線によりまして、吾が学園の脈搏がより健やかな整調さで波打ち始めましたことは、建設の一員として働き得た私どもにとってこの上なき歓びであります。私自身寸暇を得ては生きたこの仕事への精進が素晴らしい程愉快でありました。この実際の仕事から受けた体験は私ばかりでなく恐らくこの建設に直接関与された数人の人々にとって一つの里標にもなり、将来幾倍の勇気と力を賦与されたか解からないと思います。真に貴い体験でありました。一つに学園億万の学徒への棒げ物が出来上りましたこの日ともどもに悦びを分かちたいものと思います。ことに建築学科教室の教授諸氏、先輩学友の指導に対しては多分の御礼を申し述べねばならないと存じます。

建築が地上に構成せられたる場合、多くの衆人に考えて頂きたいと思うことは、その建築建設の意義であります。これが建築の根本第一義の問題であろうと思います。新図書館の建設が吾が学園に、吾が学界にどれだけの意義をもたらすものであるか、数万の学徒の研学の聖地となるか、どれ程社会の人々に歓びを語るものかを第一に考えて頂きたいと思います。而して互に慶賀したいと存じます。

建築の型態様式が個々の趣味によって支配せられ、之によって建築の価値を絶対評価せんとすることは危険かつ軽浮なことと言わねばなりません。民衆指導の地位にあられる

外観

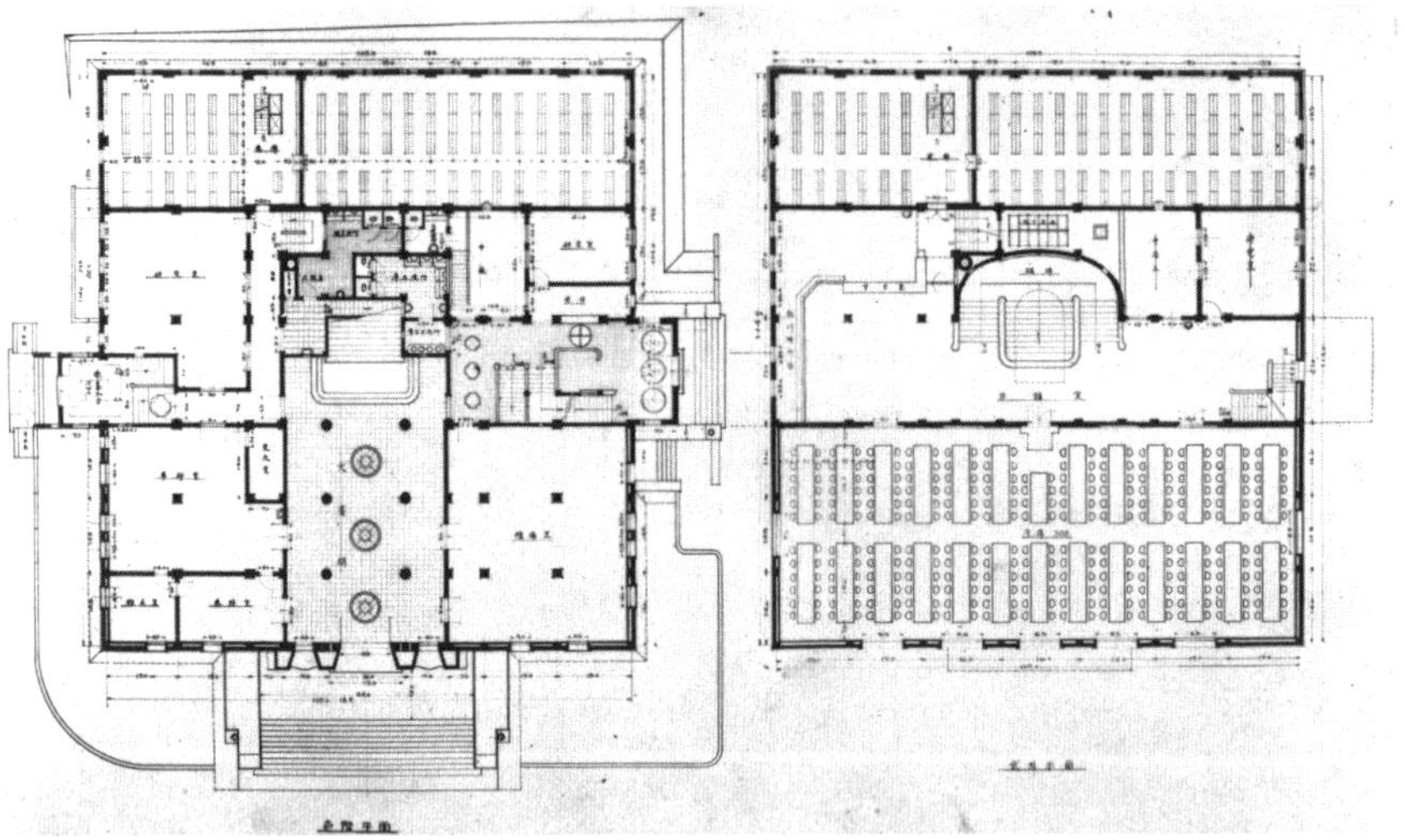

平面図

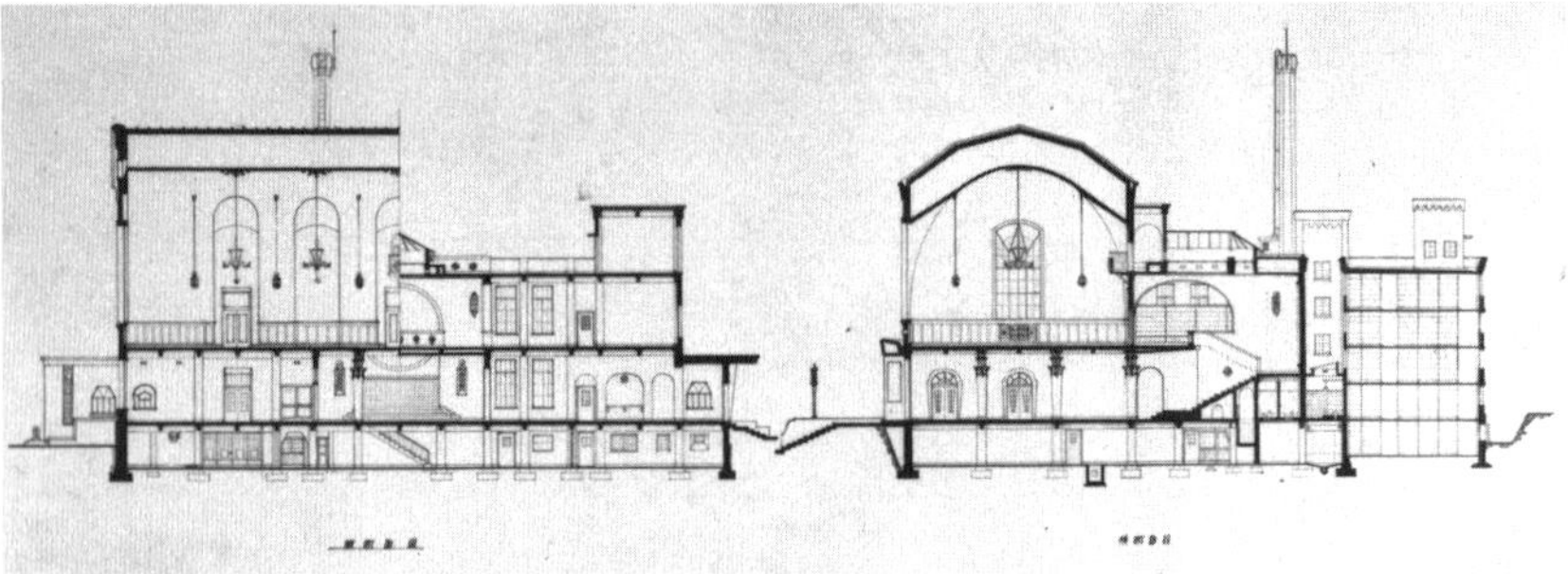

断面図

外観

方々に慎んでもらわねばならぬ点はここにあろうと思います。
建築の第一義はその建設の社会的意義の内に見出されるべきであると、私はくれぐれも言ってみたいのであります。殊に公共建築にあってはそうでありましょう。極端になるかも知れませんが、私にとっては外観から来る、いわゆる容姿によってその人間価値を絶対評価するだけの勇気を持ちあわせておりません。かかる誤りに近い考察から楽に遠ざかりたいと思います。お白粉の濃淡、紅の色合やその付け所の趣味で人間価値の移動されることは不思議この上ないことと存じます。

建築の作品、地上に形成された建築はこの建設にかかわった衆人の作物であると私は考えてみたいのであります。
数十人、数千人、数万人、数百万人の人達の共同労作と考えてみたいのであります。地上に形成された建築が何んで一個人の作品であり、功名であり得ようかというのでありましょう。個々の貴い筋肉労作と建設的精神が有機的に意義ある結合をして後、建築ははじめて地上に構成されるのであります。地上構成の建築が絵画彫刻と異なる点はここにもあると思います。

紙上に立案せられた建築、即ち「ペーパー・アーキテクチャー」については一個人の作品なり考えになってもよいと思いますが、一度地上に建設されし後の建築はどれ一つとして個々の力を費やさずに出来上りしものは無いのであります。生きた壁面、力強き柱もそうであります。到底一個人の力で構成されるものではないと私は考えております。指導者

正面大扉

と働きをともにする幾多の建設精神の賜《たまもの》によって地上建築は構成されるものでありましょう。

でありますから、この大図書館はこれを築き上げるにたずさわりし数万人の共同作品と考えてみたいのであります。一つの社会事業としてこの仕事に従事した私はすっかり肩のこりを落して建設の一員として働くことが出来ました。

職人や働き者の内に美しい希望を持って働く物語の数々を覚えております。ちょうど学園の人々のように、いまそれ等の人達を讃美したいと存じます。

正面大玄関広間の真白い六円柱を皆さんは御覧になったことと思います。この六本の柱を仕上げるに一つの物語があります。残り少ない時間に若い二人の左官職ははげみにはげんで仕事に掛かったのです。ある時は蝋燭の燈火で懸命に働かねばならぬこともあったが二人は二本、三本と日を追って柱を白亜に塗り上げて行ったのです。塗り上げるべき最後の六本目の日が来たのです。この日の朝、年長の職人は盛装した自分の妻と三人の幼い子供を連れてこの大広間の一隅に座を占めました。男は相変らず二人で働きつづけて行きました。やがて最後の柱は仕上げられました。希望を以て働いた青年は親子して終日今まで自分達が仕上げきった六本の白柱をあかずながめて安心の姿で広間を去って行きました。

この光景はいじらしくも自分には有り難いものでありました。

今一人、二十九歳の錺職《かざり》はこれが自分のこの職に対する最終の制作だといって、痛めし

大階段室

脚部を曳きしめながら働くけな気さを覚えています。勇躍して仕事に尽瘁《じんすい》した者程雄々しいものはないと思いますが、幾多の希望を持って働く人達によってこの図書館が形造られたことは何より意義多きことと言わねばなりません。

労働賃金によってのみ職人は働くものではない。一日の日当だけ働いて貰うとする愚かさを忘れたいものです。彼等にはあがない得ざる高価な仕事に奉仕する熱情があります。新図書館の建設の意義にこの心情のこもれることは私どもの感謝すべきことであります。

いかに麗わしい、いかに整いし建築物であっても幾多の犠牲者、幾多の犯罪がその建物の建設に含まれて出来上りましたものの建築価値は鈍いものでありましょう。建設の意義を辿りながら歓喜と希望の内に創り上げられた共同労作の建築こそ社会的意義ある立派なものとして私は選ぶでありましょう。

この一年有半の間、現工事中に顔を合せた職人等とは、一個の「アトリエ」にて制作にふけるがごとき愉快さを感じました。彼等は私どもの佳き友人であり援助者であった。各自仕事を終えてこの建物から立ち去る態度は建物への惜別を包む歓びの態度であります。かくて彼等は仕事の上達、知識の獲得をよろこんで帰って行きます。彼等の労を何等かの方法によって犒《ねぎら》う時を持ちたいものと思います。

建築の建設には友愛的協力が必要であります。一労働者に至るまでお互いの協力と信頼

大階段室と円形壁画

を必要とするものです。

「ラスキン*」を知り「モリス*」を知る方々にはこんなことはよく御承知のことと思います。言葉の門は楽にくぐれましょう。けれども実行の門はなかなか堅く鎖ざされているもののようでございます。

「ライブラリー」は思索をする場所であるという意味で計画してあります。私は日頃から建築には科学上、数理上の答の他に何物かが付け加えられねばならないと思っております。それは信仰そのものであると言いたいのであります。光や影、面、音、色彩から来る感情教化の印象、これが多分にその背景となることでありましょう。

新図書館の建築については教授内藤多仲*先生が詳しく述べられておられますから御覧を願いたいと存じます。

ただ私一個の考えとしては大階段室、直径十五尺（約四五四・五cm）円形壁画の題材であります。これについてはいろいろの人々によって希望あり意見があると思います。私は極く表徴的な構図にしたいと存じております。玄関大広間より大階段室への建築構想は強い表徴を描いているからであります。大なる太陽を中心とした宇宙の体系を描出する壁画が可なり暗示に富んだこの場所にふさわしくはないかと思います。これに当るべき画題がなく作者がいないならば、次の時代へと遺していくぐらいの自重が欲しいと思っています。建築は永い歴史を辿って成長していくものでありますから。

*ジョン・ラスキン
John Ruskin, 1819-1900　十九世紀イギリスの美術評論家。代表作『ヴェネツィアの石』

閲覧室内部

＊ウィリアム・モリス
William Morris, 1834-1896 十九世紀イギリスの詩人、デザイナー。代表作「赤い家」
＊内藤多仲（ないとう たちゅう）
1886-1970 一九一三年、早稲田大学教授。建築構造学者。代表作「東京タワー」

最後に一年有半の間、私どもとともに一心同体となって建設の第一線に立ってよくこの事業の達成につとめた人々の名を列記して敬意を表したいと存じます。

鈴木松太郎君
江口義雄君
篠原規矩雄君

以上三氏は建設実施以来、最後まで一年半を黙々として努力したのであります。

岸野皐一君
横須治吉君
五十嵐牧太君

岸野君は模型作成に力を注ぎ、横須、五十嵐の二氏は主として図面作成当時に働いて頂いたのであります。

構造計算を担当された学友村越安吉君が、この建設の終らざるに先立ち物故されたことは遺憾に堪えない次第であります。

貧しい力を持った人々のこの共同作品が、私どもの手もとを離れるの日、図書館関係の方に、教授、学生諸氏の手厚い保護のもとに幸多き生長を願う次第であります。

〈一九二五年十月二十三日〉

（『早稲田大学新聞』一九二五年十月二十七日号）

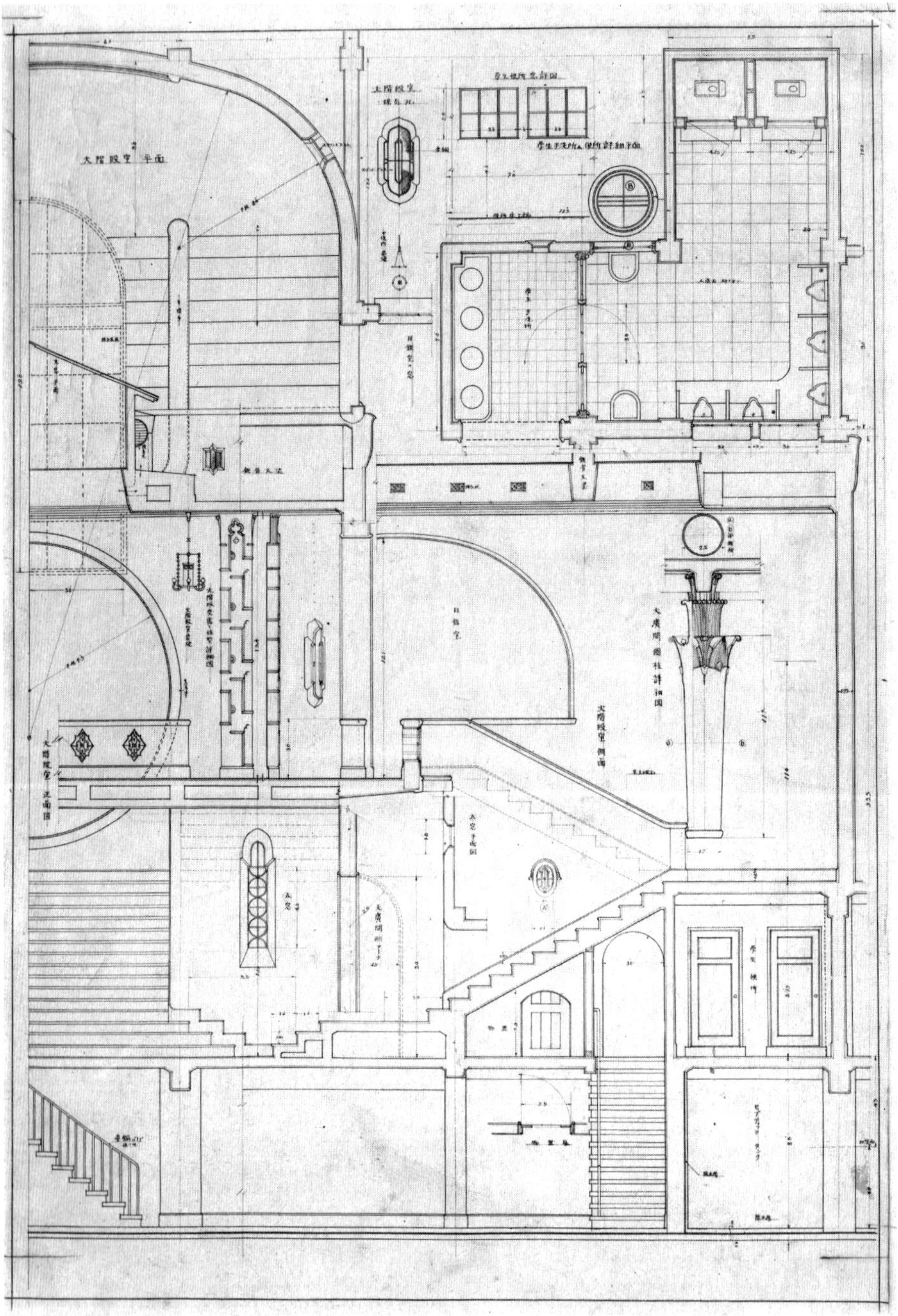

大階段室詳細図

魂を打ち込んだ六本の柱

開館式間際のこと

早稲田大学図書館の開館式が、一週間の後に迫った十月の十三日に、私は図書館長の林癸未夫*先生の所へ呼ばれた。

「どうです。工事の進捗は……。二十日の開館式には間に合いますか？」というお尋ねだ。

「えゝ。ほとんど予定の通り済みましたが、ただ困ったことには正面大広間の六本の柱が仕上らないので、弱っちゃいました。」

「困るなあ、実に。招待状は各方面へ今月の初めに出してあるしね。今になって取消すなんていうことになると、学校として非常な失態だからなあ。あそこは正面玄関だから、あの柱が出来なければとても式を挙げるわけには行かんし……何という職人です？」

「中島武一という左官がやっているんですが……。」

「ふむ。余程怠慢な男と見える。そんな者に任しておいては、何時出来るかわからないから、この際、至急に左官を四、五人増して、徹夜しても構わない。是非間に合わすように命じたらどうでしょう。」

「この工事は七月末までに竣工する予定だったのですが、遅れに遅れてとうとう十月十日まで延期を願って、やっと他の総ての工事は出来上ったのですが、あの柱だけが残りました。中島という男は一生懸命働いているらしく思えるのですが、どういう訳だかまだ仕上

＊林癸未夫（はやし きみお）
1883-1947　早稲田大学法学部教授。同大図書館長。

左官工　中島武一氏

＊中島武一（なかじま　ぶいち）
1898-1944　「六本の柱」の左官職。

げ塗りにもかからないんで……それじゃあ、他に左官を増して、至急竣工させるようにしましょう。」

私はこう答えて、早速工事請負人に相談し、数名の左官を新たに雇い入れることにした。

燃え熾《さか》る芸術

この六本の柱というのは、正面大ホールのタイル張りの床と、暗緑褐色の格天井との間に、左右三対を成して、塊然とそそりたつ純白色の柱なのである。上端の直径二尺五寸、下端は一尺五寸、ゆるやかな円錐状をなしている。一体、左官職の仕事として正円形の柱を塗るのはなかなか難しいとされている。まして円錐柱であるから、これを塗るには余程優秀な腕のある者でなければ出来ない。中島武一＊は棟梁に選抜されて、この名誉ある仕事を任された三十歳位の、まだ若い職工であった。

その中島が仕事を怠けているのだとは考えられなかったが、目前に開館式を控えて、未だ出来上らない所を見ると、案外ずぼらな所があるのかも知れない。とにかく、至急柱を仕上げねばならぬのだから、数人の左官を、明日から手伝わせることに決めた。

このことを棟梁から言い渡された中島は、血相を変えて私の所にやって来た。

「先生――」と、呼びかける彼は、今足場から降りて来たばかり、汗を徹《とお》したシャツは痛々しいばかりに汚れ縒《よじ》れている。

「明日、四、五人の左官が来るという話ですが、そ、それは真実《ほんとう》ですか？」

彼は興奮して、私に詰め寄るように言葉を投げかけた。

「実は、柱の竣工が遅いといって、方々から苦情が出ているのだ。開館式は二十日だから

六本の柱　石膏模型

ね。――君一人の手には余ると思うから、手伝って貰おうと思うのだ。」

「そ、それは酷《ひど》い！」と、温良《おとな》しそうな中島は、平生に似合わず、思わずキッとした語気で言った。

「先生、お願いですから、それだけは止めて下さい！」

「……」

　あまりに中島の気勢が強いので、私には咄嗟《とっさ》の返事は出なかった。

「先生、私は今迄左官として随分いろいろな仕事もして来ましたが、今度のような立派な柱を塗ったことは一度もなかったのです。またこれからだって、あるかどうか解りません。いわば、私にとっては一世一代の仕事です。それで、私はこの仕事にかかってから、他のことは何もかも忘れて、一心不乱にやっております。――私は職人冥利として、自分の満足出来るような立派な仕事を遺さなければ気が済みません。先生、私は決して怠けていたんではないのです。念には念を入れて、一刷毛も一篦《へら》もおろそかにしないようにやっていましたから、それでつい、遅くなりまして、何とも申し訳がありません。お約束の期日までに出来上らなかったのは重々恐れ入りますが、先生、ここまでやって来たのに、明日になって、別の左官に塗られたんでは、私は死んでも死に切れません。どうか、お願いです。あの柱は最後まで、私にやらせておくんなさい。二十日まではあと一週間ありますから、私は休まず眠らず、どんなことがあっても二、三日前に仕上げます。どうか、お慈悲に、私にやらせておくんなさい。頼みます。先生！」

　鏝《こて》を持っている彼の手はぶるぶると激情に震えて、熱い血潮が全身に漲り溢れている。眼には、涙さえ浮べているではないか！

六本の柱　施工風景

私は、何だか胸が込み上げて来るように感じられた。意外！　思いもかけぬ人から、思いもかけぬ言葉を聞くものである。何という尊い精神だ！　私は、彼を怠慢だの腕が鈍いのだのと考えたことを心から恥じた。彼こそは職工の中の職工、左官の中の左官なのだ！

彼は、じっと突立って、私の返事を待っていたが、堪りかねたのか、

「先生、どうですか、駄目ですか？」と怒ったように言った。

「宜《よ》いとも！」と言下に私は言った。

「出来るならば、何日でも君の好きなだけの時間をかけてやってもらいたいんだが、今の場合それは出来ないから、無理でも十八日には仕上げてくれたまえ。雑用は出来るだけ他の人にやらせて、君は専心仕事をやってくれ。——僕が不明だった。許してくれたまえ！」

「いいえ、そんなこと——じゃ、御免下さい。一刻も急ぎますから。」

中島は勇躍して現場へとって返した。それからの彼は今迄にも増して一心不乱。文字通り寝食を忘れて、全心全霊をこの仕事に打ち込んで鏝《こて》を振った。そして、遂に予定よりも早く十七日には完全にその仕事を仕遂げ了《おお》せたのである。

建築現場の異様な光景

秋の空が朗らかに澄みわたった十七日の朝、満身に陽を浴びて、中島は正面玄関を昇って来た。連日の激労と睡眠不足に彼の顔色はわずか褪せてはいたが、しかし、彼の容姿はまるで秋空そのもののように爽やかに感じられた。彼は子供のように嬉しげに、にこにことして、後ろを振り返って手招きして誰かを呼んだ。

と、意外にも、彼のうしろには妻と三人の幼い子供がついて来ていたのである。

彼が一番奥の柱の根本に近く、一枚の茣蓙《ござ》を敷いて、そこに妻子を坐らせた。妻も子供も、今日を晴れと、一番好い着物を身に着けて、つつましげに、しかもいそいそとした風で、茣蓙《ござ》の上に坐って、夫であり父である人の仕事をする様子をじっと見守っていた。

夫は柱の上に登って、嬉しくて堪らないという風に、今日最後の仕上げをする鏝《こて》をせっせと動かしている。妻はその下で、赤児に添え乳をしながら、楽しそうに夫の手許を眺め、三つと五つになる子供は、おとなしく父の仕事の済むのを待っていた。

それは建築工事の現場としては珍しい光景であった。そして容易に見ることの出来ない実に実に美しい光景であった。

中島は我が一世一代の仕事の最後の仕上げを、妻子に見せたかったのである。彼の仕事は、彼一人でやったものではなかった。彼の妻子が常に背後に在って彼を励まし、援けてくれた。だから、その仕上げを、彼は妻子とともに楽しみたかったのだ。

私は、この光景を見て、柱の蔭に立ったまま、天井を仰いでじっと考えに耽った。

一本の柱、一枚の壁も、到底一個人の力で出来るものではない。隠れたる背後の力強い幾人かが常に援けてくれているのだ。柱、壁でさえもそうだ。いわんや一つの建築が出来上るには、幾百人、幾千人、幾百万人の人の力が陰に陽に働いているか解らないのである。

地上に形成された建築が何で一個人の作品であり、功名であり得よう！　それは多くの人の手の、多くの人の魂の共同労作であるのだ。

私は純情溢れるばかりの中島の行動を見て、しみじみ頭が下がるのであった。物を作る一建築に携わる者の悦びがひしひしと身に沁みて感じられた。

柱を廻って

午後になって柱の仕上げは全く済んだ。

「ほらしょ」と言いながら、中島は身も心も軽々と柱から飛び降りて、「あゝ、やっと出来た！」とじっと六本の柱を見廻すのであった。

「やあ、出来た出来た！」と幼い子供も嬉しそうに父の両手に取り縋った。

そこで、この一家族は、柱の根本に集って、にこにことした父から、あすこはああ、ここはこう、と、いろいろと苦心談やら自慢話やらを聞かされ、いちいち頷《うなず》きつつ、立派に出来上った柱を、何遍も何遍も眺めるのであった。

明日になれば、中島はもう此処《ここ》には用のない人であった。だから、この図書館にいることの出来るのは、彼にとって今日が最後である。今迄幾百日の間、毎日毎日手をかけて塗り上げてきた柱である。根限りの力を尽し、魂を打込んで仕上げた六本の柱！　自分ながら立派に出来上ったと思う六本の柱！　中島は、柱を撫で、柱を廻り、その出来栄えを楽しみ、限りなく柱を愛した！

家族は柱の周りに立ったり、また、茣蓙《ござ》の上に坐ったり、尽きることなくこの柱について語り合った。

尊き記念帖

やがて、秋の陽は釣瓶《つるべ》落しに暮れていった。

中島は遂に意を決して、手廻りの道具を一纏《まと》めにして、新しい半纏《はんてん》に着直し、私のいる室へやって来た。

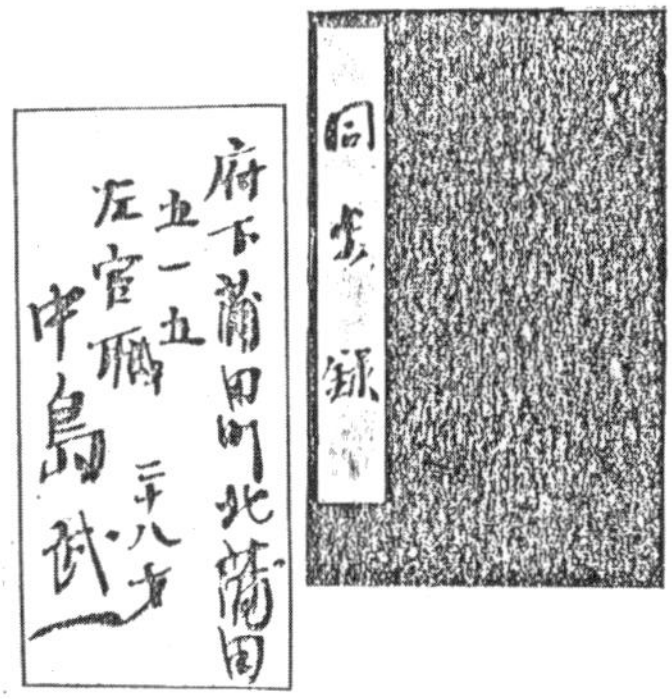

「同歩録」と中島氏の署名

「永い間、いろいろお世話さまになりまして、ほんとに有難うございました。もうこれでお暇します。どうかお達者にお暮らしなすって……私は滅多《めった》に図書館へ来ることもありませんから、いつまたお目にかかれるか解りませんが、あの柱を御覧になる時には、中島という奴が、あれを塗ったんだということを思い出してやって下さい。」

静かな微笑を浮べて、こういう中島の様子には、まるで生みの子にでも別れる時のような淋しさが感じられた。

私は良き仕事をしてもらったことを謝し、彼の健康を祈って、別辞を述べたが、しかし、私の言葉は、心持の十分の一をも彼に伝えることは出来なかった。

彼はやがて、夕闇に閉ざされた大広間の、六本の柱を後に、静かに玄関の方へ出て行った。その時、ふと、私は大切なことを忘れていたのを思い出して、大声で彼を呼び留めた。私はかねて、図書館の建築に携った人々を記念するために「同歩録」という帳面を作り、皆に署名してもらっていたが、まだ中島には頼んでなかった。彼の名を洩らすということがあるものか！

「中島君、此処《ここ》へ君の名を書いてくれたまえ。しっかりと、大きく、此処《ここ》へ！」といって私は「同歩録」を彼の前へ差し出した。

何事かと思って、後に返して中島は、之を聞いて、

「えッ、私が、あの、これに名前を……？」

と言って、驚きと喜びを同時に顔に現わし、謙遜にも、自分にそんな価値があるのかしら、という様子をして、すぐには筆を執ろうともしない。

私は繰り返して、私の考えを説明し、是非にと署名を求めたので、それならばと言って、

外観

半ば恥らいながら、嬉しそうに筆を執って、

──中島武一──と署名してくれた。

「それでは、先生、お達者で……いろいろと何から何までありがとうございました。」

「君もお達者で……元気にやってくれたまえ。」

　彼は玄関に待っていた妻子の手を曳いて、薄暗い石畳の上を門外へ去った。その時の後姿を、私は永く忘れないであろう。彼の姿は至純な芸術の使徒のように私には思われたのである。

　思えばそれは大正十四年、今から四年前のことであった。其の後彼は良き工人として、良き家庭の主として、相変らず雄々しい健闘を続けていることであろう。

　中島君よ、健在なれ！


（『雄辯』一九二九年九月号）

東京地下鉄道銀座線駅舎《上野—浅草間各駅》

現　東京地下鉄銀座線（上野駅、稲荷町駅、田原町駅、浅草駅）
1927年
東京都台東区

地下鉄銀座線稲荷町駅草案スケッチ　1927 年

地下鉄余談

　近々開通されると言う地下鉄道*の設計に洋行仕込みの極く新しい蘊蓄《うんちく》を傾けつつある理工学部の助教授今井兼次氏を訪れる。建築中のお宅から追出されて下宿住まいのあわただしさ、「どうも下宿に慣れなくて……」と仰《おっしゃ》る周囲には寝る所もないと思われる程書籍がうず高く積まれてある。

　この仕事を始める時には科学的なデザインを用いて思うままやりたかったが、一方営利会社の事業上の都合もあり、一般に理解されなくてはという所もあって極く新し味のある建築は出来なかった。工事は今の所五里霧中、竣工日の見当もつかぬ有様であるが、来月二十日には開通と振れ出してある以上、壁の塗り残し等はあってもどうにか電車を動かすだけは出来るでしょう。

　下谷の万年町に車庫修繕工場を置き、ここから地下に配車することになる。客車も続々組立てているが、その構造はスチールで張り、外部はガッシリした機構を具え、内部は照明をインダイレクトに取り、鋼板に木目などを出して温調を出すことに努めている。この点諸外国よりも一特色でしょう。

　普通照明といえば電気屋さんの仕事位に看過して来たが、日の目を見ない地下鉄の照明

＊地下鉄道
一九二七年（昭和二年）十二月三十日に上野―浅草間に東洋で初めての地下鉄が開業。
＊省電、省線
省線電車の略。ＪＲの戦前の呼名。
＊バシメーター
改札口の足で踏む区分メーターのこと。

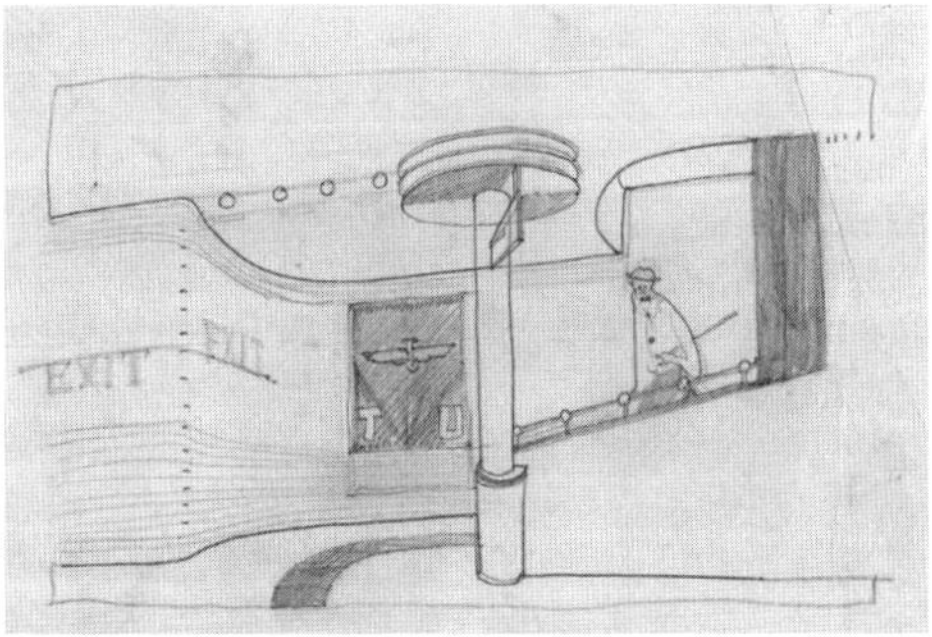

地下鉄銀座線駅舎草案スケッチ　1927 年

など最も苦心されるところでしょう。車両の車輪とレールとがまさつするとき飛散するスチールダストは予想外にひどいもので健康には余り妨げはないが、電気のカバー等は旬日の内に赤黒く汚れてしまう。省電*の路面でさえガラスに付着する埃《ほこり》の内には六〇パーセントの鋼鉄粉が含まれているという。大陸諸国の地下鉄でも電球を露出しているのが多いのも、こうした困難があると思われるので、この点は充分工夫の余地があるのです。

省線*のように切符ではなく、ターン・スタイルのボックスに十銭玉を落し込むとオープンとなって、ドアを押せば回転扉が四分の一廻って後はしまるといった仕掛け。この扉は米国並に作ってあるから体の小さいものなら二人が一人前で御免蒙《こうむ》る不心得者が続出しそうだが、会社側では使用人員の制限と紳士的主張を試みるという。どこまで成功するか見ものでしょう。

ほかに回数券制度もあってバシメーター*のボタンを係員が踏めば一人ずつ開くことになっている。ホームはサイド・プラットホームを採用し、内部にブリッジが設けてないためにウッカリ反対のホームに這入ろうものなら折角の十銭玉がフイになるという危険もある。早川鉄吉さんがその郷甲斐の山国から狩出した四十人の運転手君、鉄道省に行儀見習いに使ってもらった結果は、何処やらの鉄道学校出よりも優秀という折紙が付き、この面々会社自慢のフランス流のオリーブ色の折襟でしかも七つボタンといった新しがり、相当粋なものが出来上ることでしょう。

（『早稲田大学新聞』一九二七年十二月一日号）

早稲田大学演劇博物館

1928年
東京都新宿区西早稲田

演博の建築にたずさわりし者の言葉

日本最初の演劇博物館が、早稲田大学学園内に出来上がりましたことを何より先にお慶び申し上げねばなりません。恐らくこの一年有余の期間を、建築の仕事に身を托して働いた人達には計り知れない骨折り後の、ホッとした悦びが感じられるでありましょう。

もともとこの博物館の意匠計画は坪内逍遥*先生のお言葉で、英国エリザベス朝の沙翁《シェークスピア》時代のフォーチュン座を、出来るだけ基として実現することになったのでありまして、建築工事に従う者の張合いはどんなに大きかったか知れないのであります。私がこの仕事にたずさわりました時は己《すで》に、大体の建築計画案が出来上っていた去年の十二月頃であったと思います。昭和二年の夏、大学建築事務所の技師桐山均一さんが若い江口義雄君を励まして、図面の作成を急いだのがそもそも図案の骨子をなしていると記憶しております。ところが桐山さんは図面が出来上るか出来上らぬ内に海外視察に赴かねばならなくなりましたので、不肖私が学校当局のお話を承けて仕事の完成まで微力を致すことになったわけであります。江口君が昨年末から本年初頭にかけて、大講堂の塔上の一室にこもって図面を作成した働き振りは、建設に従事するもののみの想像し得ることと存じます。

計画は博物館当局の打ち合わせで具合よく進渉し、昭和三年の始めには入札も見事終って、上遠組の手によって工事の完成を期するようになり、早くも二月二日には地鎮祭を現敷地にて行う運びになった次第であります。その間教授佐藤功一*先生の御助言、構造方面

＊坪内逍遥（つぼうち　しょうよう）
1859-1935　小説家、劇作家。『シェイクスピア全集』全四〇巻の翻訳の偉業を記念して、早稲田大学演劇博物館は建設された。

＊佐藤功一（さとう　こういち）
1878-1941　建築家。代表作「早稲田大学大隈記念講堂」

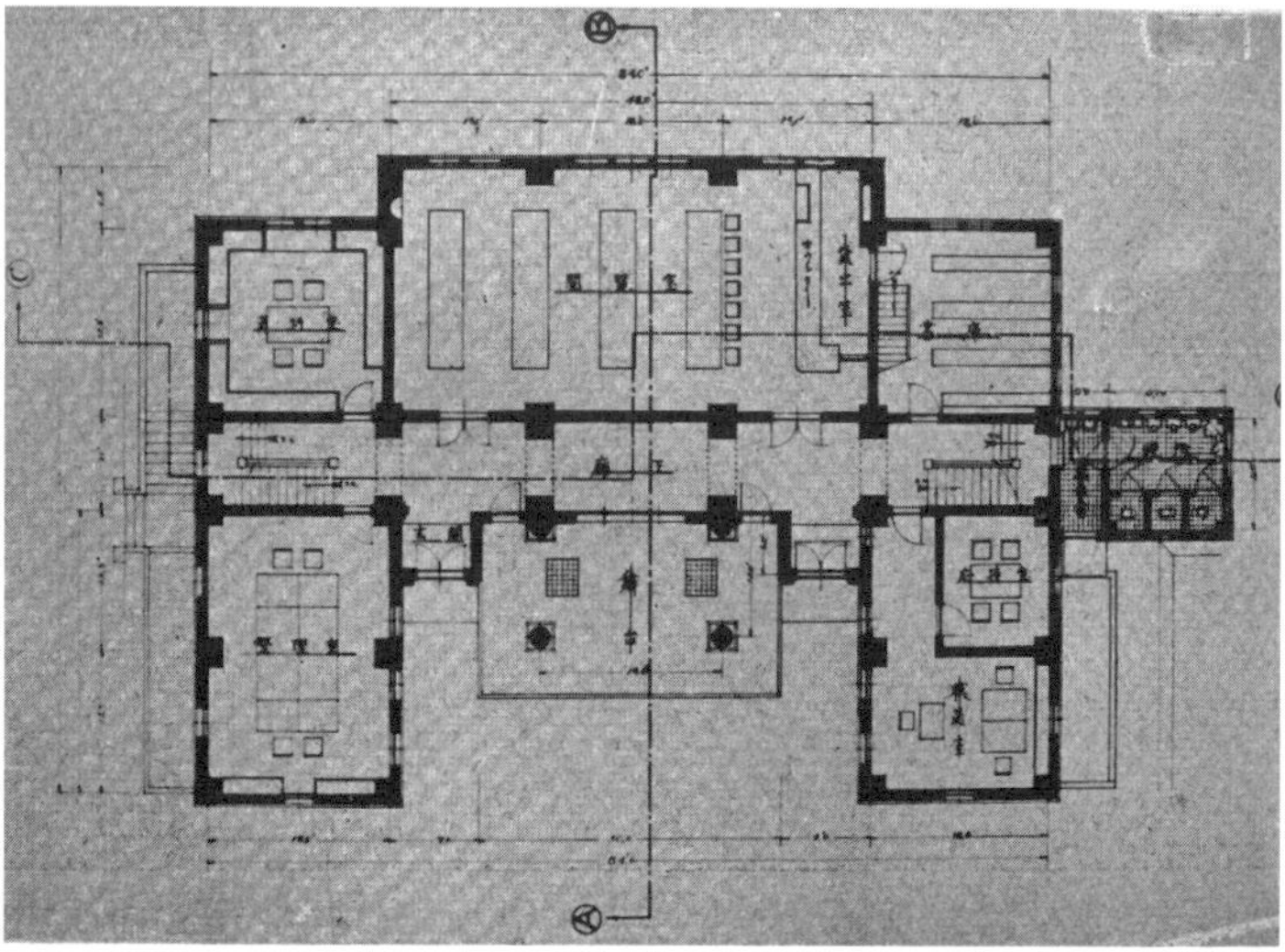

1階平面図

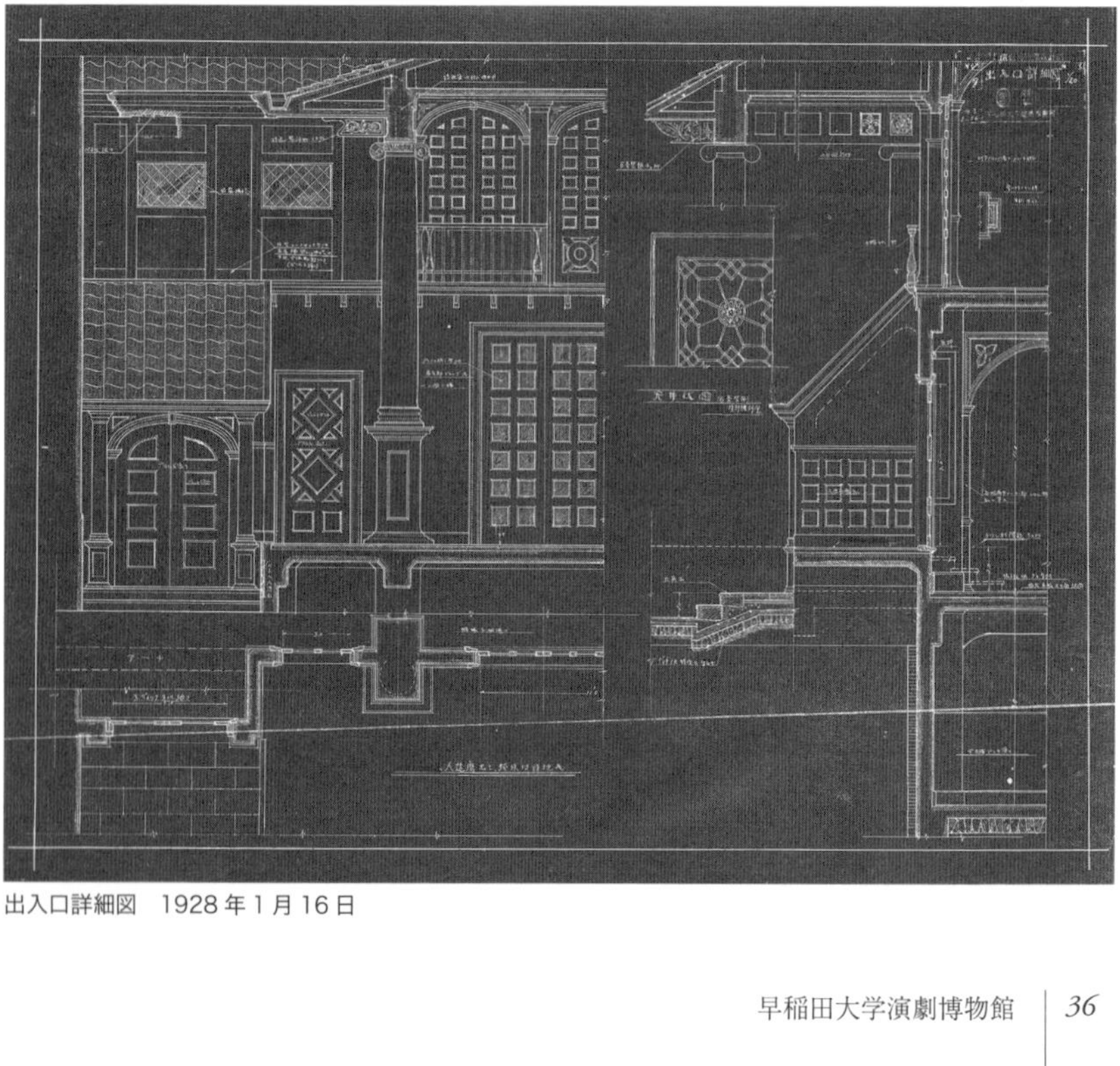

出入口詳細図　1928 年 1 月 16 日

正面舞台側面

の問題に対しては、教授内藤多仲先生の御指導を頂いたのであります。同時に施工図、装飾方面の計画図を着々と進めておりました。上棟式は坪内先生の御誕生日七月九日を選んで荘厳にいとなまれ、夏期多雨に悩まされながらも各員の努力によって去る十月二十七日、秋麗の日、盛大なる落成式を挙行することになったのであります。

竣工までの経過は大体上述の通りでありますが、私はいささかこの建物の落成まで席を同じうして、働いて来た一員として所感を述べさせて頂きたいと思います。

私が海外で演劇に関する博物館を見学して、最初の印象を植えつけられたのは、レニングラードのシアトリカル・ミュージアムでありました。もちろんこれは他の建物の一部の内に含まれているのであって、独立した立派な建物にはなっていなかったのですが、陳列室には幾多のロシアの名俳優の肖像、それ等名俳優に関する木版や銅版画、或いは伊太利《イタリー》の建築家にして舞台装置家であるビ・エナ等の古典的なエッチングに触れて、むやみと悦んでしまい、新しい現ロシアの舞台衣裳家のコスチューム・スケッチ、人形、劇場建築の模型等を観て、演劇博物館に関する見解を拡げることが出来たことは真に幸せなことでありました。

後をお引受けした私は、出来得る限り博物館としての機能を果し得る程度で、フォーチュン座の内外の意匠に近いよう計画を実行していった訳であります。殊に正面舞台側に対してはゴッドフリ氏のレストレーションと首引きで、フォーチュン座の型態と時代の空気の再現とを企ててみたのであります。またチャンバー氏の著書『エリザベス朝の舞台』の第二巻に記述してある劇場構造の論説と、英国のあるアカデミーで製作試案したフォーチュン座の模型写真数葉は、少なからず参考資料に乏しい私達の仕事を助けてくれることが出来たのであります。而《しこう》してなお最初の計画案に多少の改変を加え、エリザベス朝の建築様式の追究を忘れず、一同であたう限り、よりよき建築の誕生を祈りながら働き続けて来たのであります。正面両翼に出窓を付加したこと、各階の廊下意匠の変更、二階特別陳列室及び閲覧室の室内装飾及び家具によって相当のまとまりを得たと信じております。

一階特別陳列室は錦絵の保存室に相当するものでありまして、造り付けの錦絵棚は素晴しい設備の一つとして挙げ得るものであります。各陳列室の壁体を画布張りにしたことも、初めの計画に一進展を描いたと言い得るでありましょう。舞台下の一室は研究会等で幻灯の映写等をやるに好都合のように計画してあります。

屋根瓦の古風味については、ロンドン滞在中であった桐山さんより英国の住宅で使用される見事な瓦の見本を送付してくれましたが、雨量の関係と工費の関係上採用することが出来なかったのは惜しいことでした。なおこの建築の各部詳細に英国の初期ルネサンス時代の著名なる建物に使用されたもの、そのままを採用しましたことは建物の装飾的妙味を物語るものであります。やがてこの建物の前庭を英国風のものに扱い、緑の芝生を養い、パーゴラを建物の両翼に大きく架するようになるならば、一層この建物を生かすことが出来ると思います。櫓《やぐら》に相当する塔を浮き出させられるように照明装置が施してありますから、夜間の情景も早稲田学園内の一名物となって、学園の若人をのびやかな心持に育んでいくであろうと思います。

この建物が落成しました日、数ならぬ感概が胸底を往来いたします。博物館及び学校当局の方々はいつも私ども建築家のために絶大なる援助者となり、協力者となって頂いたことに大なる感謝を捧げて参ります。建設に従事することを最大の悦びとする私どもは一つ

演博風景　昭和12年
「絵日誌」より

の仕事を果たしては他の仕事へ黙して移って行きます。よろこびと同時に完成した建物から別離する心持ちはまたとない愛惜の情に打たれるものであります。ことさら熱心に建設の爲にたずさわった人々にとっては、一層強い印象を与えられてしまうでありましょう。次に若人の名を列記してよりよき幸先を祈りたいと思います。

江口義雄君、森義治君

両人は博物館の専任で終始働いてくれたのであります。江口君は主として現場を、森君はまだ十代の少年でありますが、佳《よ》く施工図面の作成と監督とを兼ね、心から働くことを惜しまぬ少年建築家であることを特に記して置きたいと思います。

横須治吉君、小澤省三君

横須君は構造計算等を担当して面倒を見られ、建築学科助手小澤省三君は装飾方面の実施に当たって夏期中も休むことなく尽力されたのであります。

野口勝造君、伊井大蔵君、河野三男君

野口君はフォーチュン座の石膏模型（縮尺百分の一）製作を進んで心よくおひきうけをして頂き、友人小澤君とともに貴重なる製作を遺した人であります。

伊井、河野両君は大学部建築学科学生であります。ちょうど夏期実習生として博物館の仕事を手伝われ、帰省を中止してまでも当博物館のために元気で働いたのであります。

〈一九二八年十一月三日〉

（『早稲田学報』一九二八年十一月号）

建築当時の思い出——早大図書館と演劇博物館

何れも、今から三十年以上も過ぎ去ったものではあるが、若い頃の私に、この二つの建築の仕事は貴い体験を与えてくれたと思っている。

第一次世界大戦や早稲田騒動など学生時代に出遇ったけれども、中央校庭の芝生の上にはりめぐらされた大天幕の下で催された卒業式や記念祝典、天幕をかすめて眼に入る赤煉瓦の小舎などの印象が、むしろ静かに私の脳裡に強く刻まれている。

この赤煉瓦建の中の一つは旧図書館の書庫であったが、大正十二年九月一日の大震火災によって旧講堂とともに大破してしまったので、学園は文字通り復興の意気に燃えたったのであった。建築学科の主任をされていた内藤多仲先生が中心となり、耐震的な新図書館の設計を急にその翌年から進めることに決まり、私はその一員として教室側から参画することになった。

当時の私は、学窓を巣立ってわずか四年、名だけを冠にいただいている二十代末期の一建築家にすぎなかった。

「実際の経験もなく、単なる図上の設計者では学生の指導も至難だから大いにこの図書館の設計で実地に勉強し給え」と内藤先生の親心によって、その設計と現場の仕事に放り出されたのであった。

内心不安の念に駆られないでもなかったが、学園の意義ある建物であり、なお、学園最初の鉄骨鉄筋コンクリートでもあるので教室の余暇を求めながら、この仕事に関与するよろこび以外には何の欲望も起こるはずがない。私のそばには経験豊かで老練な桐山均一技師をはじめ、元気な現場員が協力してくれたので心強かった。

また、当時の建築界の情勢は、日本では大震火災直後で、欧州では第一世界大戦後の痛手を背負ってお互いに、荊《いばら》の道を歩んでいたが、その頃、戦後のドイツでブルーノ・タウト*などの建築家グループが提唱した表現主義が怒濤のように世界の建築界を風靡し、日本ももちろんその影響下に置かれていた。

そのような革新的な建築の情勢下で図書館の設計を進めている私は、従来の学校建築のゴシック・スタイルに抵抗を感じながらも、一方表現主義の新しい魅力に把えられてしまうという程であった。

だが、私の設計態度に最も大きい影響を与えたのは、当時竣工して間もないストックホルムの市庁舎とその建築家ラグナール・エストベリ*のヒューマンな精神である。ベートーヴェン*ばりかも知れないが、億万の人々の歓びの中で衆人によって作られる建築作品を創造しようとする理念の持主となりはじめた。そして北欧の建築家を憧憬して、日本の伝統を少しでもこの建物に生かしてみたいと考えるようになった。正面玄関の扉や玄関ホール、階段室の構想に、あるいは閲覧室の換気孔やホールの砂壁風の仕上げなどその残滓であるかも知れない。また、学生出入口側の階段の影にある多角形柱には砂利を露呈したコンクリート仕上を意欲的に試みたりした。竣工の年である大正十四年の暑中休暇は私にとって仕事の峠であったから、現場の職人達と滅茶苦茶に働いたものだ。職人たちと、友人のように親しくもなり、それらの人に署名帖を廻したものが今も私の手許に記念となって残っ

*ブルーノ・タウト
Bruno Taut, 1880-1938 ドイツの建築家、都市計画家。代表作「ガラスの家」

*ラグナール・エストベリ
Ragnar Östberg, 1866-1945 スウェーデンの建築家。代表作「ストックホルム市庁舎」

*ルードヴィヒ・ヴァン・ベートーヴェン
Ludwig van Beethoven, 1770-1827 ドイツの作曲家。一連の交響曲。

月のグリル

図書館　階段室グリル

演劇博物館出入口

ている。元来この図書館の造形面では及第点はむずかしいと思っていつも穴に入りたい思いでいるが、しかしヒューマンな建築としてこの建物にわずかながら満足しているのである。この図書館建設に一左官職が演じた事柄は余りにも有名である。この左官職がホールの六本の柱に注いだ家族愛の美談が、時の館長林癸未夫教授の心を打ち、落成式直後「六本の柱」と題して教授自身がラジオで放送し、社会の人々に感動を与えたのであった。

また、現場にソヴィエトで自動車の運転手をしていたという、その頃異色な職人もいたし、下駄ばきの未知な青年が現場に現われ、大阪に帰る汽車賃をくれ、くれないなら歩いて帰ると啖呵《たんか》を切るので「俺は働く者の味方だから無償ではやれぬよ」と彼の元気さを賞して別れたが、後でおたずね者の地下潜入のものだとわかった。下村観山*先生と有名な壁画「明暗」を合作した横山大観*先生の卓越した建築空間の洞察の経緯や、カンディンスキー*一派のベルリン芸術集団Sturm*の機関誌にドラマティックだといって階段室の写真が掲載されるなど、私には数多い愉《たの》しい回想もないではない。

演博の建築は、なにか学園の運命というものをひとりで眺めている表徴のようでもある。私が、この建物の設計に関与したからそう思うのでもないらしい。学園内に生活し、或いは学園を訪ねてくる人々から、過度に現実化してゆく学園の緊張感にニュアンスを与えてくれるのは、演博の建築だという声をよく聴くこともある。この建物は、無言劇の役割を果たしているのかも知れない。

昭和二年夏頃、学園当局から設計に協力せよとの話があったが、深夜に及ぶも固辞して譲らなかった私が、しょせん、引きうけてしまわねばならなくなったのも、この建物が秘

＊下村観山（しもむら かんざん）
1873-1930　日本画家。日本美術院創設。
代表作「白狐」

＊横山大観（よこやま たいかん）
1868-1958　日本画家。日本美術院創設。
代表作「屈原」

＊ワシリー・カンディンスキー
Wassilij Kandinskij, 1866-1944　ロシアの画家。ブラウエ・ライターの中心。

＊Sturm
『デア・シュトゥルム』（Der Sturm）
一九一〇年ベルリンで美術評論家H・ヴァルデンによって発刊された美術・文学週刊誌。

正面外観

***イニゴ・ジョーンズ**
Inigo Jones, 1573-1652　イギリスのルネサンス建築家。
***河竹繁俊**（かわたけ しげとし）
1889-1967　演劇学者。演劇博物館館長を務める。

蔵している運命《フォーチュン》の名によって私の腰が砕かれてしまったようなものである。

演博の設計は、坪内逍遥先生の御提案によって、イギリスのエリザベス朝期（一五五八—一六〇三）の沙翁《シェークスピア》劇場運命《フォーチュン》座を基準として展開されたのであるが、もともと様式的な建築でもあり、なお、フォーチュン座の建築的資料を摑むことが先決であった。これには、全く困り果てたが漸《ようや》くのこと建築学科の図書室の埃の中から、ゴッドフリ（Walter H. Godfrey）の復原図とそれに基づいて作成されたコロンビア大学所蔵の模型が掲載してあるバック・ナンバーを探しあて、この重要資料によってできる限り忠実に、設計を展開することができたのは何よりも幸いであった。詳細部分は、エリザベス朝期のイギリス随一の建築家であり、ことに舞台装置や室内装飾にすぐれたイニゴ・ジョーンズ* Inigo Jones（一五七三—一六五二）が描いたものを大いに参考にした。詳細部の実施には、京都の高等工芸出身で建築学科教室の図書係をしていた小澤省三君に、時折協力してもらったことを特記するとともに、河竹繁俊*先生の助言のもとに坪内逍遥先生の意図を汲んで基礎的図面を作製して置いてくれた江口義雄君の労苦に感謝している。また、前舞台や後舞台をはじめ桟敷部分や塔の軒高までの寸法などが当時のフォーチュン座の規模・大きさとほとんど一致した姿のものとなって私たちの身近かに眺められるのはたのしいことだと思う。

このように三十有余年の歳月の経過の中にあって演博の記念行事に沙翁《シェークスピア》劇が公開されるごとに前庭に参列しつづけて来、また、今後もこの舞台前でよろこびを語り合うであろう日本演劇界の人々の面影を追うだけでも、この演博は貴重な役割を持つことであろう。

私事にもなるが、私がこの建築の仕事を終えた直後に新家庭を築いたので私の結婚記念碑のようなものでもある。

最後に、私の夢のような願いごとを記してみたいと思う。それは演博へ入る道路傍に女神「運命《フォーチュン》」の影像を適当の大きさでよいから設けて貰い、名実ともに演博のシンボルとし、併せて芸術的雰囲気を小さいながらも学園の一隅に求めたいからである。

（『早稲田学報』一九五九年九月号）

早稲田大学山岳部員針ノ木遭難記念碑

1929年
長野県大町市

除幕式に参列する人々

遭難早大生を弔う記念碑きのう除幕式

報知新聞　昭和四年六月二十四日記事、二十五日写真

去年（昭和三年）の夏八月の末だ。早大山岳部の江口、森君等と一緒にこの遭難記念碑の位置を探すべく針ノ木に出かけた。

本年（昭和四年）六月二日にこの現寸図と模型製作を完了したいま、この千古不朽の碑が落成せられた。この碑を設計した吾等の悦びは遺族の感謝の言葉で涙とともにいっぱいである。　兼次記

（生原稿　一九二九年六月二十五日）

遭難の碑

山は私にとって遥かに海よりも好ましい自然である。また人間の生き方に大いなる意義を与えるのも山である。ゆるやかな高原は心に広さを与え、日ごろの煩《わずら》いから解放し、そのわずかな起伏にも温和な親しみを覚えて愉《たの》しい。私の拙《つた》ない旅の画稿に浅間高原や霧ヶ峯などが多いのもそのためであろう。

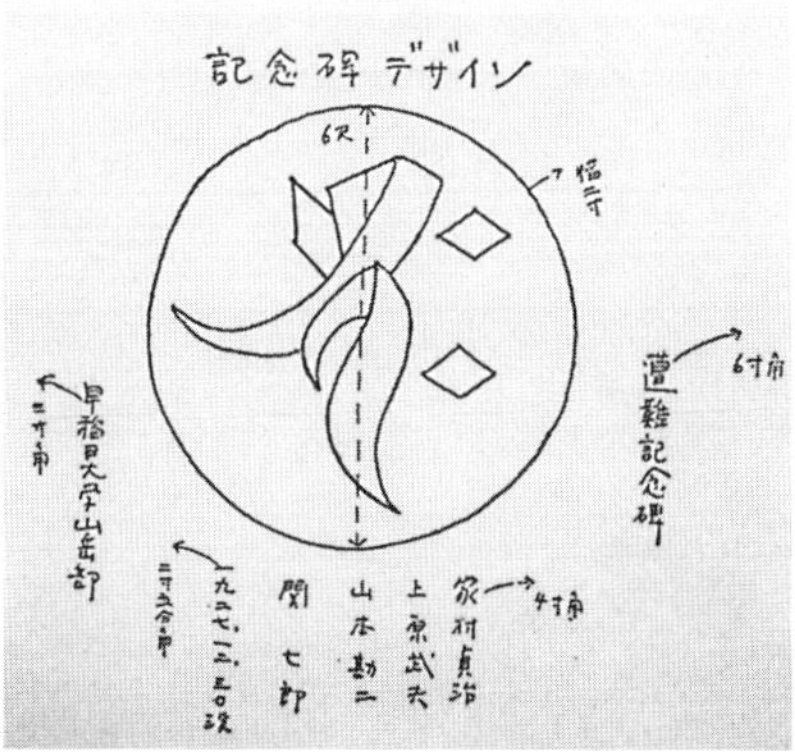

遭難記念碑デザイン

峻嶺もまた神の住み給うところを追想させ、気高くして崇厳な感懐に身を置くことができる。そして神秘な魅力がいつも私たちのそばを離れることがない。けれども山を愛する人々がしばしば銀嶺の冬山にてその生命を失うことを思うならば山は人のいのちを暖めるとともに冷くもする。

私の学園の若き建築学徒にして冬山の犠牲となった青年が二人いることを思い起こす。一人は針ノ木の雪渓に、他の一人は白馬岳の雪崩に、その青春の生命を雪の中に没してしまったのである。前者は昭和二年の十二月末、早大山岳部員が針ノ木峠にて遭難した時に犠牲者となった四名中の一人であった。当時私は海外にいて留守であったが、スペイン旅行中にこの痛ましい遭難のことを知った。遭難翌年の春を迎え学友の山岳部員らにより亡き同僚の遺体の捜索発掘がはじめられていた頃、亡友を永久に弔うための遭難の碑を建てる計画が、その頃山岳部員の企てとして発表せられた。

設計の担当を依頼された私は、碑の構想を求むるのに遭難地の環境を知悉《ちしつ》する必要があったので、山岳部員らの案内で針ノ木峠へ行くことになった。同行の人には遭難当時の生存者江口君と山岳部の森君に私とさらに私の教室の助手であり、山好きの小澤君ら四人であったと思う。一夏の休暇を利用して現地に出かけたのは八月の末であった。私にとってはこの山は処女峰であるから荷物という荷は皆部員が背負い大町を出発したが、脚の遅い私を庇《かば》う心使いのため針ノ木の大沢小舎に着いた時は全く夜になってしまった。夕闇の中で道が違うのに気付き引き返すことなどもあった。

朝ともなれば、晩夏の針ノ木の雪渓の白い姿が濃い霧の去来する中に包まれて見える。私達は死せる人々の霊を慰める碑を刻むに適しい周辺の岩壁を探すこととし、霧の晴れ間

遭難記念碑

を縫って急傾斜の雪渓を登った。私は山岳部の人達の間に挟まれて、はじめて見る雪渓を踏んでゆく。こんな高嶺の雪中にただ一ぴきの赤トンボの遺骸が横たわるのを発見して淡い詩情が感傷となって心に湧いて来る。霧にまかれたのであろうかあまりにも清らかな死の姿であったからである。黒部の渓から襲い来る霧は一行の姿をひと時包んでは去る。私達は冷い霧が去る迄雪渓の中に佇《ま》ってはまた登るのである。雪渓の下を寒冷な水が流れている。名古屋から来たという登山者の数人が、その裂れ目に立ちどまって喉を潤おしていた。この人々の旅先を祈り、霧の中に消えてゆくのを見送ってから、私達の仲間は、このあたりに熊が現われるかなど、静かにこの山について語り合っていた。急坂をいくらか登りつめた頃、突如として霧の中に異変を感じた。大地を揺がすような重い地響きが、前方の霧の中から迫って来るのであった。づしんづしんと鈍重なひびきが山の静けさを破って近づいてくる。ただ異様な音のみで姿は見えない。一行は言葉を揃えて熊だ!!と叫んで雪渓の左側の方へ身を避けるや、耳を裂くかのように山の大気をぶんぶんと震わせながらジグザグのコースを描いて霧におおわれた雪渓の下へ怪音は消えていった。山岳部の猛者といわれる人達も一時は気を失い、しばらくは言葉も出ないでその場所に蹲《しゃが》んでしまった。ある生気をとり戻してから一行は今の怪音は一体なんであろうかとその謎を解きはじめた。あるものは熊ではないかといい、ある人は熊にしては余りにも大きいと話しながら歩き続けた。山岳部員の一人はこれに結論を漸く次のようにつけてくれた。霧の中なので十分によく解らないが、三メートル位の巨岩が雪渓の中を落下していったものだと思うと。それにしても、先行の人達はやられはしないかとしばしば山の応答を試みて無事であることを知り安心した。われわれの一行は頂上にて休息したが、雄大な黒部の渓を眺めてもただ互に

*キレット
V字型に切れ込んだ岩稜帯。

*會津八一（あいづやいち）
1881-1956　歌人、書家、美術史家。遭難碑の梵字はチベット学者河口慧海《えかい》による。

遭難記念碑石膏模型

黙々としてこの異変の話に心をとらわれ、昼食も喉に通らぬような有様であった。再び雪渓を下りて怪物がなんであるかをはじめて知ることが出来た。先の結論通り丈余《じょうよ》の岩魂がただ一つ雪の中にあまりにも静かに横たわっていた。この附近が学友遭難の場所であったことも不思議であるが、遭難の碑を建てに来た同僚の心に亡友が贈るものとしてはこの落石は余りにも怖しさの大きいものであった。しかし碑を建てに来たものがもしこの難に遭ったとしたならばどうであろう。亡き友への貴き責任は無にひとしいものとなったにちがいない。

　大沢小舎から峠に向って約百メートル許りの右手に仰ぐ岩壁を選んで遭難の碑を刻むことに決め、一行が大町の村山館に戻ったのは夕刻に近かった。靴の紐を解いたばかりのところへ、青ざめた力ない青年がただ一人入って来て、自分と同行の一人である山の案内者がキレット*にて墜落惨死したとの不吉な報らせを語った。山岳部の人達は山を愛し山を大切にするだけに、昨日のことに引きつづいて心を暗くした。

　帰京後、碑の構想にかかった。単純なもののみが山の自然にふさわしいと思い、直径二メートル程の円の中に死者の冥福を意味するただ一つの梵字のみを大きく刻み、なお遭難の月日とその氏名及び早大山岳部の文字を添えた。梵字の書については文学部教授であった會津八一*先生のお力を大いにうけて心はげまされた。縮尺二十五分の一の石膏模型を現場の岩壁になぞらえて制作し、碑の基本設計と原寸図が出来上ったのは翌昭和四年の六月のはじめであった。かくして針ノ木峠の遭難碑の仕事は地元の石匠らの鑿《のみ》の跡によって進められ、早くも同年六月二十四日早大山岳部関係者ならびに当時の生存者、遺族その他の参列のもとに除幕の式を挙げることが出来た。

建碑の中に漂うこれらの物語は単なる平凡さに過ぎないが、建てられる碑と碑を創作するものとの魂の交錯に、限りない愛情を持つがゆえ遭難の碑にかかわる山の追想としたのである。

（『建築とヒューマニティ』一九五四年）

今井兼次自邸

1930年
東京都世田谷区北沢

私の新居——三千円の低利資金で建てた建築家の住宅

この秋を迎えて郊外生活の有難さを覚えたのはこの新居に移ってからです。場所は山の手の繁栄を奪う新宿駅から小田急線にのって十分間、七つ目の下北沢駅で降りて北方約四、五分下北沢の住宅地の中心をなすところです。御殿山の松林の四季を通じて清新な情景を展開していることも私がこの場所を選んだ動機の一つでありました。

早稲田の理工学部の先生連中十名でS住宅組合を組織しまして、東京府の三千円低利資金に加入することが、その数年後の昨年の春にできたわけであります。私がこの土地を決めましたのが十月の中頃でして工事にかかったのが十一月のはじめでしたから施工時期としてははなはだ具合の悪い時であります。これも組合の関係でこれ以上起工日を遅らせることが不可能であったのですから仕方がありません。もちろん三千円と申しましても、給水、配線、家具類を除いて約三十五坪に対して三千六百円ばかりかかりました。

外観は御覧の通り明快にして直截な姿で扱ったつもりであります。朗らかな家庭生活の器を空間的に描いてみたまでであります が、わずか七十五坪の敷地に日光、通風、眺望等の諸問題を考えますと、結局図のようなプランとなってしまいました。敷地の東側は道路、他の三面は隣家で、すこぶる開放的すぎる低い垣で境してありますので、前面道路はあたかも私の庭の一部のようにとり入れられたのは成功であったと思います。茶の間、居間から往来を通る人達が終日絵巻物の様に動いて行くのが眺められます。お隣の萩も門も低い

*シマンタリー
セメントのこと。
*フェルディナント・ホドラー
Ferdinand Hodler, 1853-1918　スイスの画家。代表作「月下のメンヒとユングフラウ」

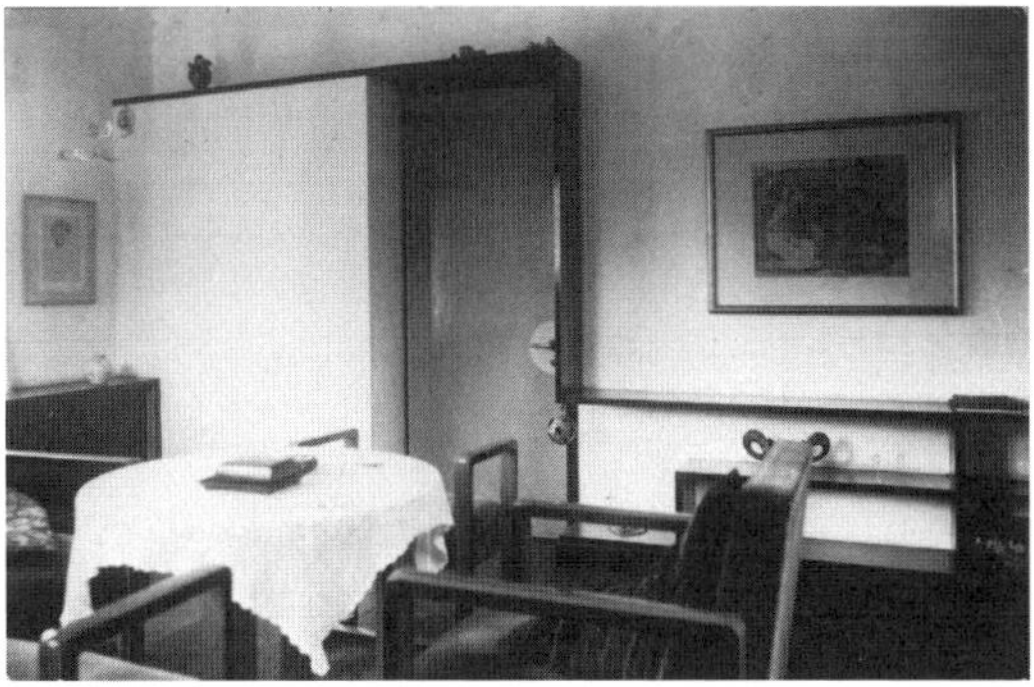
応接室

生垣も私の庭の延長であり、私の家のケヤキもススキもお隣からは自分のお庭のようだといってよろこんでもらっています。
白と黒の階調は日本的な伝統精神を持つものと思いまして、屋根と腰廻りの下見板に黒を用い、その他の大部分の壁体はシマンタリー*の白亜を粗面に使用しました。日本民家に観る現象を新しい洋風の中に幾分でもとり入れることができたように自分は思っております。二階の出窓の東側下見張りのみはスカイブルーの色で塗りましたので、黒白の調子の裡に近代性の軽快なテンポを与えることができました。私の新しい試みはまた屋根の瓦にもあることを申し添えましょう。漆のようにしたたる黒さを持つ光沢瓦を採用してみたことであります。これを私は漆黒瓦と呼んでいますが、古い友人、なじみの膳《しわで》さんに相談して大いに考えてもらったものです。朝夕の色は露をふくむような純黒さに見えますので、壁面の白に対し十分の落ちつきを与えることが出来ました。満月の夜は格別に浮き出てこの住宅地の環境を明るいものにさせているように思われます。
室内に移りますが、丸窓のある応接室をモダンな調子で扱いまして、色彩も出来るだけ面白く使ってみました。ドアーは鮮明なスカイブルーの色で染め家具の色と同色にまとめました。棚の部分には欧州の旅から持ち帰った西班牙《スペイン》の壷、ロシアの工芸、壁にはスイスの画家ホドラー氏*の「春」と題した絵を入れております。フィンランド婦人のシマの布地で作ったクッションを椅子の上に使っておりますが、結構装飾的でもあり、使いよいものであります。いずれにしてもこの室は外部の明るい現象をそのままうつしているつもりです。茶の間は四畳半の和室で台所とはハッチで食事時のサービスが出来るようにしました。居間は寝室を兼ねていますので、約四畳半弱の畳を一段上げて板間の一部に敷きまし

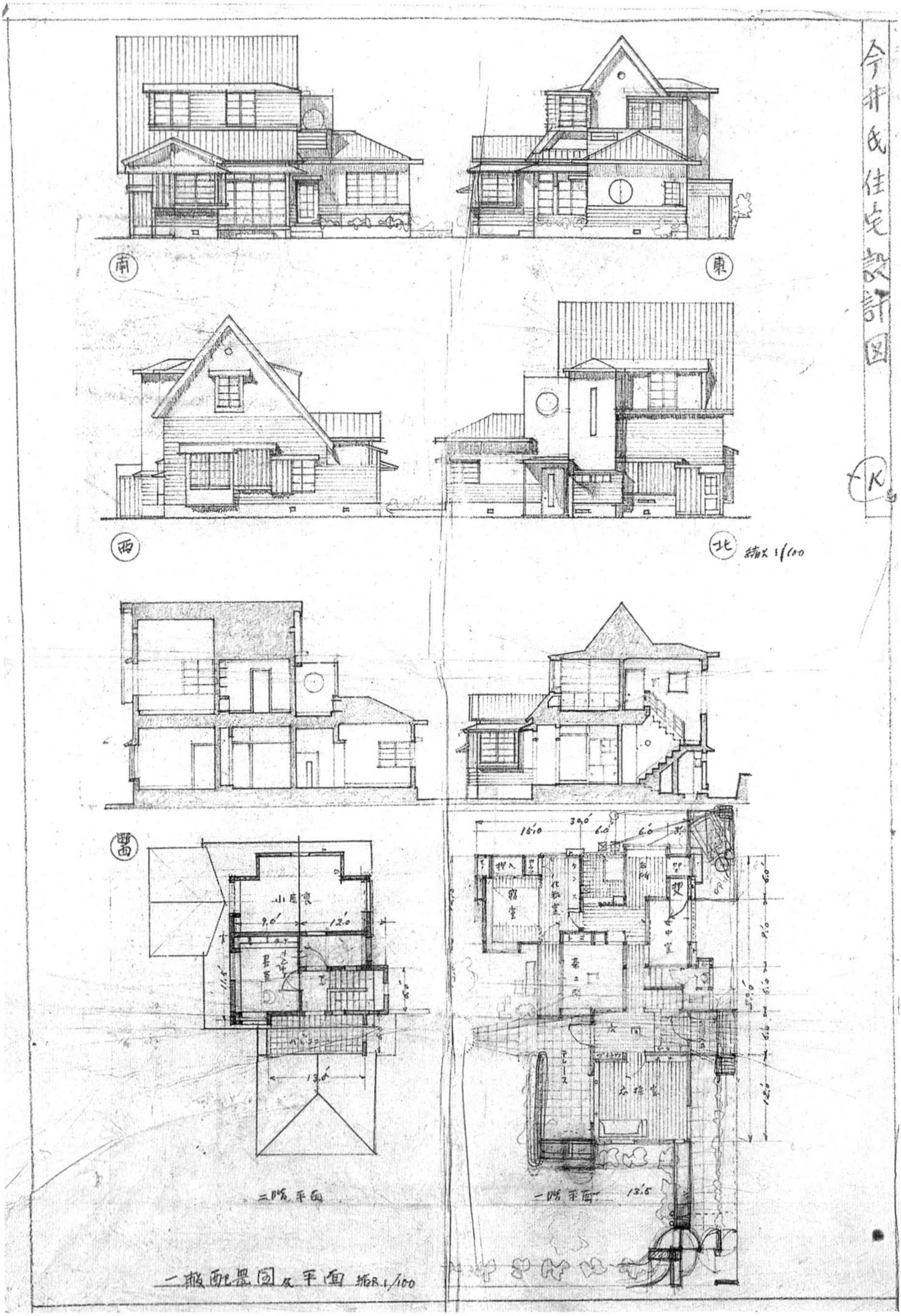

今井氏住宅設計図　1929 年

露台に立つ
今井兼次

た。タンス類もそこに置きました。家内の化粧部屋にもなっておりますので、私の家で一番都合よく使われています。畳が板間より上がっておりますので家庭のものや親しいものは、この畳に腰をかけて朝のお茶や夕の雑談にふけることが出来、一方和洋服の整理に好都合のことがしばしばあります。隣りは湯殿で瓦斯《ガス》ブロを用いております。台所は一坪ありますがアイロン台を折タタミ式にして利用したのが異色と言えば言えましょう。

二階には書斎と主婦のミシン室及び私の仕事場であるアトリエがあります。アトリエは最近まで物置き小屋であったものに壁を塗って図面のような一室に仕上げたものです。階段室から松林を一連にのぞむ二坪余りの露台に出られますので家庭のものには健康な場所として悦ばれております。

私の最近の試みとして快活な家、近代感覚の豊かな家、それで日本の住まいを忘れまいとしたものの一つと思います。フラグ・ポールにはブルーとイエローの私の旅行旗が時折翩翻《へんぽん》として白壁の前に高く昇ります。前の往来が急に明るくなるように思われます。

〈一九三〇年十月十四日〉

（『住宅』一九三〇年十一月号）

内部から見た玄関

*ヴィレム・マリヌス・デュドック Willem Marinus Dudock, 1884-1974 オランダの建築家。代表作「ヒルヴェルスム市役所」

和蘭《オランダ》風の軽快な中流住宅（三千円）

敷地は七十五坪、建物の面積は一階が二十三坪、二階は五坪九合五勺《しゃく》で最近になってさらにこの他に、屋根裏の四坪七合を、作業室に仕上げて、変更しましたので、総面積は、三十三坪六合五勺に増加したわけであります。

全体としての構造には、和蘭《オランダ》の建築学者、デュドック*先生のアイデアを取り入れたのでありましたが、それに、日本人としての私の好みを生かそうと苦心して、出来上ったのが、この家なのであります。

▲**玄関**＝玄関は二坪半で、そのうちの一坪はタイル張りの土間、他の一坪半は板張りのホールになっております。

玄関口には、硝子《ガラス》入りの扉《ドア》を付け、土間の一方には、作り付けの下駄靴箱と傘ステッキ立を設けました。

ホールの正面は扉《ドア》になっていて、ここから直ぐテラスに出られます。夏はこの扉《ドア》を開けておけば涼しい風が吹き通しであります。

玄関の壁にはマニラ麻を用いました。

これは漆喰のように汚れが目立たず、感じが軟らかで、しかも値段は漆喰とほぼ同様ですから、日本の住宅にも、もっと利用されていいと思います。

▲**応接室**＝ホールから左に入れば八畳の応接室であります。南側に一間の出窓を設け、出

居間

窓の下は小物入の押入になっており、東側には大きな円窓、西側には装飾棚を設けました。室内のテーブルや椅子は、すべて、私の方で設計して作らせたものでありますから、形も色もこの部屋にしっくり合っているのが自慢です。

応接室の南側に、約二坪半ほどのテラスがあり、子供が水遊びなどのできるようにしてあります。

▲茶の間＝この茶の間は、この家に於ける唯一の純日本間であります。西側の一間半を二つに分けて、左の半分は床の間、右の半分は造り付けの茶箪笥兼食器戸棚で、中央の一部をハッチとして台所口から入れた料理などを、茶の間の口から取り出せるようになっています。

茶の間の壁は、葛布《くずふ》壁を用いました。これもマニラ麻の壁と同じく、漆喰よりも軟かい感じが出て面白いと思います。

なお、茶の間の中央には、冬の間は、炉を切ることができるようにいたしました。

▲居間＝四畳の板の間と四畳半の畳敷きの部屋を連続させた一室であります。

畳を板の間よりも一尺五寸ほど高くして、板の間の一隅に、箪笥《たんす》や鏡台をおきました。畳の間と板の間の高さを利用して、玩具その他を入れる押入を設け、四畳半の東側と南側には一間ずつの出窓を作り、出窓の下は書棚及び飾り棚に利用いたしました。

なお洋服箪笥も押入の一部を利用して図のように設けました。板の間と畳の間に、一尺五寸の高さがありますので、時にはこれが腰掛の代わりにも使用されます。

▲台所と湯殿＝台所は一坪二合五勺の総板張りで、正面に三尺の出窓、出窓の下は立流台であります。

作業室

出窓の横を利用して、給水用の手押ポンプや、造り付けの食器戸棚を設けました。北側には瓦斯《ガス》台をおき、一面にトタン板を張りました。瓦斯《ガス》台の下は食器戸棚に利用してあります。

湯殿は一坪で、腰積には白いタイルを張った、木造角形の瓦斯《ガス》風呂であります。洗面所も湯殿の一部に設けました。西側が一間の硝子《ガラス》窓になっていますので、明るいことはこの上もありません。

▲**二階**＝ホール傍の階段を上ると、四畳半の書斎があります。西側は造り付けの書棚、南側と東側には出窓を設け、出窓の下は書棚になっております。

階段を上った右側に、三尺に六尺のミシン室があります。ミシン室の右に接して、屋根裏を利用した四坪七合（約十畳）の作業室があります。これは、南と北に出窓を設け、出窓の下は、私の商売道具たる製図作業用具や参考書類を入れる、押入に利用しました。壁と天井はすべて白漆喰を塗りましたので、細かな仕事をするには、明るくて便利であります。なお階段を上って左に出ると、二坪ほどのバルコニー（露台）があります。仕事に疲れた神経をここで回復しようという寸法なのです。

▲**建築費**＝建築に要した費用は、全部で約三千円です。その内訳は大体次の通りです。

基礎工事	一四〇円	大工工事（手間とも）	一、三〇〇円
屋根工事	三〇〇円	錻力《ブリキ》工事	一二〇円
左官工事	五三〇円	塗師工事	一六〇円
建具工事	三五〇円	門その他の雑工事	一〇〇円

合計総工事費　三、〇〇〇円

（『初めて家を建てる人に必要な住宅の建て方』主婦の友社　一九三一年九月）

アプローチより見る

吾が家を語る

この住宅は周囲の家が全部出来上って、残りの七十五坪ばかりの空地の所に最後に建てたものであるから、かなり窮屈な設計をしなければならなかった。殊に南に面しては、丈の高い日本家が建てられているし、後には相当東南の光を受けている家があるので設計の場合には北側の家の方にも徳義的に影の出来ないようにしたい考えから、かなりオリエンテーションの問題で苦しんだ。そのためにこの家の間取りは出来るだけ光線を入れたいために、一階の間取りを段型にして東南に向けたのである。

今敷地について考えることは、やはり南の方の空地が狭いために、冬になると茶の間が前の家の影に妨げられる欠点があるように思える。またこれも北側の家に影のかからない懸念からであったが、比較的建物が道路から後退して建てられたために、敷地が相当広いように感じられることは確かである。

自分の友人（建築家）が出来上った家に訪れて来て、その人が第三者に話したことに「今井さんの家はやはり建築家の家らしい」という批評をしたそうである。考えて見るとそれ

玄関

寝室

は、あまり外観とか平面が纏まり過ぎたためではないかと思っている。

外観については多少日本風の要素を洋風の取り扱い方に取り入れることに苦心したが、特に瓦を漆黒色にしたことは比較的成功したように思う。

応接室には建具のドアの色、棚などに相当色彩を用いてみたのが一つの試みであった。

玄関では、内部が暗くありたくないので、直接南のテラス側の方に硝子《ガラス》扉をつけて置いたが、これは相当効果のあるものであった。

外套掛が応接室入口扉の右手にあるが、ドアよりも外にあるために、来客がこれを利用し難い傾向があるのは欠点だ。外套掛の上部は応接室側から壺類を置く飾り棚のようなものに利用されている。わずか八帖位の室であるが、部屋の空間を利用することには成功したようである。

寝室は一部を板の間とし、一部畳敷の間とした。これは畳の間が寝台の代りになって、板の間の所が洋服を着たり、化粧したりする部屋を兼ねている。畳の部分は着物を着替えたり畳んだりする時に都合のいいような経験を得ている。

台所はわずか一坪半ばかりのものであるが、ここは光線が不足すると思って、床は全部タイル貼りにしてある。経験としては冬あまり寒く感じないし、物を落として壊すような懸念もあったが、これも狭い関係から破損したりすることは比較的少ない。タイル貼りとすることは清潔であり、明るい感じで好結果だった。

浴室は瓦斯《ガス》風呂にしてある。部屋の中で焚けるし、家人が付き切りで火の様子を見る必要がないので、時間的には経済であるが、長州風呂のように物質的には経済ではない。

南側の庭に面しテラスを取った。その部分にパイプで藤棚を造った。造る費用の掛かる割に永久的であるから、却って経済的である。

二階は全て自分専用の部屋ばかりで、書斎は四帖半位の小さな室であるが、松林の見える眺望の良い、かつ日当りの良いサイドに持って行くことを考えた。製図室は屋根裏を利用したもので、寝台なども持ち込んである。

二階建にしたが、現在二階を利用することは、冬期においてはほとんどない。下の応接室へ書斎から本を持ち込んで読書したりするので、応接室を利用する方が多いわけである。二階は殊に冬期は使いにくい。

庭先に、この家が建った頃五十銭で買って来た欅《けやき》があるが、これは年々スクスク生長していて、これだけはこの家で唯一成功したもののようだ。

それから壁のことであるが、茶の間は葛布壁を使用した。砂壁のように落ちたりヒビも来ないので、軟らかい感じがあっていいように思う。玄関の壁はやはり割れが来ないようにマニラ麻の壁仕上げにした。浴室の壁は全部赤味がかったゴム壁を使用してみたが、水も相当に防げるし、感じも良いように思う。

最後に部屋の大きさが皆同じようであったので、少しバラエティがないのが欠点であるように思う。

家庭生活を考えると、プランも細かくなりがちであるが、これも使用上便利でもあり、不便な点もある。一得一失《いっとくいっしつ》といったところである。


（『建築家の家　巻二』洪洋社　一九三四年）

松尾部隊表忠碑

1932年
東京都目黒区大橋（現存せず）

記念碑の石

満洲事変に壮烈な最期をとげた松尾部隊*の記念碑が、昨年八月九日、東京渋谷の近衛輜《し》重《ちょう》兵大隊の営庭に建てられました。「表忠碑」と荒木陸軍大臣の筆によって刻まれた碑前に、黒味がかった、長さ九尺、幅四尺、高さ二尺九寸の巨石が置かれてあります。

この石は新潟県北蒲原郡水原町から四里ばかりの奥にあったもので、東京からは碑石が到着してもこの前置石が来ないため、早く送るようにと、しきりにいって来るのですが、何分大きな石の上にちょうどその時は梅雨の頃とて、五十人の人夫と二十五頭の牛馬を使って、地車にのせて引き出しましたが、動きません。二百人の人夫を雇って死物狂いで引いても駄目です。それで仕方なく運搬用の橇《そり》に積みかえ、竹を二つ割りにして道路に敷き、滑りやすくさせて、二本の綱で曳き出すことになりました。さあそうなると、村の青年はもとより女、子供、老人、村中総出で、その二本の綱を握って曳き出したのです。これでやっと動き出しました。こうして焼けつくような炎天の下をこの石は、人々の熱意によって夜も昼も休みなく一尺、一尺と運ばれて行きました。

そうしてある紡績工場のそばにかかりましたのは、午前一時頃でした。時ならぬ時刻に、時ならぬ騒がしさ。多数の女工さん達は眼をさますなり飛び出して、何事だろうと思いました。松尾部隊の記念碑になる石材が東京へ運ばれて行くのだと知った女工さん達は、すっ

*松尾部隊
満州事変が起こってまもなくの、一九三二年一月九日、松尾部隊二〇数名の兵士が全員戦死した。

村中総出で運ばれた石

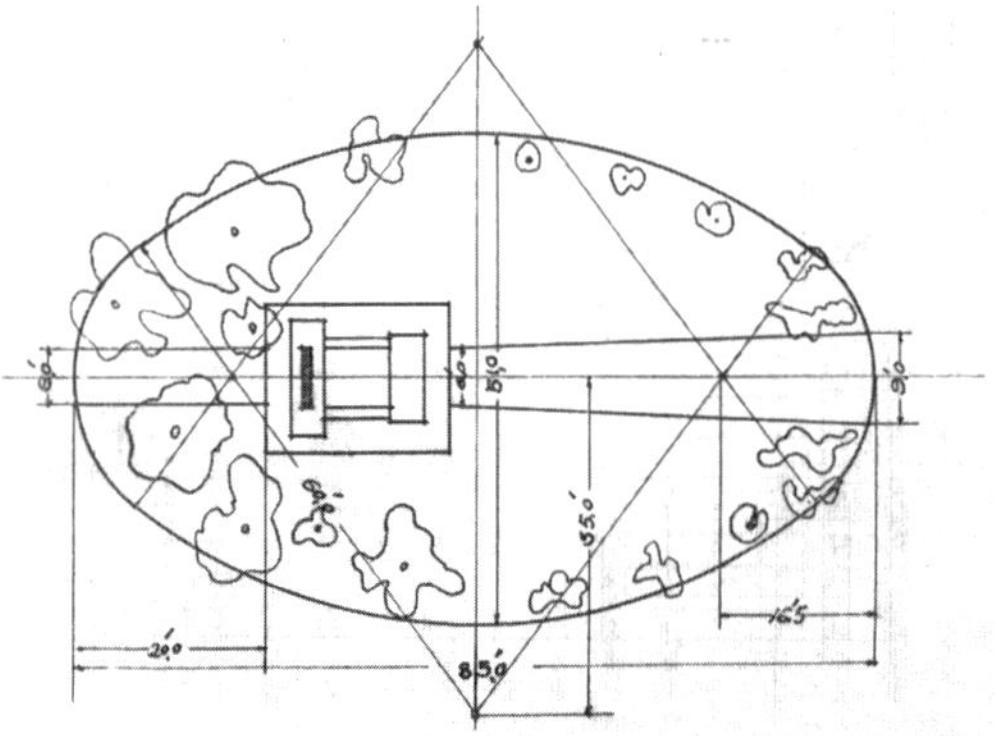

配置図　1932 年

スケッチパース　1932 年

かり感激して綱を曳く手伝いをさせてくれ、と一斉に綱を握りました。石は鮮かに速く滑りはじめました。これまで随分つかれていた人達も、元気百倍して全身に力が加わり、鬨《とき》の声は静まりかえった山野にとどろき渡りました。綱に割り込むことの出来なかった女工さん達は、眺めているのはもったいない、一綱でも曳かせて下さいと、取りすがりました。何という美しい情景でしょう。こうしてこの巨石は水原駅に辿りつき、無事に東京へ運ばれることが出来たのです。

今もこの碑を仰ぐ時、前置石に滲み込んだ涙と汗の赤誠に感激しないではいられません。

（『婦人子供報知』一九三三年十二月号）

岸田國士山荘

1934年
群馬県北軽井沢大学村（火災によって焼失）

浅間高原

二十年前の初秋である。私は高原の生活を思い立って友人Iと一緒に浅間高原の北軽井沢へ出かけた。浅間の裾は長く高等曲線を曳いて信州側にのびている。フランス文学の岸田國士*さんが小屋がわりの家を建てたいというので、ついでにその場所を見せてもらいに行ったのであった。

この一帯は、南に浅間の噴煙、北に白根の連峰を眺められるところで、H大学村と呼んでいた。岸田さんは私が初めて訪問したというこの高原を案内してくれた。高原地に散在する新様式の百軒近い小別荘がクラブ、温泉浴場、美術家のアトリエ、テニス・コートなどの諸施設を中心に明るい生活センターを描いている。縄張りをしたばかりの岸田さんの敷地には胡桃の樹が茂っていた。私はその根元に腰をおろして小別荘の姿に眼をやる時、大きい自然の環境に従順でない私達仲間――建築家――の怠りを注意しないではいられなかった。

いわゆる近代様式の所産である技巧過剰から開放されない赤色トタン、緑色トタンは、ここでは茅材料を使った日本家屋の比ではない。都会の騒音から離れたいと願う人達は、却って個々の屋根から来る太陽光線のグレアーに悩まされている。新様式と在来の日本家屋との対照が明瞭に考えさせられて来る。

朝がた、大爆発した浅間山は憤激の煙を吐いていた。私はスウェーデンの彫刻家カール・

*岸田國士（きしだ くにお）
1890-1954 劇作家、小説家。文学座を創設。代表作「チロルの秋」

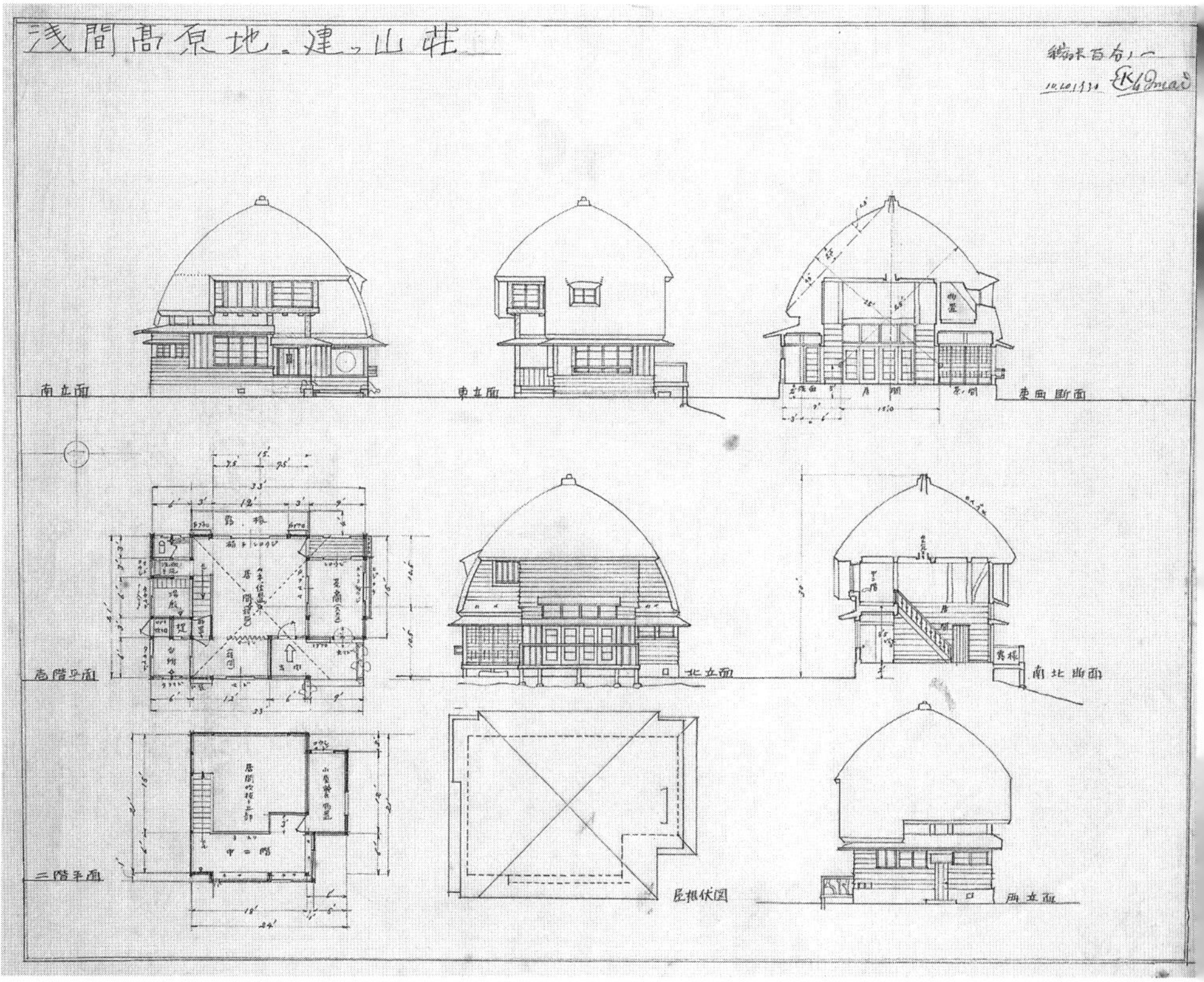

浅間高原地に建つ山荘　1930年10月20日

居間

ミレス氏*から来た手紙を思い出して浅間高原の印象に比較して見た。

ミレスは私が愛する現代彫刻界の一人である。ことに建築彫刻に於いてスウェーデンを代表する作家で、これまで英雄ステンスチュル、スウェーデン国王グスターフ・ヴァサ*、ポセイドンの泉、ユーロープや工業の泉などの大作をのこしていった芸術家である。

「私はいつも欧米化されてゆく貴国の姿を写真で見ているが、日本の芸術が破壊されない前に一日でも早くあなたの国を訪ねたいとばかり思っている。工学の研究に欧州に行くことは別として、日本の芸術家がヨーロッパの傾向を慕うてパリに絵画を学びに行くことは好ましいことではない。日本の芸術が破壊されて行くであろう。日本民族の芸術は、欧州の影響に侵されない時に、はじめて偉大な力を表わすものである。どうかこの私の言葉を忘れないでもらいたい。

日本は今日、東洋の秀れた芸術の国である。支那は自らの過去の立派な芸術を捨て、或いは白人に芸術品として売却してしまったではないか……。」

彼の東洋の芸術についての友情を心に読むことが出来るとともに、浅間高原を幸せにするよう吾々建築家の仕事を戒めてもいるようである。

幼いお子さんを抱いた奥さんと一緒に、高原の秋の土を踏んで岸田さんは私たちを見送って下さった。黄色の上衣を身につけられたこの時の奥さんの姿が、この訪問の印象に特に強く残された。

戦時中に奥さんを失われた岸田さんから、私の妻の死を悼む一通の手紙が届いた。

「御不幸の報に接し痛恨の情に堪えません。半身を奪はれることの痛手は言語に尽せぬこと、小生身をもって知っています。夫人は天国に行かれたことを信じます。けれども残っ

*カール・ミレス
Carl Milles, 1875-1955 スウェーデンの彫刻家。代表作「オルフェウス噴水群像」
*グスターフ・ヴァサ
Gustav Wasa, 1523-1560 スウェーデン国王。

居間の見上げ

たものの現世の悩みを貴下もまた味わわれねばならぬと思うと小生は何よりも勇気を、と申し上げずにはいられません。お小さい方もいられるでしょう。冬の風が冷たすぎぬように祈ります。

小生東京の住居が落ちつかず夏からずっとこの山の家に根をおろしています。貴下の賜物としてのこの家の美しさを楽しむ一人の友人を想像してください。気分の転換のおつもりで一度葉の落ちつくした山の景色をみに来られませんか。来月十日頃までなら間違なくお迎へできます。」

墨筆で書かれた岸田さんの手紙は十一月末の晩秋の日付であった。この手紙の「冬の風」のところ迄読み続けて、私は息をのんで眼を閉じなければならなかった。けれども山荘の建築を通して、岸田さんの深い思いやりには心の温まりと満ちたりた心で感謝しなければならなかった。

晩秋の浅間高原の冷厳な風景によって私の傷心を憩めさせたいと希《ねが》われた岸田さんの心づかいに、お応《こた》えしようと思っていた。しかし、身辺の事情は私を一日でも家庭から離れることを許さない。わずかに高原の初冬をともに語りながら、傷ついた生々しい苦悩を忘れて歩む私と岸田さんとを想像して心を癒《いや》すより仕方がなかった。

けれども、その後、浅間高原の訪問は思うよう実現も出来ずにその年は過ぎ去ってしまった。岸田さんの甥に当り私の学園で建築を勉強していた学生がいた。そしてしばしば北軽井沢のおじさんの山荘に遊びにゆくことを聞いていた。年あけて同君に逢い、岸田さんからの招きのあったことや私の御礼の言葉を伝えてくれるように話した。

「この冬北軽井沢の家は焼けてしまいました」と学生が語る言葉に、私は全く半信半疑で

居間の階段

いないではいられなかった。私の傷心をねぎらうために待ちつづけておられた家が、一ヶ月後に高原からその姿を消してしまったとはどうしても考えられなかった。甥に当る学生の話によると、つい去年の十二月末、おじが旅行中で不在の時、吹雪の中に火を発し、見る見るうちに茅葺きの山荘は燃え果ててしまった。恐らく数十分も経たなかったであろう、ということであった。

この高原の吹雪のうちに起こった劇的な山荘の運命を想うと、岸田さんがあれ程までの切なる恩情を私に与えてくれたのにもかかわらず、なぜ山荘の最後の晩餐に私が臨まなかったかを気にかけないではいられなかった。そして済まないことをしたと今でも思っている。

私は遂に、岸田さんがいつも好ましいものとしておられた山荘のその後の姿を再び見ることなしに終ってしまった。家の運命も人生のようにはかない旅路としか思われてならない。

（『建築とヒューマニティ』一九五四年）

多摩帝国美術学校校舎

多摩帝国美術学校（現 多摩美術大学）
1935年
東京都世田谷区上野毛（戦災によって焼失）

外観

工事随想——多摩帝国美術学校新校舎竣工に際して

建築家が一つの建物を設計する場合に、まず紙上の設計が開始され、構造、材料、仕上、色彩、工費等の諸問題と光熱、空気、水、電気等の諸要素が同時に設計の過程に働きかけ、図面の活動は素晴しい展開に入る。かくして多くの努力が払われた後に紙上設計が完了する。建築家の第一の歓びはこれである。恐らく一つの設計に従事した建築家がこの重荷を下した場合、ひとしく味わう歓《よろこ》びでなければならない。

私どもは次で第二の歓びに入る。それは地上工作の途上に体験する集団協力の働きと完成への一歩一歩の実現を希望する歓びである。

この歓びは困難や苦心にしばしば打ち消され、悩まされがちであるが、意義ある役割を演ずるものである。私はこの第二の歓びに多大な関心を持つものである。

自分が育んだ建物が竣工した際に第三の歓びが感じられて来る。それは他の芸術家が自己の作品を仕上げた場合に感得する歓びに近いと思う。衆人の協力により、社会の一機構が地上に築かれ、その建築体の成果を眼前に観ての歓びである。この三つの歓びこそ建築家を勇気づける貴い張り合いであると思う。

一つの設計をやるごとに私はいつも北欧作家の態度を考えさせられる。第二の歓びを貴く思うからである。

*北　昤吉（きた　れいきち）
1885-1961　哲学者、政治家。多摩帝国美術学校（現　多摩美術大学）創設者、名誉校長。

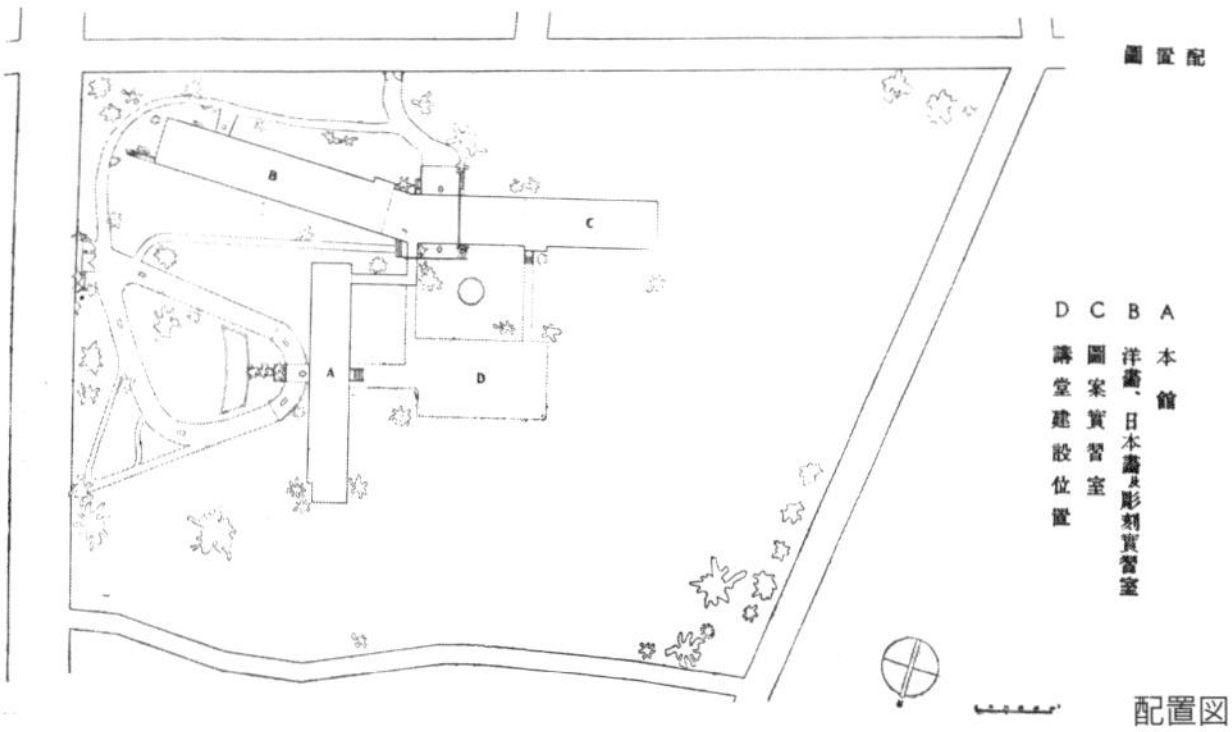

配置図

私はスウェーデンの作家を胸に浮かべる。建築家ラグナール・エストベリ氏の歓喜に満ちて仕事に処する態度を追想するからである。

スウェーデンの建築家は、その建築の達成に当って、あらゆる芸術家を動員し、芸術家達は勇躍、建築家の指導下に参加し、歓喜に溢れて仕事に従事するのが常である。現代にその崇高と華麗、豪壮と温雅においてその右に出ずるものなしと称せられるストックホルム市庁舎建築が、画家、彫刻家、工芸作家を総動員し、各々その職場の職人等と兄弟のごとく親しく交り、自己の設計の実現に尽した態度は羨しくも貴いものである。寛大な而《しこう》して宗教的雰囲気の下にあって奮闘した建築家ラグナール・エストベリの風貌が有難く脳裡に浮んで来る。貧しいながらも私はこの強い態度を考えさせられつつ、多摩の学校建築に従事し得られたことは嬉しい。

計画の相談を北昤吉先生*からうけたのは去年の六月中旬頃であったと思う。本館は最初鉄筋コンクリート二階建、一階部は教室、図書室、教員室等に当て、二階部は展覧会兼用の講堂とし、他のブロックに木造二階建の実習室を配する案を作成したが、これは惜しくも工事期間の都合から中止してしまった。配置方針を全然かえて校舎のすべてを木造に改め、七月下旬に図面作成を了し、盛夏八月十三日には地鎮祭を行う運びとなった。

玉川上野毛の敷地は高燥にして西部、南部は風致地区に境し、地形は東南に高く、北西に長く傾斜し、遠く多摩の清流、桃林を伏観する好適地であった。風致地区に接する側には鬱蒼《うっそう》たる樹林が自然の彫刻のごとく配在し、美術学校建設地として申し分ない。

七月中旬の酷烈な太陽下にあって、先輩生徒十数人はこの敷地の真只中に作業を開始し

外観スケッチ　1935年8月26日

たことを伝えたい。やけつくような暑熱に全裸を曝《さら》し、汗と土とにまみれて敷地内の地質の試し掘りを行ったということは、母校建設の熱愛に燃ゆる美しい奉仕の情景であろう。地鎮祭の前頃はこの敷地全体に夏草が人の背を没するまでに茂り、その中で私等は雑草を伐って仮の地縄張りをやったことを覚えている。

建物の配置は、東南部の丘に沿って後方に図案実習室、前方に洋画、彫刻、日本画実習室の長大な二階建てブロックを帯状に配し、両者の接続部に大体直角に本館のブロックを結び、Y字形態を持たせた。洋画部のブロックは北光線を選ぶ必要からその軸が図案部のところで屈曲し、V字形をなしたためである。

工事期に相当する夏から初秋に渉って稀な雨期に遭遇したので、八月下旬着工したにもかかわらず、九月中頃まで秋らしい空を仰いで仕事を進めることが不可能であった。七百余坪を僅々三ヶ月の工期にて完成することは、建築家の良心と連日作業を監督するものの辛抱、及び学校当局の寛大な態度がなければ成し遂げられぬものである。私に与えられた夏期と秋期の休暇を、設計に、また現場を指導する時間に費し得たことは、幸でありまた当然陣頭に立つべき職務と考えて働いた。

自然環境が起伏ある丘陵地帯であり、広闊《こうかつ》な視野を支配する点で、校舎は極めて簡潔な外観形態を求め、なお採光量の十分ならんがために大きい片流れの屋根を選び、山地の建築を想わせるようにつとめた。屋根葺材料は鉄板であるから、寒暑の透過が相当はげしく、従って屋根の片流れによって生ずる天井裏の厚い空間部はこれを緩和する役目を帯びた。

外観スケッチ　1935年8月26日

また軒高も片側が十分高くなるので、周囲に点在する、威圧するような風致林に対しても均衡を保つことが出来ると思われた。

内部は本館部のみ木部ステイン、天井、壁体ともに漆喰にし、実習部は腰ベニア板張り、壁付漆喰ともにグレイ色に仕上げ、窓の対壁のみ白色にし、光線の反射を利用することに努めた。実習室階下は構造上必要な方杖ブラケットをベニア板にて巧みに張りつめ、普通建築家が扱い上嫌う部分を却って有効に処置出来たことも成功の一つといえよう。実習室二階部天井は出来るだけ高く室の奥に向ってやや低く傾斜を持たせた。しかし法規によって軒高の最高限度が制限されているので、十分の天井高が得られなかったのは残念に思う。

学校の種類から考えて、建物の色調効果については相当面白くやってみた。外部の主色は屋根と壁体に用いた二色をあわせ三色である。屋根はライト・グリーンに塗り、大草原のごとく天空の色と画然と分けた。壁体の下見板は、洋画部の正面側の側壁一面と、彫刻室に対抗する本館の側壁の白色ペイントを除いては、すべてクレオソートに塗られ、ブラウンの色調を与えている。本館の一側壁に白色ペイントを用いたのは彫刻室の照度を補うための反射面として考えられたものである。

この三つの主色の適所に色のアクセントを与えてみた。実習室東南側にある非常階段手摺の黄色面と図案実習室階段窓上部のブルーとは、相当のアクセントをきかせていると思う。本館正面西側に立ち校舎を全望するならば、左方洋画実習室は逆光線をうけて、約四十尺の高壁が崖のように伸び迫っている彫刻室の窓を縦断する黄色の一線を見出すであろう。これが広大な壁面への破調ともなっている。軒端、軒裏、及び母屋端の部分には朱、

西洋画科実習教室

黄、紺、灰色のタッチをきかせ、各窓の額縁にも小量の緑を添加し相当の効果を収めさせた。ペンキ仕上げが始められてからは現場に詰めていなくては危いと思い、ほとんど連日に渉って日参することにした。帰る頃に、秋月が浮んで校舎の壁に照り映えるのも爽快なものだ。職人も現場員もまた根くらべで仕事にはげんだ。

実習室の階段室、廊下は十分広くとり展覧会の場合に利用し得るスペースにした。図案実習室内壁全部はベニア板張りにし、随所に作品の鋲留めが出来るように考慮された。二ヶ所の鉄筋コンクリート防火壁は出来る限り外観を助けるよう扱ったつもりである。比較的美観の上から扱いにくいものでも、必要な機能は巧みに自由にとり入れるような訓練が建築家には殊に大切であると思う。

一つのエピソードを私は諸君に語ることをゆるしてもらいたい。

それは正面の道路に面した洋画実習室の白色の壁に掲げられた彫刻である。紋章、Heraldry である。この大きさは大体四尺五寸平方、厚さ二寸五分の松板である。落成最後の土産として、現場で働いた職人や生徒その他の関係者の手で製作してみようと思い、予め二分一の図面を自分で描いて現場にとどけておいた。材料は心よく請負側から提供してもらい、竣工間近の余暇を拾って若い監督員が組立工作にかかった。漸次現寸が松材に彫られてゆく。もちろん素人の腕でやることだが、熱意と愉快さで一人代り、二人代りして鑿《のみ》の音高く刻む。各科の同志が次々と鑿を加えて彫刻の全貌が表われた。

ヘラルドリの裏面にはこの校舎建設に従事した人達のサインや姓名が深く刻まれ、北昤吉先生はじめ杉浦非水*、牧野虎雄*先生、ペンキ工、現場監督、鳶、大工、請負者の名が自

*杉浦非水（すぎうら　ひすい）
1876-1965　多摩帝国美術学校（現　多摩美術大学）初代校長。近代グラフィック・デザインの先駆者。

*牧野虎雄（まきの　とらお）
1890-1946　洋画家。多摩帝国美術学校（現　多摩美術大学）教授。代表作「凧揚げ」「へちま」

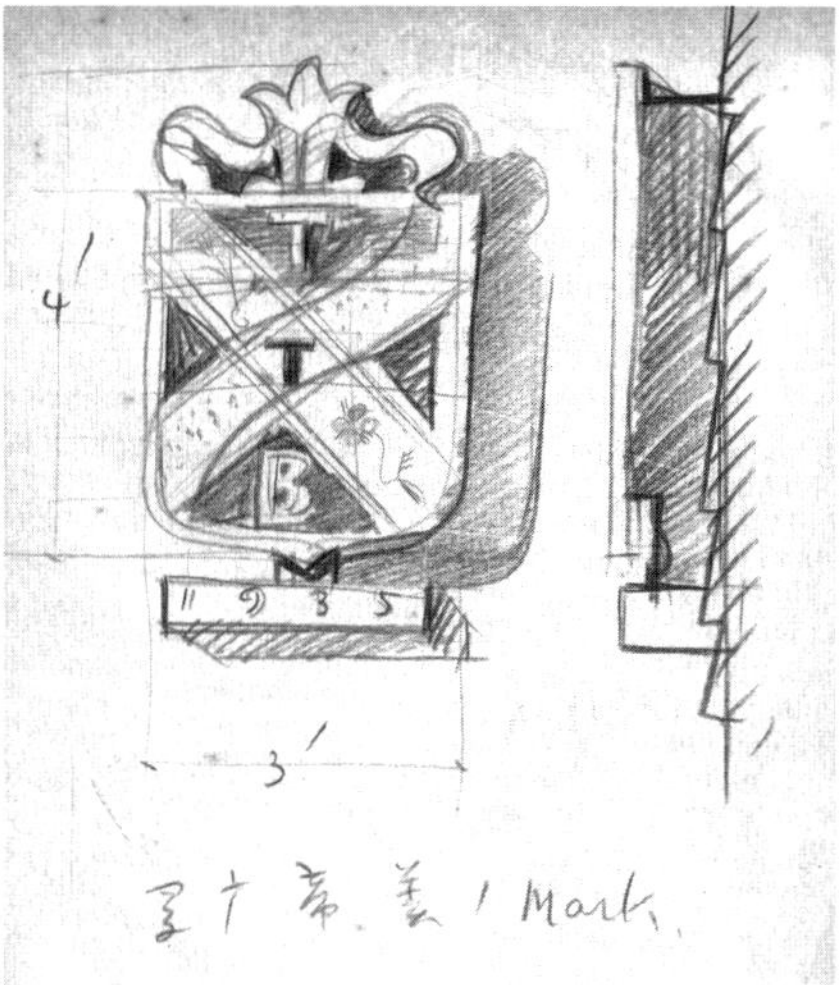

紋章スケッチ 1935年

由に混然と記された。この色付にペンキ屋、監督、生徒等を招集して塗りはじめ、漸く夜九時半頃までに肌寒い監督詰所をアトリエとして、私はペンキの仕上塗りを終った。

ちょうど三の酉の日の朝このヘラルドリは高く白い多摩の壁に取りつけられ、永く、工事にかかわりし衆人の熱汗の跡を記念に遺すことになった。

かくして私は第一、第二、第三の歓喜を多摩帝国美術学校建設の場合にも体得することが出来たのは一重に有難く思う。

「多摩の壁」はこれを記念するための私の奉賀帖であるが、職人、生徒等建設に参加した人達の筆で染められた。杉浦非水先生も誕生にあやかってか桃太郎の図を白紙に描かれていた。


〈一九三六年一月二十二日〉

（『工芸美術』一九三六年二月号）

日本中学校校舎

日本中学校
1936年
東京都世田谷区松原

母校新校舎小記

不肖末輩浅学非才を顧《かえり》みず身教職にありながら、敢然母校新校舎の設計に従事し得たことを光栄とす。

しかし微力の致すところ、いかに努力を払うとも結果において母校建築全《すべ》からず、自ら責をとって辞せざるべからざること、しばしばであった。いわんや、今また自ら建設の思い出を草することの当たらざるものある、を思うものである。敗軍の将兵を語らずに等しい。御依頼を辞してこの稿を書くの不適任なることを思うものであるが、畏友同窓菊地又祐君より切に説かれてその任を塞《ふさ》ぐ次第である。

猪狩*先生の御依頼により設計の草案にかかったのは足かけ三星霜前*の九月であった。当時学校側の予定敷地は明治神宮にほど近い池田侯邸内であったため、敷地検分の後この場所に適する案を作成。なお外観透視図を創ってご覧に入れたのが、自分が具体的に関係した第一歩であったと思う。ちょうど先生には満州の中学校長会議より御帰京された直後であった。

次いで、年改まりたる翌昭和十年一月松原の現在敷地にほぼ決定されつつあったので、先の案を廃し松原の敷地に適合する平面計画十四案、並びに将来淀橋から移築すべき物理化学教室、実験室、雨天体操場、剣柔道場と本館との接続機能を完《まった》からしむる配置計画案を企画した。かくして、この十四案の中より校長先生と御相談の結果、現在の基本案が選

＊猪狩史山（いかり しざん）（本名・又蔵）1873-1956　日本中学校三代目校長。『杉浦重剛座談録』を出版。

＊三星霜前　三年前。

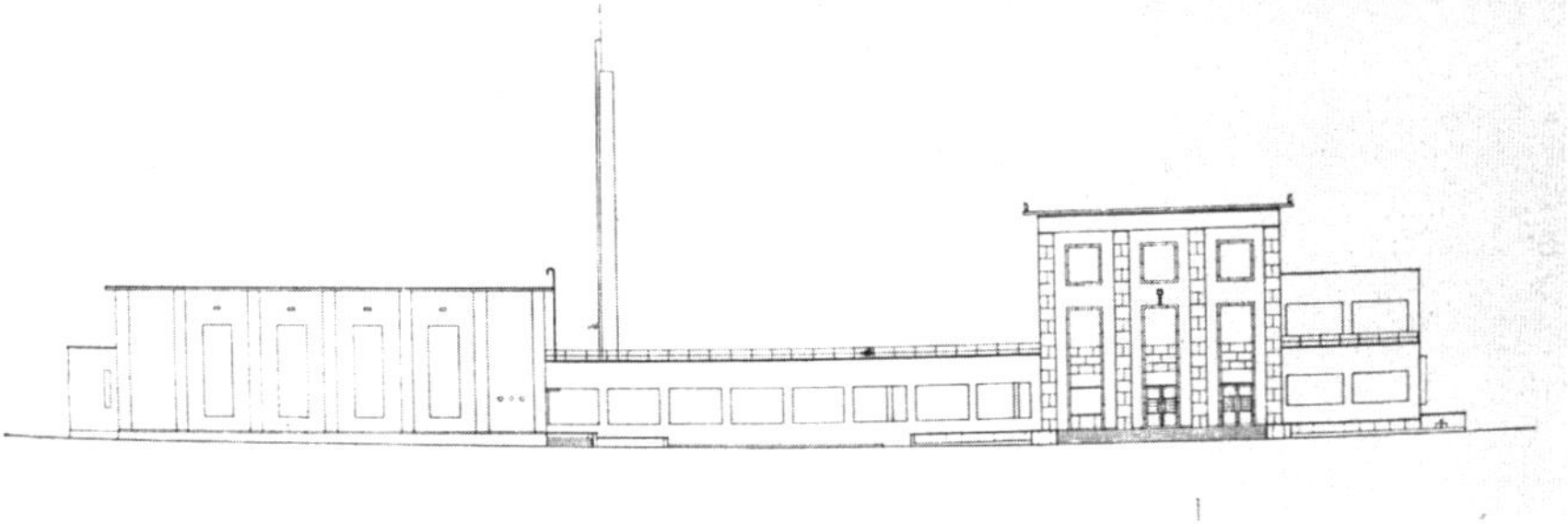

東立面図

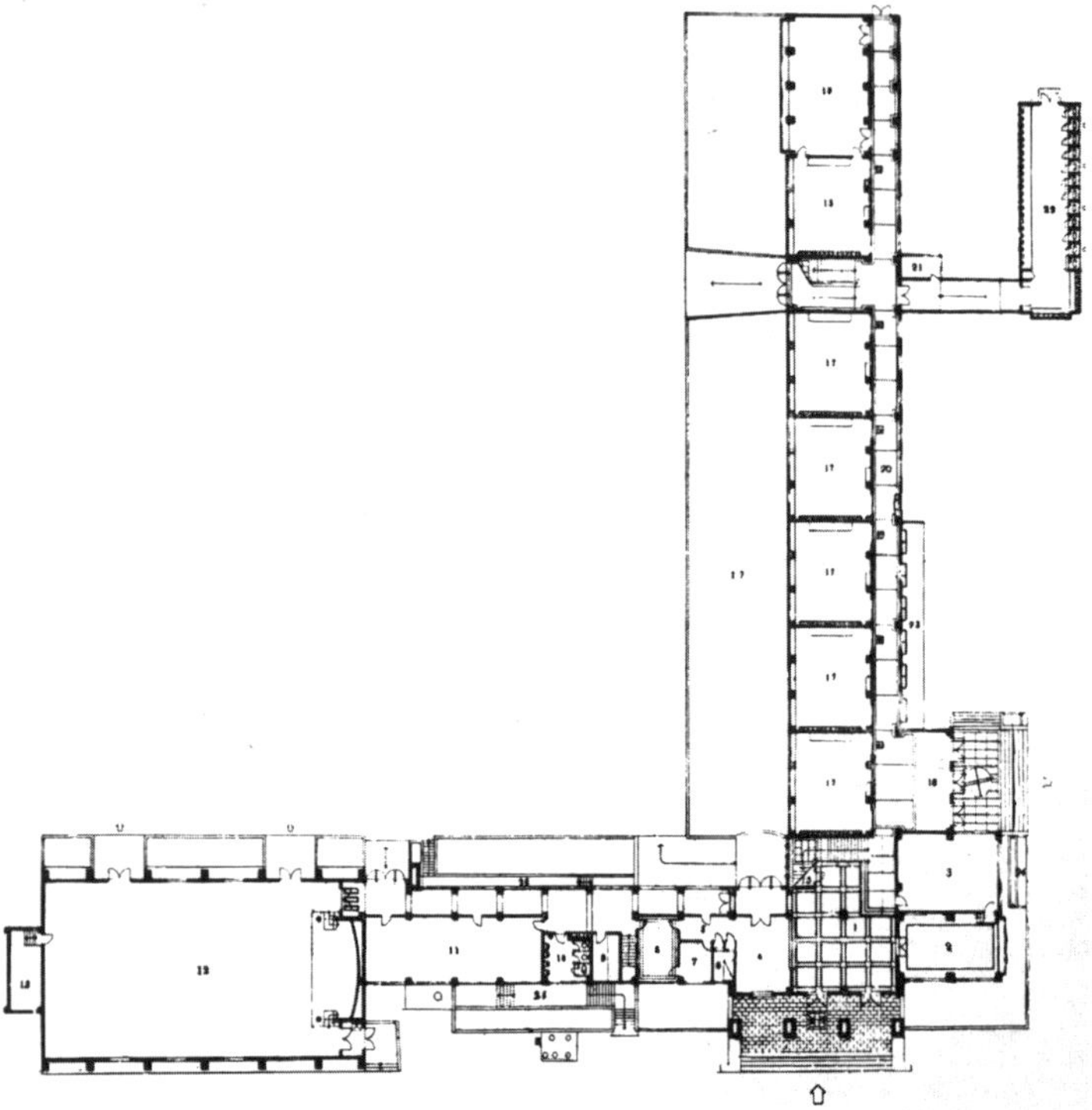

1階平面図

外観スケッチ　1935年5月17日

＊杉浦重剛（すぎうら しげたけ）
1855-1924 教育者、思想家。東京英語学校、のちの日本中学校初代校長。

択せられ、三月下旬直ちに本設計にとりかかったのである。
一方、これと併行し建物の強度計算を進め、五月下旬までに日夜多くの人手を費やして遂に五十五葉の設計図と仕様書、室内仕上明細表、強度計算書などの作成完了をみるにいたった。なお、設計の進行中明細見積を開始し、入札、警視庁届出の準備一切を整え、一日も早く入札に備えんとした。私どもは昼夜兼行を如実に体験して六月に請負の決定を見るに至った。この努力と労作の後に味わう瞬間の歓びこそ、建築家が等しく味わう、忘れられざる感銘であらねばならぬ。また、建築の内臓とも称すべき暖房、衛生、電気ガス、給排水工事などの付帯設備設計は、七月に私どもの手によって設計を終わったが、学校側の意向により指名の形式にて工事者が決定されたはずである。以上が工事実施までの設計経過である。

今日の建築は用途の問題を解決することを最も重視するものであるが、これは社会機構、生活機能の上より当然のことでなければならない。けれども、単に用途を満たしたからとて建築の外観、内貌を等閑視しても差し支えないという考察は誤りであると思う。殊に、教化建築である学校建築は不断に生徒の精神的対象であるから、生徒が渇仰する表現力を持たなければなるまい。そこには気品も必要であり、統制美も要求せらるべきである。建物の種類が記念的のものであればある程その重要性を増すことはもちろんである。
朝夕校舎を仰ぎ見る生徒諸君の胸裡に、なにものかを反映する建築でありたい。また、創立者であられる杉浦重剛＊先生の日本主義の精神にいささかでも合致させたいと意図した。人は十人十色、各々嗜好を異にするから、この建築は失敗であるといわれる方があるなら

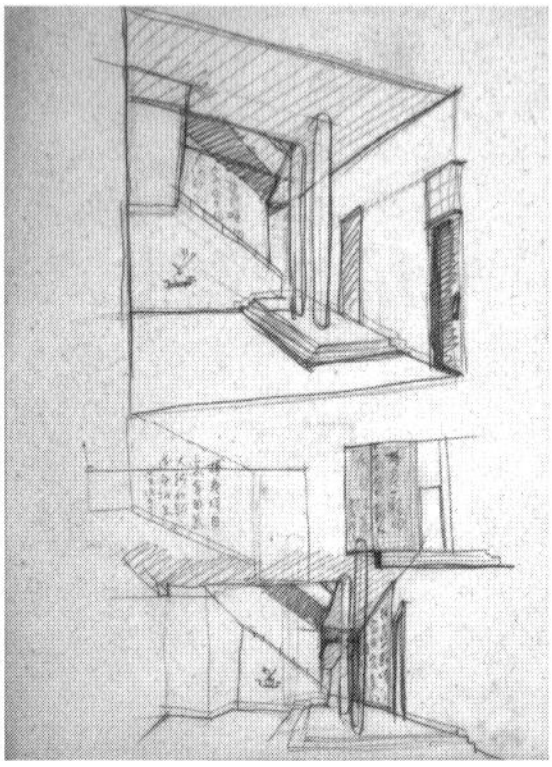

正面玄関ホールスケッチ
1935年

ば、深く御詫びを申し上げねばならない。

　ある日、猪狩先生とお話の節《せつ》、ギリシャ建築の列柱について御意見を洩らされたことがあったので、校舎正面玄関にはご覧の通り素晴らしい巨柱を配列して校風の一端を伝えようと試みた。人曰《いわ》く、何ゆえに母校に日本主義的な建築意匠を求めざりしかと。もちろん軍人会館のごときもよからん。しかし、経済基点に立って考えるに、形式において貧しく衒《てら》える日本主義をとって世の嘲笑をうけるよりは、明朗、荘重の形態より滲む日本精神を追うをもって最も良策と感じた。この建築には大体において新しき古典味をもたせることにつとめた。すなわち新古典主義の表現を与えるにつとめたのであった。古典の意義は、「新」は「真」であることによって価値づけられるものであって、いわゆるモダーンは真の意義での「新」ではない。

　十数年前のこと、淀橋の学校にて杉浦重剛先生にお目にかかりし折、建築のことが話題にのぼった。先生は、当時丸の内に建てられた新しい建築についてかなり峻烈な御意見をおだやかな言葉で述べられ、一方日本銀行の建物を推賞せられたことを覚えている。恐らく先生はいわゆる新しいものを排し、古典に共鳴するところがあったからであろう、と推察して深く感激してしまったことがあった。


　マッチ箱式の倉庫のような建築はまっぴらである。何らか統制を保つ学校建築にしたいと、猪狩先生は常に自分に向かって話されたが、幸にして敷地に対する建物の配置に相当によい均衡美を得た。また教室、教務、講堂の三者の機能が美しい構成で外観にまで表現せられたことも悦ばしく思っている。

第一階段室広間及び
教室廊下

一枚の壁にしろ、壁から壁への空間の連続にしろ、一本の柱にしても生命を打ち込んだものにしたいと願った。これは建築を創作するものの態度でなければならないと思っているからである。玄関広間、階段前の壁に、杉浦先生の五言絶句の詩を刻んでいただこうと思って準備したが、お役に立てばよいがと思っている。暖房用煙突のごときも、この建築に大なる役割を果たさしめるように心がけた。一般に採用せられている湯屋の煙突形式を破って記念的な形態を得させ、かつ全建築体の構成にも美しい均衡を与えることが出来たように思う。

色彩については外壁が単一の色調をもって、ほとんど全部覆われているので、極めて小部分の出入口のみにアクセントの意味で色彩を施した。また出入口は生徒の目標ともなると思い、全建築体の色調に調和するよう、連日にわたって終日ペンキ工を相手に現場にて色の決定に努力したが、後で多くの非難をうけた。けれど最善を尽くしてなお足らざるは、明らかに自らの実力の不足を意味するものと考え、手を引いてしまった。そして今一度自己を吟味しなければならなくなってしまった。

なお、全裸の建築体は樹木を配在することによって、これらの色調をさらに良い結果に導くものと信じていた。

造園計画にあたっても、杉浦先生が愛好せられていたという梅、合歓木《ねむのき》、くちなし、紅葉などの植物を建物の適所に配するならば一層意義あることと思う。

建築設計の良否は工費の大小によってのみ決定されるものではない。よき意匠かならずしも高価になるという考え方はすこぶる旧い思想であって、いかに安価に製作されたもの

講堂

＊孟子（もうし）
B.C.372-B.C.289　中国戦国時代、魯の思想家。

＊言不二必信一行不二必果
言必ずしも信ならず、行《おこな》い必ずしも果《は》たさず。（孟子巻第八―十一）

でも意匠がよければ人の心を打つものがある。室内照明器具のごときも市場の出来合品を流用するお話があったので、このことだけは堅くお断りして、室に相応する簡単な器具を設計した。市場品かならずしもこれに比して安いといい得ない。幸い、木に竹を接ぎたる不調和、不快さを出現させなかったことはうれしい。

一塊の土も、ひとつの壁も、一本の柱も皆、この建設にかかわりし衆人の熱汗の跡である。万人の協力によってのみ成り立つものである。そこに人の環を必要とする。依頼者、設計者、工事監督者、施工者が一体となって揃わなければならない。工事に従事する人々は、物質のみによって働くものであるという観念を持つことがいけない。心で彼らを指導してゆくならば、歓喜に満ちて黙々と精神的に働く気概を持つものである。自分はこの態度でいつも職場の人たちに接することが出来た。孟子＊の言不二必信一行不二必果＊だと思う。然《しか》らざれば、協同の事業においては建設にかかわる衆人の行動に益なき抵抗を与えるのみであろう。

今日の進歩複雑なる建築技術に、日夜激務に奮闘せられた花田監督、少壮気鋭をもって新しい施工技術の難所にあたり、東奔西走よく任をつくして最後まで働いた監督水野勝恭君に最大の敬畏を払うものである。また、工事請負側には母校の大先輩井上尚氏が責任の地位にたち、ともに母校育ちの関係から吾が家を造るような心持ちで働くことが出来た。その部下はもちろんのこと、職人たちも利害を超えて自分の無理を聞いてくれた。その無理は直ちに母校のためになるものであった。

教育の殿堂は、今地上に築かれた。杉浦先生の学校は永遠にその礎《いしずえ》を松原の地にすえた。日々校門を出ずるごとに生徒諸君が東天の彼方に明治神宮、青山御所、二重橋を一直線上に配することはありがたき極みではないか。

新校舎にふさわしい校名札「日本中学校」の前に立ちし自分は、建物が美醜いずれに評せられても吾が子のような愛着を感じ去り難い気持ちである。困難の裡に生れ出でし建物であればある程、現場の職人達と兄弟のごとく交わりをともにしたればこそ一層その感が深い。

母校の生徒諸君よ。どうか杉浦重剛先生のこの学校をわが家と思い、大切に守護されんことを希《ねが》うものである。

（『日本中学校校友会誌』一九三六年十一月号）

田中王堂先生墓碑

1938年
埼玉県所沢市上富多福寺

田中王堂先生墓碑

ギリシヤ哲学者田中王堂*先生の望みに従い、その墓碑にはギリシヤ古典形式を採用している。「田中王堂墓」と刻める碑石及びドリック柱片は岡山産万成石本磨き、立石、敷石、階段等は小御影なり。

柱片の傍《かたわら》にアカンサスを配して故人の俤《おもかげ》が表徴され、なおペディメントを持つ立石の斜め右後方に「ちゃぼひば」を植え、南欧の糸杉《サイプレス》の風情を強調している。

敷砂には万成砂を五層敷きならし、明るき墓碑が構成されてある。

（『建築世界』一九三八年七月号）

*田中王堂（たなか　おうどう）（本名・喜一）1868-1932　哲学者。早稲田大学文学部教授。

透視図　1938年1月19日

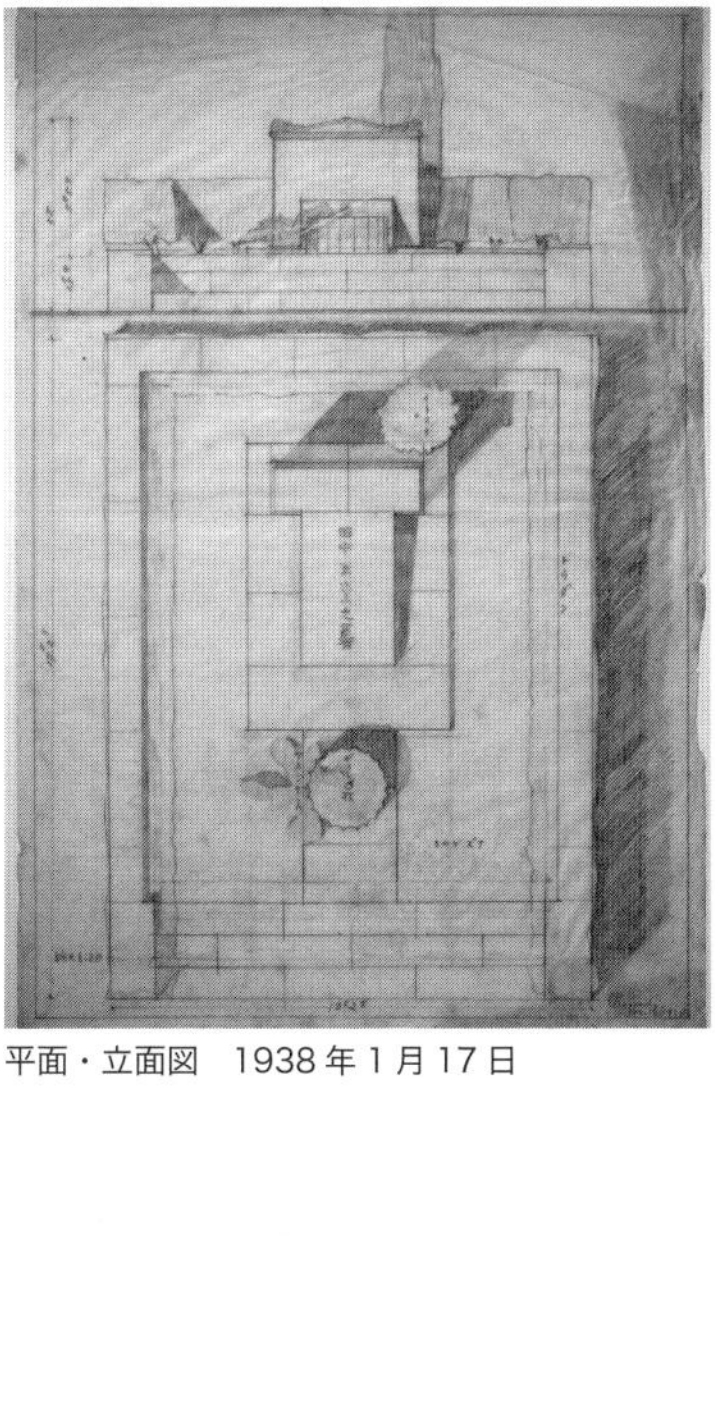

平面・立面図　1938年1月17日

航空記念碑

1941年
東京都渋谷区代々木公園

記念碑の前に立つ今井兼次

＊オーギュスト・ペレ Auguste Perret, 1874-1954 フランスの建築家。代表作「ノートル・ダム・デュ・ランシー教会」

＊アントワーヌ・ブールデル Antoine Bourdelle, 1861-1929 フランスの彫刻家。代表作「ベートーヴェン」連作。

航空碑を設計して

近代建築の中に建築と彫刻との巧妙な結晶の例証として、パリのシャンゼリゼ劇場の作品を私はいつも回想する。この劇場は一九一二年に竣工したもので、鉄筋コンクリート構造を大規模な建築に適用した最初のものとして世界的に著名であるばかりでなく、現代フランス建築界の巨匠オーギュスト＊及びギュスターヴ・ペレ兄弟の清新な作品であることで有名である。さらに彫刻界の大立物ブールデル＊が外部、内部の建築彫刻装飾に参画していることがこの劇場の真価を一層世に発揮せしめた。

未だ鉄筋コンクリート建築が小規模の建物のみに用いられていた時代に、ペレ兄弟は敢然芸術的にして大規模な劇場建築にその構造を採択し、建築構造の妙味を彫刻装飾によって助長することを企画した。直截簡明な構造の中にブールデル一流の高肉彫りを外部正面側の上部軒下に、また正面玄関左右両翼の二階部に採用し、建築と彫刻との素晴らしい調和に成功したのであった。私はブールデルを協力せしめたペレ兄弟の企画を貴いものと思っている。

碑を設計するに際して、ことさらに、精神的な心の動きが強い素因をなすものであることは当然のことであろう。私が関係した記念碑の中に早大山岳部員が遭難した信州針ノ木の岩壁に刻んだ遭難碑、満州事変の初頭、護国の華と散った壮烈極まる松尾部隊の表忠碑（東京世田谷）等があるが、貧しい作品ながら心魂を傾けての仕事であっただけに建築家と

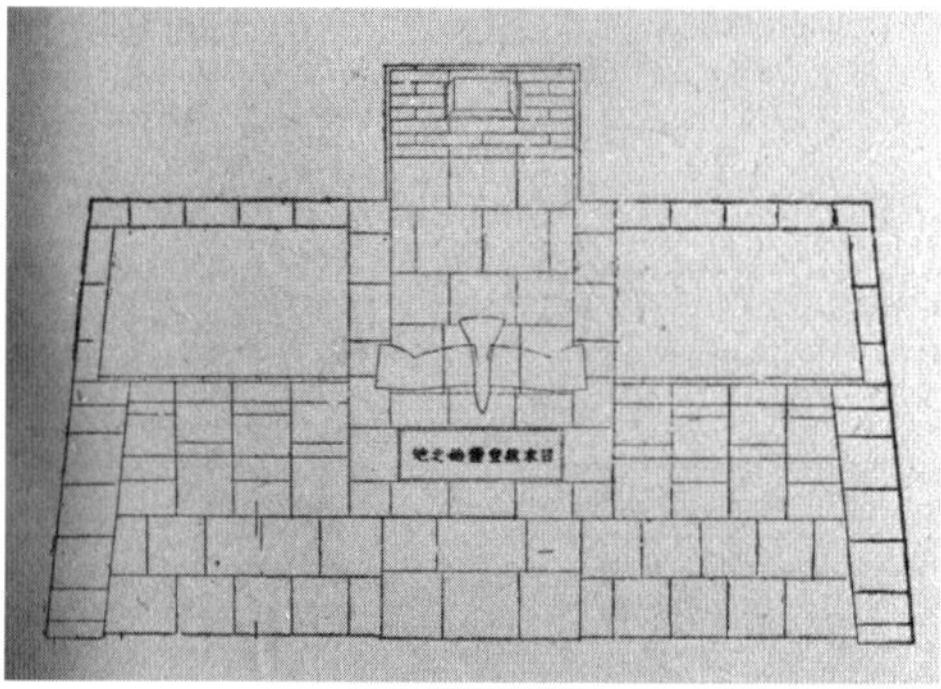
平面図

して忘れ得ない歓びであると感謝している。何れも彫刻が採用され、建築との調和という点に心を砕きながら、建築家の意図を貫くことが出来た。

こんどの航空碑建設の根本意義は日本航空発達の栄あるサインを地上に求め、国民文化に協力することにあった。さらに私の脳裡に往来したものは建築と彫刻との課題を解決しなければならないとの念願であった。結果から見て私の設計が拙《つたな》いものになったにせよ、私はその実現に彫刻家と協力し、かつ戦って来たことをここに告白する。建築と彫刻との不調和ということが私ども建築家を多年悩まして来た大きい問題であった。この解決なしには彫刻と建築とはともに溝を隔ててしまって悠久な日本造型文化を未来に託することは、恐らく出来ないであろう。

私は一般彫刻家の中から建築彫刻家の出現を多年期待しつづけて来た。しこうして彫刻家の覚醒の時機は遥か過去にあったが、今でも私はその希望を捨てずに待つものである。一般彫刻家が建築を理解しているよりも建築家の建築彫刻への理解の方がさらに深いようにも思う。これ等彫刻家の方々は展覧会芸術と呼ぶ退嬰《たいえい》的な一室から危なげに建築に歩み進めて来ているとしか考えられない。よし建築文化の一翼として彫刻を推進しようとも、今日の状態では彫刻家自身、危険信号を甘んじてうけなければなるまい。その根本原因は彫刻家に建築彫刻の基礎的研究が不足しているからであろう。また彫刻材料方面に関する知識や出来上りの予想等についての質感、量感等の教育的欠陥があるように思う。これは今日の美術学校教育が建築方面に堅実な視野を持ち得ない師匠の指導による芸本位の偏在からくる罪だともいわれている。建築と彫刻との関係を知悉《ちしつ》している建築家は一枚の壁体でも立派な無言の彫刻要素として扱っていることを彫刻家に知ってもらわねばならない。はなはだ失礼な言葉であるかも知れないが、彫刻家は彫刻のみが見えて建築が見えないのではなかろうか。建築はどこまでも第一義的のものであり、建築彫刻は第二義的存在であって、建築本体の価値を助けるものであらねばならないと思う。

建築家はあらゆる制約や条件を極めて巧みに処理してゆくことに習慣づけられているからこれ等のことに不満を持たない。建築彫刻家はこの制限を踏みこえて、製作に精進して行くことがのぞましいことであり、かくして完成された作品はその彫刻家の創作として、最後に捺印せられ、世にのこされることになるのであろう。ルネッサンスの彫刻は過去のものではない。現在新しい姿となって、吾々の建築の中に潜んでいなければならないものと考える。幸にして、当碑がいささかでも成果を求め得られたとするならば図案彫刻に秀れた泉二勝磨*氏等が、原型製作に惜しみない協力をいただいた賜であったと感謝している。

（『セメント工芸』一九四二年三十三号）

＊泉二勝磨（もとじ かつまろ）
1905-1944 彫刻家。多摩帝国美術学校（現多摩美術大学）図案科講師。

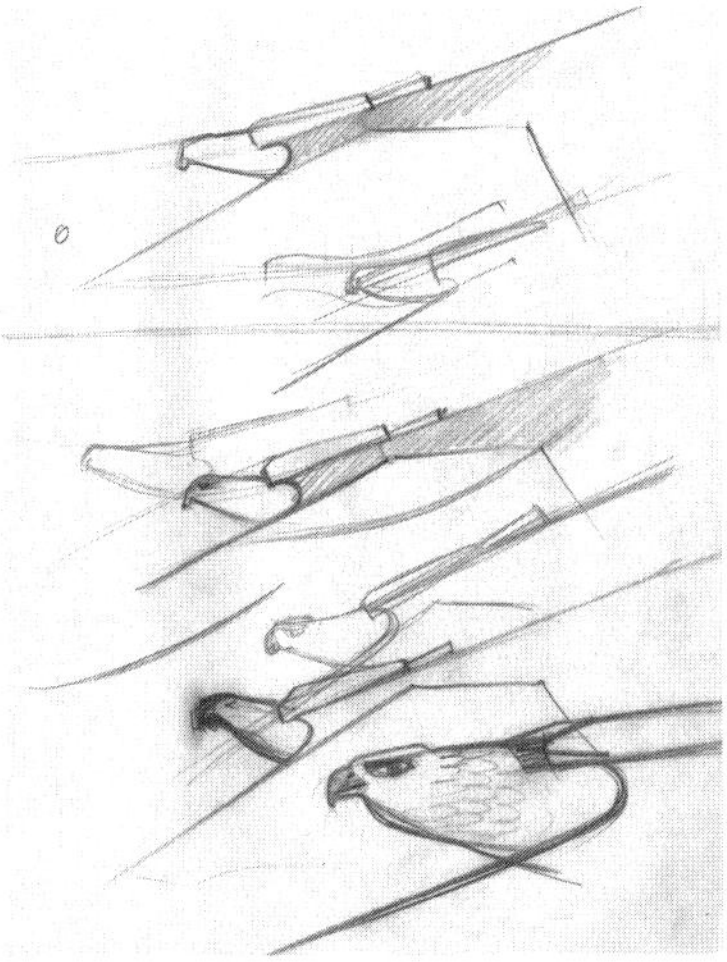
猛鳥スケッチ　1940 年

石膏模型

航空碑の設計

代々木原頭に航空碑が建設されていることは既に御存じのことであろうが、目下戦時の際とて演習地に出入することが自由でないために御覧になれない方が多いのではないかと思う。

自分がこの碑の設計を試みたので、その竣工までの感想を少しばかり覚え書程度に記してみることにする。

この航空碑が出来上ったのは昭和十六年十二月十九日、時あたかも大東亜戦の緒戦に当り、米英両国に対し畏《かしこ》くも宣戦の大詔《だいしょう》が渙発《かんぱつ》せられてから十二日目に相当する。古今に冠絶した赫々《かっかく》たるハワイ真珠湾の大爆撃、或いはマレー半島クワンタン沖に於ける英主力鑑プリンス・オブ・ウェールズ、レパルスの撃滅等日本空軍の鬼神を泣かしめる戦果が発表せられて間もなく、地上に浮彫り化されて航空碑は誕生した。誠に日本航空三十一年の力強い発始の碑として輝やかしい門出であった。

設計当初に、自分が最も大切に考慮していた希望と覚悟とは次の四項であったといってよいであろう。

一、建設計画側である朝日新聞社の一協力者として最後まで参加し、その制約と希望条件を最大限に実現してみることにあった。このことが極めて意義ある結果を求め得たように思われて愉決であった。いかなる建築計画でも、地上に建設する場合に何等の制約なしに自由に建設されるものはないからである。

二、航空文化創始の記念碑であることはもちろんであるが、さらに永遠の日本航空発展の守護碑たらんことを念願した。

三、建築彫刻の重要なことを十分知悉《ちしつ》しているが、それと同時にその成果の危険性をも多分に感知していた。建築家も彫刻家も私心なく一体となって協力することを私どもは最初に誓った。今日から吾々は職方たるべしと互いに誓詞を約した。

四、建築体と彫刻の渾然一体の実例を求めようと努力し、日本造型文化の清新にしてかつ真摯な面を開拓しようと願った。

碑の建設地域は陸軍の演習地であるから、演習等に障害にならぬように計画することが基本条件でなければならない。敷地の選択は結局設計者の希望通り、原宿口の反対、西側の台地に決定した。台地は松林を背景とし、北側には欅の大樹が亭々《ていてい》と聳ゆる疎林を配し、俗に『久米邸跡』と呼ばれる芝草の斜面帯であって、太陽の照りかがやく頃は休息には好適の場所である。また、三十二年前の明治四十三年十二月十九日、徳川大尉*が冬枯の代々木原頭にファルマン複葉機*を操縦して飛行三千メートル、最高度七〇メートル、飛行時間四分の記録を出し、日本最初の歴史的大成功を博した当時の滑走路を眼下に展望する位置にある。

碑の形態を決定するために八葉の草案を作ったが、ちょうど皇紀二千六百年*祝典日を前後とした約一ヶ月の間であった。最終案即ち決定の草案は渋谷駅から銀座までの高速度鉄

＊徳川好敏（とくがわ よしとし）
1884-1963　代々木で日本初の飛行を行う。

＊ファルマン複葉機
日本最初の飛行機。アンリ・ファルマン機のこと。

＊皇紀二千六百年
西暦一九四〇年のこと。

*山下奉文（やました　ともゆき）
1885-1946　陸軍大将。

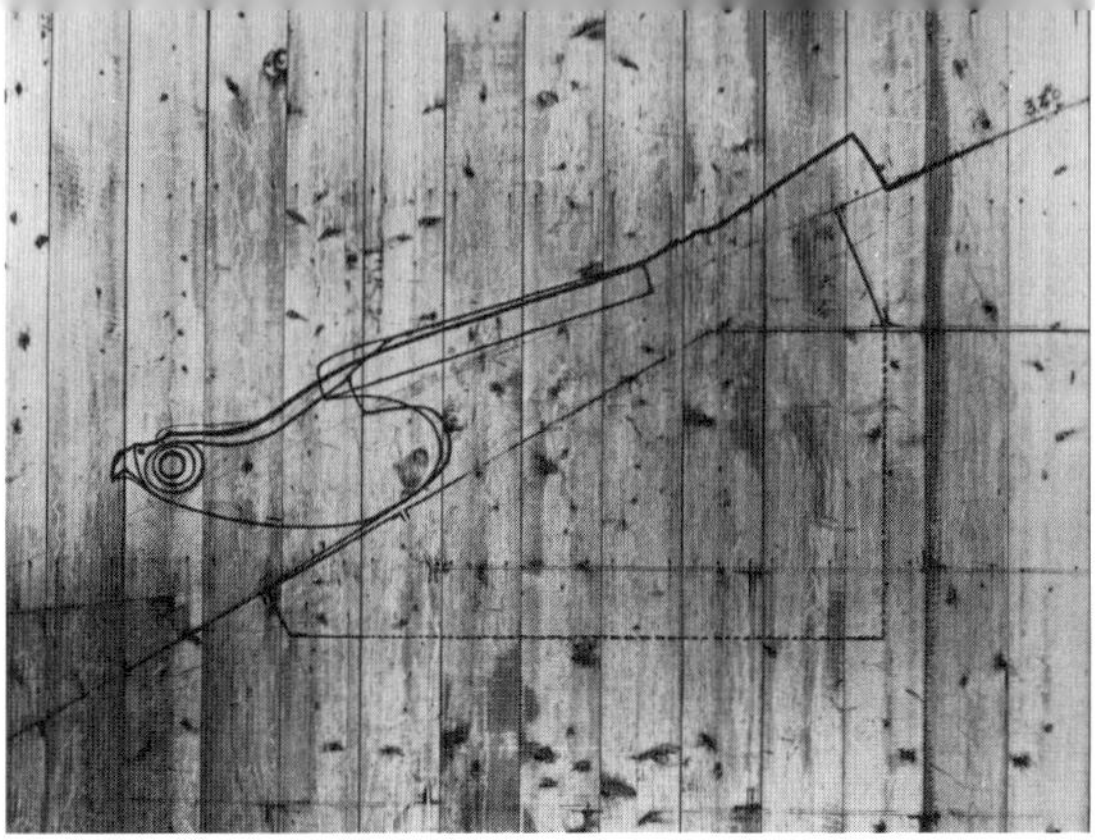

原寸板図

道車内の十二、三分間の紙上構想が骨子となったもので、一昨年十二月十九日の地鎮祭迄に草案完成を間に合わせることが出来た。なおこの地鎮祭の日には、今次大東亜戦で勇猛その人を謳われしマレー方面最高指揮官山下奉文*中将が、当時陸軍航空総監として式典に臨まれたことが回想されて感激ひとしお深いものがある。

実施案は演習の際、兵士の身体が碑の後方に立っていてもよく見える程度に低められればとの陸軍側の要望に基いて改変し、併せて油土の模型製作の研究を行いながら高さの検討を試みてみた。碑の規模は中央最高部三・六メートル、両翼の高さ三・〇メートル、間口一六・〇七メートル、奥行一〇・二〇メートル、大体に於いて水平に長く横たわる傾向のものとなった。

碑の前後両面は斜面から構成され、中央正面の上部傾斜面は猛鳥彫刻の速度感を強調させるための大気流体の方向性を表現させ、下層部のやや強い急斜面により猛鳥に浮力を与えようと努めた。なお、碑の主体と彫刻との結合部を彎曲面によって機能的に結合させ、彫刻が碑全体の塊りから刻み出されたかのように考案したつもりである。

猛鳥彫刻の扱いが、この碑の成立に最大の難問題であった。建築体と彫刻との課題を立派に解決しなければならないとの理念は自分の多年に渉る念願でもあり良き機会でもあったが、それには建築家の意図を実現してくれる優秀な建築彫刻家を探し求めなければならない。現在の日本彫刻界には展覧会芸術本位の作家ならば人もおられるが、建築彫刻家として特異の路を歩むものはほとんど皆無といってよいのではなかろうか。建築と彫刻との巧妙な結合を考えるごとにパリのシャンゼリゼ劇場の近代建築を自分は思い浮べるのが常である。この劇場は一九一三年に鉄筋コンクリート構造を最初に採用した公共建築中の芸術の香り高い大規模な作品であり、かつ現代世界的建築家と称せられるル・コルビュジエ＊の師オーギュスト・ペレの傑作である。またこの劇場の内外彫刻装飾に巨匠ブールデルが参画して、より一層建築の真価を発揮せしめたのであった。直裁簡明な鉄筋コンクリート構造の中にブールデル一流の高肉彫が採択され、この彫刻装飾によって建築構造の妙味を助長表現するに成功したものである。

航空碑の彫刻の構成は計画のはじめに自分が決定してしまっていたから、可なり扱いにくい仕事であったと思うが、幸に友人泉二《もとじ》勝磨《かつまろ》氏が建築彫刻方面の技法に秀れた天分を多分に持っておられたので、同氏が主力となり、二名の助手を加えて国民文化建設のこの仕事に精進していただくことにした。

全翼長三・九メートルの猛鳥彫刻の原型製作に約一ヶ月を費して大体の形態が出来上ったのであるが、種々検討の末製作者には恐縮であったけれども、碑の永遠性と建築家の観点からこの粘土原型を全然やり直すことになった。理由は碑の造型形態との不一致に基くものであって、自分が計画した碑と彫刻との基本石膏模型（縮尺二十分の一）に準拠していなかったからである。この失敗は建築と彫刻とが不離一体のものでなければならないという根本理念には一致していてもそれに対する技術が伴なわないための欠陥から誘致されたものであった。

第二回の製作開始以後は彫刻家の人達は全く文字通り汗みどろ、血みどろの泥との戦であった。「民族の仕事である。私心があってはならない。協力だ」と篦《へら》を振っておられたのを知っている。自分も病後ではあったが、連日アトリエ通いを続けて激励もし、ある時は篦《へら》を持って自己の意図を泥付けしなければならないことさえあった。原型が進行するに

＊ル・コルビュジエ
Le Corbusier, 1887-1965　フランスの建築家。代表作「ロンシャン巡礼聖堂」

つれ、パイロットの人達に重要な提言を仰いで万全を期することにした。かの神風号の操縦者として有名な飯沼正明*飛行士も製作中のアトリエに来られ、自分の説を黙々と熱心に聴いておられた姿が眼前に浮んでくる。秋霜ことに深い代々木原頭に航空碑の全貌が建ち上がり、あと旬日《じゅんじつ》にして竣工式という時、飯沼さんはマレー戦線の貴い華と散ってしまったのであった。

翼の表現は立派に出来上り、猛鳥の飛翔する角度について彫刻家の協力を願い、頭部をやや下げてもらわなければならなかった。それは水平線遥か彼方をみつめつつ、極めて緩やかな角度で正に上げ舵をとり、強靭な翼を羽搏いて上昇しゆく猛鳥の逞しい瞬時の態勢を求めたいがためであった。

航空機の翼の持つ迫力は急角度上昇を行うに従い失われ、九十度に近い上昇仰角になれば翼の迫力は零となり単に滑りながら方向を転換するのみだとの意をパイロットの方が解答してくれたので頭部を幾分下げることを彫刻家にたのんだ。建築家のこの注文に対し泉二さんが心よく協力していただいた点を深く感謝している。

仕上げの問題については、建設地が塵埃《じんあい》の多い演習地であるために将来性も考慮に入れ、彫刻と斜面部とはなるべく磨くことにしたいと思った。正面の猛鳥と「日本航空発始之地」と刻まれた一枚石及び背面の碑文石（朝日新聞社主筆緒方竹虎*先生書）のみを本磨とし、正面の斜面部と敷石はことごとく水磨きにすることに決した。ことに猛鳥の本磨については鑿《のみ》の味を貴しとする意向も加わり小叩仕上げ説もあったが、設計の条件を満足せしめるには鳥全体を鏡のごとく磨くべしとの最初の主張を貫徹することが出来た。その間、泉二さんはエジプトの古代彫刻の磨きについて終始研究を怠らなかった。太陽に照り映えた猛

*飯沼正明（いいぬま まさあき）
1912-1941　神風飛行士。

*緒方竹虎（おがた たけとら）
1888-1956　ジャーナリスト、政治家。自由党総裁。

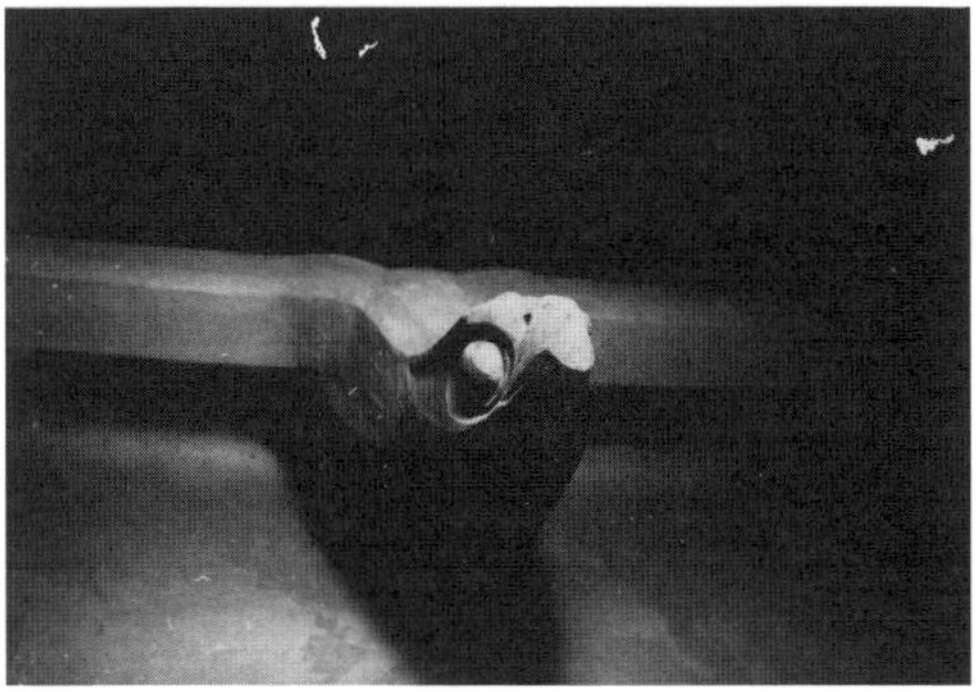

粘土原型

＊市村瓚次郎（いちむら　さんじろう）
1864-1947　東洋史学者。
＊井上幾太郎（いのうえ　いくたろう）
1872-1965　陸軍大将。

鳥、否霊鳥が全反射をうけた際、石の性質を離れて金属性の銀翼を呈するのを挑め、安心と歓びを得た。

本碑の石材は岡山県北木島産花崗岩を使用し、猛鳥は三個の花崗岩を組み合せ、大胆に目地を表わした。正面の碑銘選文は文学博士市村瓚次郎＊先生、同文字は陸軍大将井上幾太郎＊閣下の書に成る。碑の主体内には記録銅版が埋められ、徳川大尉が代々木原頭で処女飛行に成功した当時の東京朝日新聞記事並びに建碑由来を誌した幅三十五センチ、長さ五十八センチ大の二枚の銅板に、さらに石工職方全員の氏名録を本鳥の子紙に墨書挟入し、なお銅板の酸化を防ぐために表面にアスファルト・プライマーを塗布密閉した上、航空機の羽布《はふ》にその上を包んで花崗岩の石箱に納められた。その石蓋の上部には「記録」と文字を刻み、碑の中央部コンクリート中に存置されてある。

建築というものは衆人の協力によって産まれるものであると自分は常に語ってきた。この碑の建設の場合でもそれであった。朝日新聞社航空部全員の尽きざる努力はもちろんのこと、この建碑にかかわりし直接間接の人々の協力に対して首の垂れる思いがする。この数多い歓びの中から、自分の手近なところに起こった物語を拾い挙げ建碑の歓びを分ちたいと思う。

石工事を担当した石材店主中西藤市氏は猛鳥を刻むに一人の石工を配した。この石工は自分には初面識のものであるから、石膏原型に従って加工する前に自分の心持を伝えて置きたかった。幸い工作場が淀橋の戸塚の通りに面しているので、毎日早稲田の教室へ通う毎に暇を見ては寄るようにしていた。刻む石工はただ黙々と鑿《のみ》を使い、自分が立ち寄って話かけても大して挨拶をするではなし、時たま煙草をくわえて互に視線を合せるばかりで

粘土原型

あった。なんとかしてこの石工に自分の意図を述べて置きたいと機会を待っていた。ある日のこと、石工に話しかけたが相変らず口重に黙礼するのみであったが、今日こそはなんとか意を伝えて見ようと思い、次のような話を進めていった。「この鳥を僕は霊鳥、神の鳥だと思っているのだよ。だからしっかり頼みますよ。実は去年の暮れ、この設計図の二十分の一が出来上った頃、病気で倒れ四十度を越える熱が幾日も続いて危なかったその時、高熱のために夢中になって病床の中でこんなことを三度もくり返し喋っていたと看護のおばさんから話されたんだ。僕もこのことだけは今でも幻ろに覚えているんだが、僕の眼の前に大きい粘土の鳥が翼をひろげて部屋の中に置かれてあるのが見えるのだ。苦しい身体を起して両手でその翼を左右に大きくかき撫でていくと、不思議なことに僕がこれ程苦しんでいた高熱が一瞬にして解けて楽になってしまうんだ、と三回も叫んでいたというのだ。看護の者はなんのことかと怖しいような気がしました、といっていたよ。僕はこんな霊感のような奇蹟のようなものを病中幻覚したので、この鳥を僕は霊鳥と思っているのだから是非とも立派な彫刻にしてくれ給え。もしこの航空碑が出来上り、この霊鳥の翼に手を触れるならば神意により貴い願望を達することが出来るのではないかとさえ考えられ、怖しいような、また嬉しいような気がしてならない。」

　石工は急に明るい表情で口を開いた。「そうですか、仕事は大事ですね。毎朝、私が家を出る前には今日の仕事が無事に立派に果せるように、と神前に一時間計《ばか》り合掌し祈ってからここに参ります。帰ればまた今日一日の仕事は良く出来て幸せでした、と祈っております。仕事が巧くゆかないことでもあれば心配でならない。そんな時はもう仕事をせずに考えているより他ありません」と言葉を結んだ。自分はこの一石工の清らかな精神と堅い信念で働くのを眼のあたりに見て、建碑への協力に大きい力を得たことを彼に感謝している。

今一つの話は竣工式当日の新なる感激の挿話である。軍代表の将軍達が祝辞を述べられる前に碑に対して挙手してから改めて参列の者の方に廻れ右して向きをかえ話されたということに過ぎないのであるが、忠霊碑や偉人の碑の場合はともかくとして、航空碑のような性質のものには思いもよらない動作であった。その時、参列の人は将軍が間違えて碑の方に向かって祝辞をのべるのではないかと思ったし、また進行係のものも少し注意しかけた程であった。自分は胸の詰まるような貴さを感じた。或いは設計者のみに解る敬虔な感情であったのかも知れない。将軍の挙手は、新なる碑の相貌に接して、貴い空の先駆者のこと、その成育に粉骨砕身せられた人々に、或いは空の犠牲者や空の戦に皇国の護りを全《まった》からしめている、戦場の荒鷲のことに新なる想いを走らせられておられたからであろう。この涯《はて》しないうるわしい精神こそ限りなき年月まで汚すことなく育みゆく愛碑の心ではないだろうか。設計者としてこの光景を目撃した自分にはこれ程有難い印象ははじめてのことであった。

（『稲友』一九四二年一〇二号）

＊村野藤吾（むらの　とうご）
1891-1984　建築家。代表作「世界平和記念広島カトリック聖堂」

御礼言上

このたび、村野藤吾*先生を世話人代表といたされます協力会を通じて、皆さま各位から限りなき温い御芳志と多大な貴い御援助をお寄せ下され、これによりまして代々木の地にある拙作航空記念碑の無惨なまでに改変された、その痛々しい現在の姿を当初の姿に復原可能としていただけますことを心から感謝感泣いたしております。

顧みますに、この記念碑ほどいろいろな運命を背負って今日に至ったものは数少ないかと思いますので、この碑にまつわる秘話のいくつかをお伝えして重ねて御礼の言葉にかえさせていただきたいと存じます。

もともとこの碑の設計を朝日新聞社より依頼されましたのは昭和十五年、私が四十五歳の中年期の時でした。日頃から思考しておりました彫刻と台座と言う従来の既成観念を解体し、巨大な花崗岩々塊からあたかも大鷹の彫刻が刻みあげられるようにと念願しての所産でありました。その大鷹の彫刻は、滞仏八年、巨匠ブールデルに師事して帰朝されたばかりの新鋭二科会々員泉二《もとじ》勝麿《かつまろ》先生との恵まれた出合いにより、その後、その制作を同先生に御担当をお願いいたしたのでした。また、この大鷹の彫刻に霊鳥の呼び名を秘するようになったのは、私のある心象体験からもたらされたものであります。そして、夕陽にかがやく銀翼の大鷹の景観こそは、まさしく霊鳥に適わしい気高さを具現しているのでした。

従来、代々木の地は陸軍練兵場用地であり、記念碑建設時はとくに軍の圧力がきびしく、その敷地選定についても、陰ながら苦労いたしました。昭和十六年末、日米関係険悪化のさなか、記念碑が完工に近づいた現場作業中、陸軍側から碑内部に機関銃座を設置し、銃口を大鷹彫刻側に向けるよう提案されたが、碑の文化的意義を力説して私はその要請を拒否撤回して貰えたのは幸せでした。もしそうでなかった場合を考えるならば、終戦後、直ちに米軍によって日本軍の戦力偽装碑と見なされ、跡かたもなく破砕しつくされたにちがいありません。

第二の受難は、終戦とともに米軍がこの地に移駐しはじめ、航空記念碑がワシントン・ハイツの管理下に置かれた時でした。米駐留軍の施設クラブ・ハウスの設定に碑が障害になるばかりでなく、同碑を日本陸軍の遺物と考え、これを爆破除去する由の問い合せ内報が、にわかに私のところに伝えられました。幸に内報者が私とかつての面識ある日本人建築家石井澄男氏であられたので、その切なるはからいによって難をまぬがれました。これらの経緯に関しては、多くの人々は御存知なき秘事であろうと思います。

第三の受難とは、大鷹彫刻の大切な嘴が破壊欠損紛失したまま昭和二十六年頃から放置され、ようやく昭和三十五年に朝日新聞社の通報により嘴の修理を私自身協力することになりました。大鷹彫刻部の原型作者泉二勝磨先生は戦争末期に当る昭和十九年、齢三十九歳の若さで他界せられ、今更、先生の助力をいただく術もなく、早大大学院建築専攻の修士課程学生三名の支援を得て油土原型を作り、さらに碑の分身、北木花崗岩の残石を求めてこれを碑の施工主たりし中西石材店にて、加工の上焼付接着され、復原を可能にしたのであります。

最後の受難は、ワシントン・ハイツが都に移譲された森林公園時代のことでした。航空記念碑を全く致命的なものに変貌せしめた二胸像の無断設置事件により、墓碑同然の様相と化しているのに遭遇し、私は一瞬呆然自失しないではおられませんでした。それは東京オリンピック開催の翌年、私が皇居内の桃華楽堂の設計を企図している頃かと記憶しております。大地を蹴って大空に飛びたつ姿勢を期待した彫刻大鷹は、保護の名目のもとに籠の中の鳥と化してしまい、久米邸跡の広々としていた台地は富ケ谷口から原宿駅の明治神宮正面入口に通じる縦断路により分断され、森林公園の末端の片隅に位置して昔日の俤《おもかげ》は失なわれ、箱庭のような環境となりました。

このような痛々しい姿に化した航空記念碑の前で、昭和四十二年五月二十二日東知事*時代、朝日新聞社より東京都にこの碑を贈呈する式に列した苦い思いは、二度と味わいたくないものでした。その式当日、関係責任者に二胸像の撤去方を申し入れ、善処するとの快諾を得たまま今日までなんらの行動にも出ることなきその心情の浅はかさは、むしろ永い期間ワシントンハイツ内の居住米人並びに勤務日本人、ことに米空軍司令ダン大佐から寄せられた手厚い好意の数々に比すべくもないでありましょう。

幸いに撤去される二胸像は協力会の手によりデザインされた新しい台座に据えられ、記念碑からやゝ離れた位置に配置されることを併せてここに御伝えさせていただきます。

このような運命を辿って参りました航空記念碑の復原が、まもなく完遂され、かつ環境が整備されました暁には、なによりも大鷹彫刻の作者故泉二勝麿先生はもとより、私をも含めて建碑のため総力を結集、施工に精進されし故中西藤市氏とその石匠たちのよろこびの姿が私の瞼に強く映じて参ることでありましょう。なお拝聞するところによりませば、泉二先生の御令妹正子様とその夫君であられる田中儀一さん御両人が、このたびの協力会

*東 龍太郎（あずま りゅうたろう）
1893-1983 政治家、東京都知事。

の企てに率先して血縁の方々をはじめ、親しい知友の方々にまでお呼びかけなされ、多額な募金に文字通り御協力いただきしこと、まことに胸に応える貴さと存じております。

再生復活する栄あるこの記念碑との再会を期するに際しまして、さらに次の一言を追記させていただきたいと思います。それは、航空記念碑の復原に関して協力会が発足いたします遥か以前から、自主的に都や朝日新聞社、航空関係団体などと終始連絡奔走されている小山田泰彦氏、並びに協力会の推進者であられる平沢郷勇氏、そして、日本航空発始の地記念碑の建設当初から私の共同体の有力な一員とも申すべき朝日新聞社々友木村茂樹氏らの恩義に謝するとともに、この記念碑がその力強い使命を永遠に全うするよう祈念してやみません。

〈昭和五十年六月吉日〉

（プリント　一九七五年六月）

西武ユネスコ村

1952年
埼玉県所沢市上山口

スイスの家

ユネスコ村

はじめに

皆さんは「村」という言葉を聴くごとに、慈母のようなやさしさと仲よい兄弟の美しい香りとを、いつも心に感じることでしょう。「村」は多くの家の群れであり、家はいくつかの部屋で成りたっております。

私どもがこの世に産まれた時、はじめに珍しく眼にうつるものは部屋の四つの壁でありました。その中で人々は育ち、勉強し、生活し、かつ働き、眠るのです。そして永遠にその瞳をとじてゆく人生の終りも、この四つの壁に包まれた部屋の中で営まれます。かように、「村」は人間生活の重要要素である部屋を母体とする家の集合であります。

ユネスコ村はこのように貴い人生の意義を考えて世界の国々の家が建てられ、なお世界の平和を請い願う象徴として、日本の土地に最初に造られたのであります。

未だ世界の何処《どこ》にも企てられないでいたユネスコ村が、皆さんの心の躍るよろこびと希望をもって、世界の人々と暖く手をつないでゆける平和のかけ橋となったことは、何たる幸せではありませんか。

このユネスコ村は日本のユネスコ村であり、また世界のユネスコ村でありますから、各国の人達が愉しく訪問され、文字通り国際間の親しい交わりが、この村に賑やかに展開されることも、遠いことではないでしょう。

ハンガリーの家

地球をめぐるそよ風は、ユネスコ村の丘に建つ風車をも心地よく廻します。愛する国々の家々が、色とりどりの花のように平和な姿をこの地上に咲かせているのを御覧になって、その思いをそれぞれの国に向けて下さい。

家

人間が外界の危険から自己の身体を保護し生活するために、家は必要欠くべからざるものであったことは、皆さんもよく御存知のことでしょう。太古の時代に人々は洞穴の中に岩窟を掘り、或いは遊牧の民として皮や布の天幕生活を営み、その中に枯草や木の葉を敷いて、その生活の場所を広い原野に求めていきました。かくして、風や雨雪を凌ぎ、猛獣の襲撃を防ぐなど、自己の生活を護っていったのであります。

その後、われわれの文化が進むにつれ、家の構造や材料を丈夫にすることを工夫し考え、なおその家が美しい立派な姿となることを希《のぞ》むとともに、生活し良いように研究をつづけて今に到ったのであります。

今日では、家は一個人のものであろうとも、社会と離れては存在の価値がないほど大切なものとなってきております。なぜならば、人間の存在は対社会の幸福及び協同の働きのために、喜びと責任とを分ちあわなければならないからです。

家、即ち建築はいろいろの貴い意義をその言葉のうちに持ち、またその意義を扱っております。「思想の建築」とか「社会経済を建築する」などの言葉の中には建築がいかに立派な基礎と組織統一のもとに計画され、うち建てられ、揺ぐことのない堅実なものである、という意味が含まれているからです。そして、それらの仕事は多くの人々の共同労作によ

インドの家

り、労苦の結晶として築かれたものであり、ちょうどベートーヴェンの第九シンフォニーのように億万の人々の歓喜のもとに作られるのであります。

環境の影響

家はその土地の諸条件によって強く影響されて作られるものです。これを大きく分けてみますと、その土地の気象的、地理的、材料、宗教、文化の程度、戦争とか大地震などの歴史的大事件、通商貿易、発明などでありますから、広い世界観の上から家を研究しますと、それらの影響が極めて素直に家そのものに表されていることを発見されるでありましょう。

ユネスコ村の各国の家を次々と御覧になれば、その屋根の傾斜や材料の選択に於いて、窓や扉の意匠や家全体の形に、これらの諸条件がいかに作用しているか、をほぼ知ることが出来るでありましょう。

それゆえ、異なる国々の家がそれぞれ違った形態の家となることは当然なことで、われわれ日本の民家でも東北、関東、関西、九州地方により各々その趣を変えていることでもお解かりになることと思います。しかし、これらの諸条件がやや同じ場合には、どんなに遠く隔てた国の建物であっても、何か共通する形態を私たちに示してくれる場合がないではありません。「何だか日本の家に大変似ているな」と思われる外国の家をよく研究してみると、その原因とも考えられる共通の条件が両者の中に含まれていることを知ることが出来て、大変に私たちに興味深いものを与えてくれます。オーストリアのチロル地方の民家、インド北部の山地の家など、わが国の山地の家に類似点が強く出ていることは良い課題の一つでありましょう。

南アフリカ連邦共和国の家

村とそのおいたち

ユネスコ村は東京都の西郊、都と埼玉県に跨る狭山湖畔にのぞむ丘陵地帯三万坪（二十五エーカー）の中に絵のように世界の家が点在し、都心から交通機関によって約一時間半にて到達することが出来るところにあります。

坂あり、谷あり、丘ある、起伏した武蔵野の自然の情趣の漂うところに、はじめて斧を入れたのは一九五一年の初夏の候でした。ここに一軒の粗末な数坪に過ぎない小屋を建てて根拠地とし、ユネスコ村の建設活動が始まりました。あたかも、アメリカ大陸への植民地開拓の時を思い浮かべるような不自由さで、建設従事者は働きを開始したのでした。この場所には小さい谷川の流れがあるばかりで、工事に用いる井戸ももちろんありませんから、遠い谷間に水を汲みにゆき、基礎用のコンクリートを練って次々に家の土台を築いていったのです。文字通り人々の協力、努力の塊で村を造っていったと申してよいでしょう。

土工、大工、左官、屋根職、ペンキ屋さんなどが設計者、監督者の指揮に従って、日没にいたるまで働きつづけたのです。わけても、あなた達の兄さん株にあたるごく若い建築家六名ばかりもその中に加わっていたのですから、何たる素晴らしい仕事ではないでしょうか。かように、老若男女を問わず、ある限られた期間内に全力を傾倒した所産として、ユネスコ村が誕生したのであります。ひとつの国の家を建てるごとに、その建物の建設に従事した人たちは、その国への愛情のつながりをいつも心に抱いていきました。「ギリシャに行こう」「エジプトに、フランスに行こう」と働く場所を移していきました。そして、それらの家が完成すれば、お互いによろこびを分かち合っていったのです。次々に、一つまた一つと世界の家が造られました。

オーストリアの家

やがて、この仕事に働きつづけた人達の愛情は立派な国際的愛情に変わり、平和の絆《きずな》をしっかりと掴むことが出来てしまいました。このように、ユネスコ村は建設が終わるまでに、仕事に関係した人たちを国と国との間の、平和と愛情へと結びつかせていったこと、それ自身、貴い事柄であると皆さんは思うでありましょう。

愉しいお伽《とぎ》電車の発車合図の鐘の音とともに、西武園という駅から電車に乗り、トンネルや高い鉄橋を過ぎてユネスコ村に向かいます。途中満々と水をたたえた広い多摩湖が自然林を通して見えかくれして、四季の武蔵野風景を満喫させてくれます。やがてユネスコ村が沿線の一部から、花のように右側の山腹一面に美しく遠望されて来ます。

ユネスコ村に近づくにつれ、多摩湖の奥に続く狭山湖が桜の木の間に、水面をかがやかしていると思う間もなく、珍しい形の塔と小さい鐘塔を屋根の上に持つ建物が見えて来ます。これは村の終端駅の駅舎であって、オーストリアのアルプス地方の家を象《かたど》ったものです。

いよいよこれからユネスコ村の世界の家々の見学に入るのですが、大体その順路に従って見学することにしましょう。先ず最初に、私どもの眼に入るものはポーランドの家であります。この家は道路沿いのやや高いところに建っておりますが、この地域にはペルー、ユーゴスラビア、スイスなどの家が下り傾斜面の松や樅などの樹林のなかに点在しております。それらを一巡して左方の小路を登っていくならば、真白い壁のサウジアラビアの建物をかすめて、淡い緑色の壁が見えてきます。それがアメリカの家です。これから先がユネスコ村の銀座通りともいうべき、坦々とした曲折の少ない歩きよい尾根伝いになります。この地域には南ア連邦、ノルウェー、スウェーデン、インドネシアの家が私たちをよろこんで迎えてくれます。

オランダの風車

オランダ風車が青空高くその翼を回転し、王者のように聳えているのも程近いところにあります。風車のある場所からの眺望は全く素晴らしいもので、遠くお伽電車が谷を越えて南の丘を走るのがたのしく望められ、また裏側には狭山湖の水が鏡のように静かに遠望され、皆さんの休憩の場所として最適でありましょう。ここで小休息してから、村の東側に沿って少しずつおりていきますと、トルコ、インド、エジプト、シリアなどの家が建ち並んでいるのが観られます。村の東端の岬のようなところに来ますと、ブラジルの珍しい民家が現われ、心躍らせて悦ばれることと思います。

ここから順路は丘の中腹を貫いて駅舎へと運ばれますが、その道筋にチェコスロバキア、タイ、ギリシャ、アフガニスタンなどの諸国の家が私どもにいろいろのことを教えてくれます。

皆さんに注意しておかなければならないことは、日本の土地に環境のちがう国の建物を建てることに、最初から無理な点があるということであります。熱帯に属する国の家や寒冷極まりない北方地帯の家などをそのまま作ることは、ユネスコ村のような土地には不自然さが生じ、生活の上に不適合なものとなるからです。しかし、ユネスコ精神を容易に理解していただくためには、出来るだけユネスコ村の家を日本の土地に幾分でも適したように改めて建築し、皆さんの眼の前にその姿をお見せするのが最も良いと信じまして、熱暑の国の家に窓は禁物であるが、日本の人達が使うという点を考え、ある必要程度の窓が設けてあります。強烈な太陽のもとで生活する熱帯国の人は、その耐えがたい暑さのために影を求めて生活をつづけているからです。或いはまた、小さな窓を用いて冬の長い期間、寒気を防いでいる北欧の家に比較して、大きい窓を使っていることなどを了解して、この

エジプトの家

スライドを観るのも非常に勉強になると思います。

屋根

屋根は家の美観の上に大いに役立つもので、美しい家は常に屋根が先ず最初に眼に映って来ることから解るでありましょう。家を設計する人は屋根の美を考えて創作に努めます。だからといって、屋根が実用的な面を多分に持ち、私達の生活を保護してくれるという最も重要な事柄を忘れてしまってはならないのです。

屋根の構造は雪や風雨に耐えられるように考え、意味なき単なる飾りものであってはならないのです。屋根勾配は屋根の形を決定する重要な要素でもありますが、その土地の風雨や雪の問題を考慮し、またそれに用いられる屋根材料によって勾配は変化するものであります。例えば鉄板、瓦、天然スレート、板葺、茅葺などに従ってその傾斜度は強く増していかねばならないのです。

屋根の形態には種々の種類があります。ユネスコ村にあるオーストリア、フランス、タイ、スウェーデン、ノルウェー、アメリカ、イギリス、ドイツなどは切妻屋根に属し、インドネシアの屋根は寄せ棟といい、両者とも日本をはじめとし、各国の家に数多く用いられているものです。トルコやイスラエル、サウジアラビア、エジプトなどの砂漠地帯では、雨の流れをあまり必要としないから大体平らにして、これを普通陸屋根と呼んでおります。シリアやアフガニスタンの円形状の屋根はドーム形と称します。日本の小さいお寺の屋根などによく見うける角錐状の屋根は四柱屋根といい、セイロンの家にはこの屋根がしばしば用いられております。その他異形のものには、これらの屋根の形を混用したのがありま

イスラエルの家

す。ブラジル、ポーランド、ビルマなどがその例に挙げられましょう。

屋根葺材料は、その土地土地に適合した諸材料を使うのが普通当然なことであります。茅や藁の多いところではそれらを使い、泥や燃料のある地方では粘土とか瓦など、木の多いところでは板葺とか板の小片をこまかく重ねた柿葺にしたり、天然スレートを得易い地方ではこれを用いるなどして住家は発達してきたのであります。

窓、扉、壁

窓、壁は屋根、及び床とともに外界を区画する役目を持つものです。窓は壁の一部とも考えられ、室内に太陽光線と新鮮な外気を導き、或いは戸外の眺望を快適に味わえるように、人々の生活を豊かにしてくれます。皆さんは美しい星空や仲秋の満月を窓越しに眺めて月光をたのしんだ経験があるでしょう。また、扉はこれによって室内と外界との出入りの役をつとめることはもちろんであります。しかし、窓には日光を入れるという積極性がある一方、他方には夜の不安や激しい風雨や寒気を凌ぎ易くするという消極的な面がありますから、硝子窓の他に雨戸代わりのシャッターを用いて外部と遮断することも試みられております。暑気の強いところでは夏涼しいように、このシャッターに通気が可能であるよう工夫したものも採用されています。

窓が少ない家のことについては、既に説明しましたが、暑熱の酷しい土地では窓から射入する直射光線を防ぐために、建物の前面に柱を建てて屋根をかけ、外壁や室内に影を宿して涼しくするようにもいたします。トルコ、ギリシャ、キューバなどにその例を見ることが出来ましょう。スペインなどでは中庭の周囲に部屋をめぐらし、中庭を石畳や模様入

スペインの家

りのタイル張にして、その中央に噴水を設けているのを見かけますが、これは、まわりの建物で中庭に影がつくられて直射光線が無くなり、一家団欒の中心として家族が愉しく語る唯一の場所にしたいからです。この中庭をスペインではパティオと呼んで、われわれの住宅の屋外茶の間ともいうべきもので、この国特有のものとなっております。

窓、扉の形やその意匠装飾などは、その土地の宗教とか伝統などに従い、種々の工芸的手法を施し、各々その特性を表わすことにつとめております。例えば、サウジアラビア、エジプトなどは回教文化の基調である幾何学模様で扉の組子を意匠化し、また南ドイツの家では扉の板張りの方向を面白く扱って、装飾的な意匠を発揮させるなど、非常に興味深いものがあります。

壁は、やはりその土地の材料を主として使うのが普通であり、また経済的でもありますから、その国々により粘土、石、煉瓦、木材等を構造材として巧みにそれを露出したり、或いはその表面を適当な壁材料にて仕上げております。壁表面の肌の変化や色彩などで家全体の美を追求して楽しみたいからであります。

おわりに

ユネスコ村を一度訪ねられた人は、この村こそ平和そのものの象徴であるとお考えになり、心の土産として楽しく各家庭に持ち帰ることが出来ると存じます。そして日々の新聞、その他に伝えられる国際間の悲しい紛争が、一日も早くなくなればよいが、と願うようになりましょう。

併せて、ユネスコ村の居住者や訪問者が、私ども日本の家族のみならず諸外国の家族達とも一緒に、都塵を離れたこの自然環境の中にひたって、笑い興じ、唄い、或いは絵筆を採って国々の家を写生する情景はこの村の価値をより高いものとしております。

各国住家の形態をこのように眺めていきますと、「土は建築の母である」という民族の貴さを理解するとともに、皆さんは立派な世界観の収穫を心から感謝することが出来ると思います。

私はこの建設についての思い出が想い起されます。それは多くの職人たちと朝から夜暗くなるまで、夏の日も汗まみれになって、一緒に働いたことであります。かつての若い頃、早大図書館で多くの働く職人たちとひと時の友となり、たゆまず面白く働いたその貴い思い出をここに再現し得たからであります。

〈一九五四年十月〉

（生原稿）

根津美術館

1954年
東京都港区南青山（現存せず）

展示室

設計について

同郷の誼《よし》みで根津美術館の設計を同館長の河西豊太郎氏から依嘱をうけた。展示するものは書画、茶器、銅器等の有名美術品で大きさは三メートル以上の掛物、六曲屏風から小は茶器に至る迄、それぞれ適当に陳列できるようにしたいとのこと、そこで各地の美術館等を見学し想を練ること一年、やっと大体の創案ができ上ったのである。

根津美術館は、その蒐集品の巾が広く、古代銅器や茶器から、中国乾隆時代の時計のコレクションに至るまで、極めて多種類に亙《わた》っている。

貴重なこれらの美術工芸品は、ただ単に、一般公開して古代芸術の研究に供するばかりでなく、確実に次の世代へ伝えるべき文化財である。したがって美術品の鑑賞に重きを置くいわゆる近代美術館とは異なり、この美術館は美術品の収蔵保存の機能にも相当の重点が置かれている。

美術館として最も大切な採光の問題は、ガラスのよごれや破損の恐れの多いトップ・ライティングを止めて、クリアー・ストーリーによる曲面反射方式がとられた。漆喰壁によって反射された光線は、可動ルーバーによって調節されつつケース内を照らしている。この方法によって、紫外線による陳列品の褪色を避けるようにした。同じ意図から、太陽光線を補う蛍光灯も、一旦《いったん》漆喰壁にその光を反射させてから拡散させており、また休館時は、可動ルーバーを閉じるとともに暗幕がしまるようになっている。もともと、絵画を主として陳列する美術館とは異なり、両側にガラス・ケースを設ける時は、あたかも鏡の間のごとき現象を呈するので、グレアーとイメージの障害を避けることはほとんど不可能に近い。この問題に対処してこれらの障害を最少限度にとどめるように努めた。この点については、

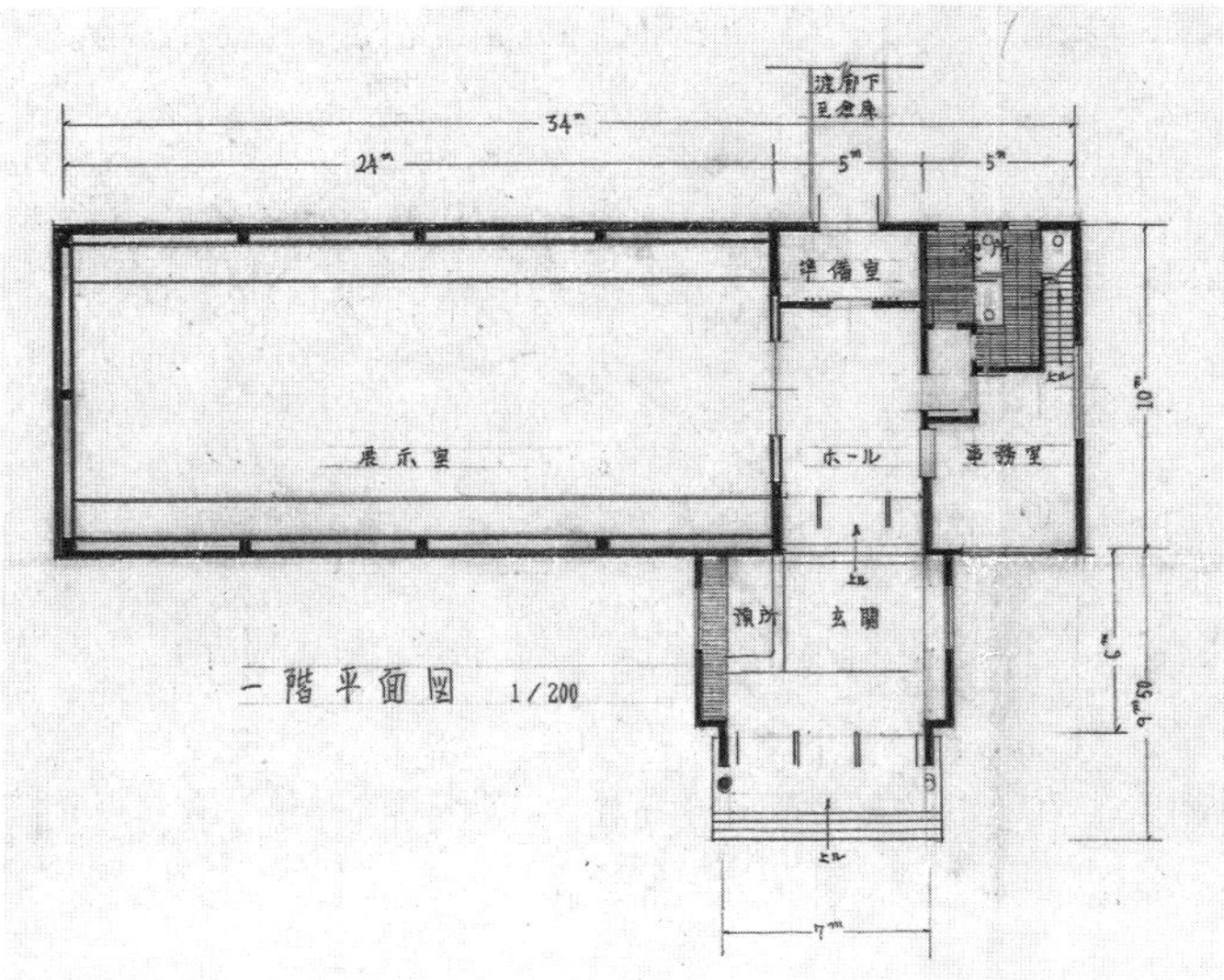

1 階平面図

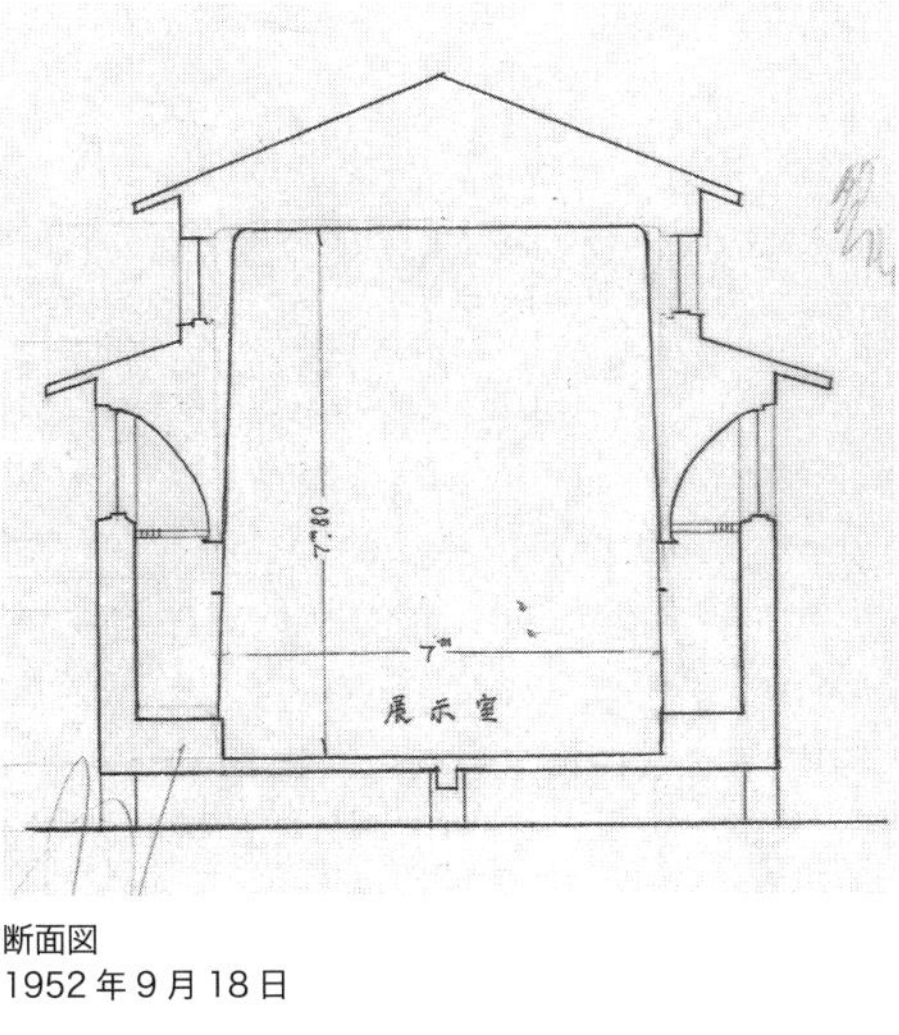

断面図
1952 年 9 月 18 日

相対するケース内の照度差が生じないように、壁面の色彩を考慮し、かつ可動ルーバーによって光を調節するようにした。ギャラリーを持つ北側のケースには小品を、南側にはスケールの大きい屏風や軸物などを、また西側奥の中二階の所は銅器の陳列に使用するようにしてある。

一方、管理部は玄関の右側に位置して二階建とし、連続した一つの屋根で被うこととした。形を単純にするために玄関も本屋根から葺き下してある。

屋根は、我が国の気象条件では、数年ごとに修理を行わなければならないフラット・ルーフを避けて、平凡な瓦屋根の形態を採用した。勾配屋根によって生じた三角形の空間は、湿気や温度に対する緩衝地帯となろう。

換気は自然換気により、高床の床下からケースの下を通って室内に導かれ、天井裏から腰屋根に抜けて排気される。

外観は極めて簡素な表現をもつよう、壁面と開口部をできるだけ統一し、壁面の汚れが目立たぬよう、薄いネズミ色吹付けとし、わずかではあるが窓廻りの額縁の白色によって調子を整えるようにした。

美術館の最大の生命ともいうべき光線の解決については、多少の不満足を感じないでもないが、ケースのガラス面から生ずる障害を幾分でも少なくすることができたのは、設計に関係した者の尊い体験であった。

終りに、この建設期間中設計施工の点に協力して下さった清水建設の佐藤、水沢両氏に感謝を捧げたい。

（内藤多仲・今井兼次）

（『新建築』一九五五年四月号）

カトリック成城教会聖堂

1955年
東京都世田谷区成城

聖堂内部

＊大越菊次郎（おおこし　きくじろう）
1899-1988　東京教区司祭。
＊聖タデオ
十二使徒の一人。使徒シモンとともに、ペルシャで殉教。

誕生……充実、七つの星のステンド・グラス――聖堂建設秘話

今日は、おめでたい聖霊降臨の大祝日に、当教会にお招きいただきましてありがとうございました。本日は青年会の方から、何か青年会のために話をするようにということで伺いました。

ご承知のように、もう十五年、十六年にもなりますが、大越＊神父さまから私が当教会のお聖堂を設計するようにとご依頼がありました。私は拙ない経験者でございましたが、洗霊を受け、いろいろと家庭の中でお恵みを頂きながらおりましたので、喜んでお聖堂の建設に従事したわけであります。

幸い健康でございましたので、神父さま、佐藤さまなどのご心配で、いろいろのお聖堂の在り方などをお教え頂きまして、私自身多少のお力添えを致しました。

このお聖堂についてお話しするということになると、数々のことがありますが、私がこの教会の中で骨が折れたことを申し上げるとすれば、多少のことは思い出されるのであります。

まず、このお聖堂が、聖タデオ＊に捧げられるものであることを大越神父さまに伺い、聖タデオの事柄について、神父さまからいろいろお伝え頂きました。

その節、「聖タデオは、目立たない聖人で居らっしゃった」というその一言が、私の心を導いて下さいました。そして、その聖タデオに捧げるお聖堂であり、また戦争後間もな

祭壇

星のステンド・グラス

い時でいろいろ制約もありましたので、外観は平凡と申しますか、出来るだけ目立たない、ふつうのお聖堂のように、しかし、お聖堂の中だけは、聖タデオのお心を清らかに伝えるものでありたい、という一念で設計にとりかかりました。

とくに、お聖堂の設計で、祭壇部につきましては、私は有名な画家フラ・アンジェリコ*のことを調べ、フラ・アンジェリコの中の絵のいろいろな色を学んでいたので、当教会のお聖堂の中に、もし色を用いるとしたならば、どういう色を採用しようか。その時に私の心の中に思いついたことは、フラ・アンジェリコのご変容のご絵の色でした。

このお聖堂の祭壇部、とくに後の壁体にはフラ・アンジェリコの壁面の色を描きたいと心の中に思いました。しかし、ステンド・グラスのようなものを用いるとしても、戦後間もなく、しかも皆さまの本当の浄財でお聖堂を作るのですから、大きなもの、ぜいたくなことはできません。

そこで、私は友人に頼みまして、「小さなものでもよいから、七つばかりのステンド・グラスを壁面に散らしてみよう。小さくとも、大きなステンド・グラスと同じような効果を与えることができるだろう」と七つの星を、あの円形の中に採用することにいたしました。ご承知のように、あのステンド・グラスは極めて小さい。小さいが、巨大なステンド・グラスと同格に近い、別な心の清さを伝えてくれたように存じております。

大きいことだけがよいことではない。小さなものを、いかに大きな空間の中に導くことが大切であるか。ステンド・グラスのみでなく、私たちの生活の周辺には、小さくとも、そのものが全体の大きなものになるという幾多の事柄があることを、若い学生諸君たちにも話しております。

*フラ・アンジェリコ
Fra Angelico, 1400-1455 イタリアの画家。
代表作「サン・マルコ修道院壁画」

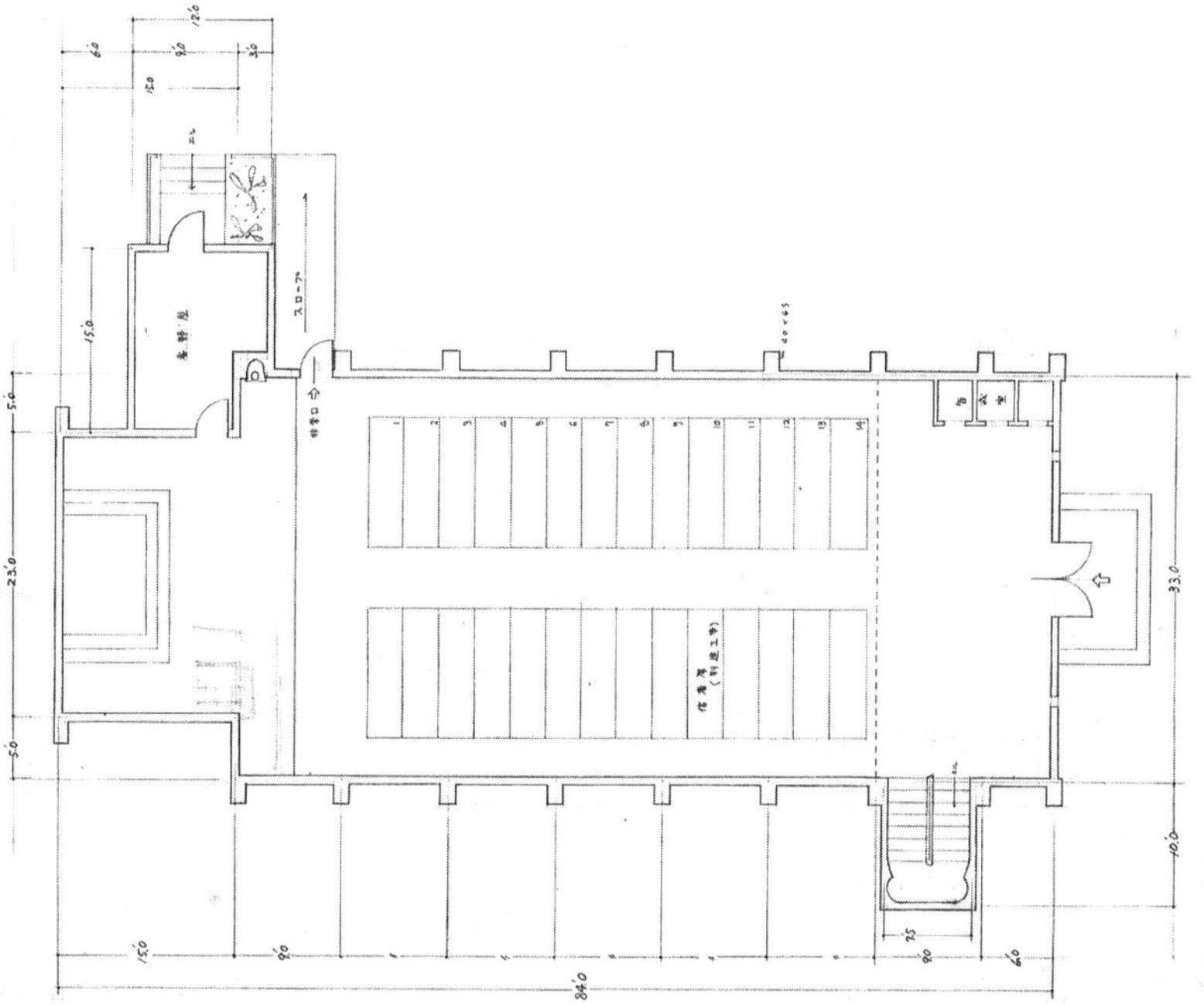

平面図

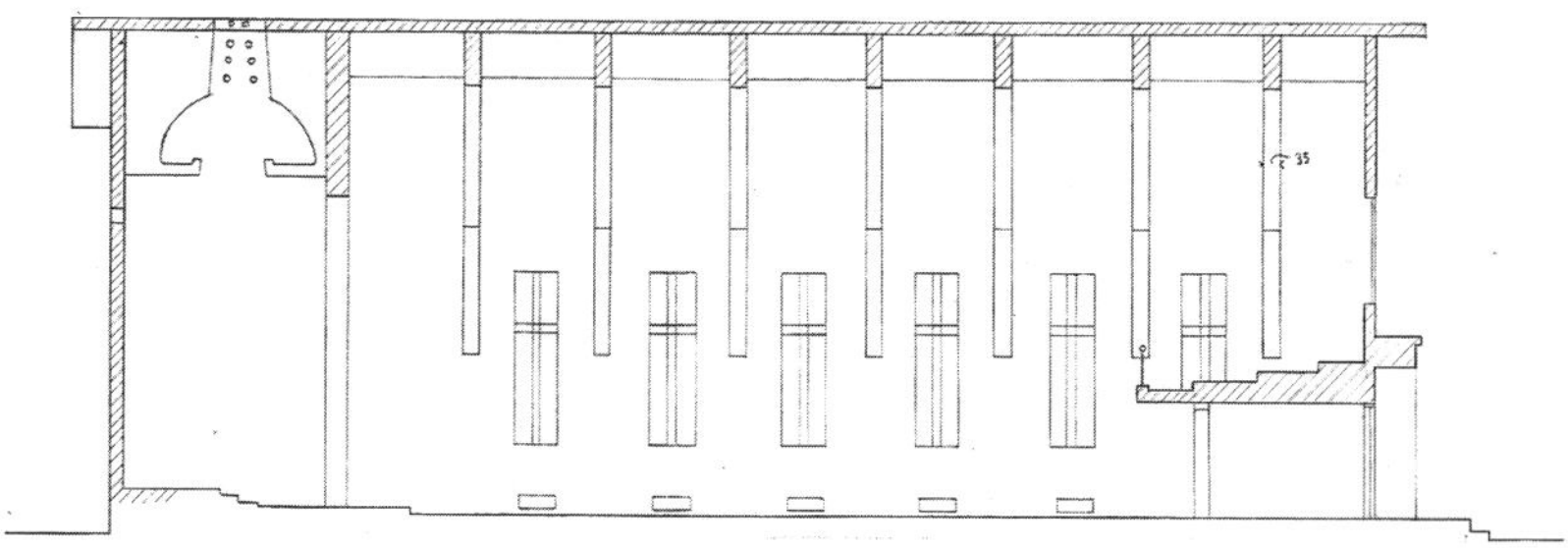

断面図
1954年2月25日

このことは私にとっても大きな勉強になったと思います。

かようにして、ステンド・グラスを作る間、神父さま、建築委員の方々とともに、いろいろの職方を督励して、昼、夜働いたものです。たまたま出来上ったステンド・グラスの色が、私の心のようにならないので、私はより効果のあるようにと思いまして、油絵の道具を持って参りまして、外側から、油絵で全体の色の調子を修正することにいたしました。ところが、この修正というのが大変なことで、外でハシゴに乗ったり、あるいは足場の上で、色の調子をみて、大体これでよいだろうというところで、部屋の中に行って、どのように変わったかを見なければならない。

足場を上り下りして、中に入っては「ここが悪い」「これでよし」というように、七つの星とお聖堂と外を、おそらく百回ぐらい往復したと思います。神父さまはご存知ないかもしれませんが、ある夜足場にのって仕事をして、いざ下りようとしたところ、足場が暗かったものですから、まだ一段残っているのに踏みはずして、足許が狂って下に落ちてしまったことがございました。

そういう思い出などもありますが、少なくとも、七つの星のステンド・グラスは、何故か私の心の中に忘れられない思い出を持っているのでございます。

〈一九五五年〉

（『カトリック成城教会十五年のあゆみ』一九七〇年十二月）

柿内邸

1955年
東京都千代田区麹町

設計者の立場

二年前に亡くなられたソ連の建築家アレクセイ・シュッセフ*教授の未亡人から、私宛の手紙と書籍、写真などが、最近モスクワ訪問より帰られた一友人の手もとに、つい先頃届いたという伝言があった。

私は三十年近い前に、このシュッセフ教授を訪ねた時に、いろいろと建築を通して人間の問題を教えられたので、今日、世界の建築家からとかく批判の的となっているソ連の建築に親近感を持ちつづけている一人である。だから、今更、人の眼を驚かせるような住宅設計など期待されようはずがない。

もともと、建築家という職柄は愉しくもあればまた苦業の連続でもあるというが、事実その通りのようである。それは、それぞれの建築家の個人差によってさまざまに違うであろうが、私は平常、依頼者側の希望要件を一応考える性分の方だから、先方の諸条件を考慮してから自分で適当に設計を進めて行く。

柿内邸*を設計する前後に、小美術館と小聖堂のデザインをお手伝いしたことがあった。何《いず》れも、設計と現場とに許される時間をさいて面倒を見て来たが、結果はそうは行かなかった。いつも、私は設計の最初に大切なものは依頼者と設計者、施工者の三者がよく理解の上に立って工事を進めることの大事さをお互いに約束するのだが工事の進行につれて三者の理解に緊密性が限度をこえて失われがちになり、設計者は途方もない苦労をさせら

*アレクセイ・シュッセフ Aleksei Shchusev, 1873-1949 ロシアの建築家。代表作「カザン駅」「レーニン廟」。トレチャコフ美術館長。

*柿内三郎（かきうち さぶろう）1882-1967 東京帝国大学教授。日本中学校六代目校長。

外観

れ、そして、いろいろの無理が建築に表われて来るのがなさけない。結局、三者の中の一つでも理解に欠陥があれば、素直にそれが竣工した建築に鏡の曇りのように現れてくるから、自分ながら怖しいことだと思っている。小美術館が落成した後で設計主席の立場にあった一教授が「漸《ようや》く六十点やれる位だ」と私に警告するように云われたことがあった。また小聖堂の方は経費の貧困のために工事進行中いろいろの問題が依頼者側から矢継ぎ早に提起されて努力の甲斐もなく痛々しさをわが身に感じてしまった。これなども、依頼者側の理解が足りないことのために、建築にある程度の傷を残すことにもなるのだろうと思っている。

　柿内邸の場合は、この三者が良く互に理解の上に立って造りあげられた一例として挙げられると思う。柿内邸の御主人は、私が在学していた中学の大先輩であり、只今東大の名誉教授という肩書きを持っておられるが、極めてもの柔らかい先生なので、あまり型破りの新を追うのは好ましいこととは思わなかった。また私自身も、ラディカルな住宅の追及は理屈流れとなって、やがて、後退性を示す危なげなものだとよく承知しているからである。それでも先生御夫婦の他に年頃のお嬢さんがおられることだし、先生は「モダーンでもよいですよ」と軽く私と会話をやりとりされたが、平凡なお住居《すまい》、素直なお住居こそ先生御家庭のお似合いの家だと思いきめて設計にかかったのであった。

　先生の当初よりの希望は、被戦災者の経験的立場から家を留守にしてもある程度火災の心配がないようにとのことであったので、外壁や間仕切はコンクリート・ブロック、屋根スラブを鉄筋コンクリートとし、床だけは木構造とした平屋建を採用したのであった。プランは数種立案したが、最後案として応接兼書斎を玄関に近く、また団欒《だんらん》の中心である居

居間

間は庭の中央部に南面して最良の位置に設け、リヴィング・キッチンの形式を採り、これに隣合って唯一の畳敷である夫人室（これは小さいお孫さんなどが訪ねられる生活上の便宜を考慮されたためである）、次がお嬢さんの勉強部屋で、造り付けベッドと書棚付きの洋間、終端の奥に御夫妻の寝室と納戸が用意され、廊下を距《へだ》てて北側に浴室、脱衣室、洗面所、便所が配列されるという常識的なものであって、建物は長方形の凹凸のない坦々としたものとしたかった。敷地は、麹町の住宅地帯の高台に位置を占めた東西に長い地形である。南と西隣りは、終戦後の広大な面積の中に廃墟のシンボルとなった、煉瓦の高い暖炉の煙突の残骸が画景のように樹林の中に静かに眠っている。まことに、特異な風趣をもった景観であり、閑静な眺めである。庭は、今では芝生一面立派に緑をたたえ、先生愛賞の薔薇が丹誠をこめて育てられている。

室内の仕上げについては、友人佐藤秀三*さんが、居間の壁仕上げなど御自慢の腕をふるってくれたのには感謝にたえない。

私が設計後記の印象らしいものを洩らすとすれば、何か室内楽のような気軽さがほんのりとのこされたことであろう。

（『芸術新潮』一九五五年十一月号）

＊佐藤秀三（さとう　ひでぞう）
1897-1978　建築家、佐藤秀工務店創業。
代表作「看雲荘」

世界平和記念広島カトリック聖堂レリーフ

1956年
広島県広島市中区

私のメモより

一九四八年二月頃、ラッサール*神父より世界平和記念広島カトリック聖堂の設計について種々私に協力方を懇請された。その頃、私は逝去後間もない妻の信仰の俤《おもかげ》を懸命に追慕していたので、心よくよろこんでお力添えをすることになった。

その後、設計者の最適任者の推挙方をラッサール神父より私が依頼されたので、日本芸術院会員建築家村野藤吾氏を指名し、同氏から幸にして受諾の返事を得た。

聖堂建設が徐々に進行するにつれ、聖堂正面玄関の彫刻デザインについてラッサール神父と協議の末「七ツの秘蹟」の構想を私が担当することとなり、縮尺二十分の一の私のスケッチ図案に基いて、その石膏模型を彫刻家武石弘三郎氏に依頼した。そしてその原型に基いて彫刻家円鍔勝三*、坂上政克*両氏がコンクリート彫刻として聖堂現場にて製作したものである。

（『造形』一九五七年四月号）

＊フーゴー・ラッサール Hugo Lassalle, 1898-1990　イエズス会司祭。広島で被爆。世界平和記念聖堂の建設をすすめる。日本に帰化、日本名・愛宮真備。

＊円鍔勝三（えんつば　かつぞう）（本名・勝二）1905-2003　彫刻家。多摩美術大学教授。代表作「旅情」

＊坂上政克（さかがみ　まさかつ）1915-1982　彫刻家。代表作「B 7」

婚姻

品級

洗礼　　聖体

広島平和聖堂の彫刻についての解説

七ツの秘蹟　即ち婚姻（結婚）、聖体、洗礼、品級（叙階）、堅振（堅信）、悔悛（ゆるし）、終油（病者の塗油）の秘蹟は、カトリック教会の重要な典礼的要素であるから、世界平和記念広島カトリック聖堂の正面玄関彫刻としてこれを扱った。

婚姻の秘蹟　天主の聖心《みこころ》を象徴するハート形の中に、婚姻者二人の一体化を意味させるため、交錯したエンゲージ・リングを中央に配し、なお純愛の薔薇の花帯のエンドレス紋様によって聖なる婚姻の意義をさらに強めることに努めた。

聖体の秘蹟　イエズス・キリストが御逝去の前日、即ち最後の晩餐の時、使徒たちに定められた秘蹟である。この彫刻の意図は、信仰厚いイスラエル人が、埃及《エジプト》王の迫害から逃れ、紅海を渡って、砂漠地帯を飢えに悩みながら四十年に亘る放浪の旅にある際、天主の思し召しにより香味、甘味なマンナというパンを天界より降下されて、多くのイスラエル人の生命が救われた。そのマンナ降下の光景を単純化して描出した。このマンナは聖体のシンボルであり霊魂の糧である。

洗礼の秘蹟　ノアの方舟と天主の御手を示す。美しい信仰の持主であるノアとその家族たちだけは、天主の思し召しにより、方舟を作ってこれに乗り、四十日、四十夜の洪水の中から救けられた。洗礼によって信仰を得た人々を、ノアの方舟によって象徴し、栄光に輝

終油

悔悛　堅振

く御慈愛の意味を含ませた天主の大いなる掌を、左右に象徴した。

品級の秘蹟　重要な秘蹟の一つとして特にこれら彫刻の中央に設けた。イエズス・キリストは使徒たちに大きな権限を授けられたが、ミサ聖祭を捧げて信者を聖化する司祭にもそのような資格を与えられている。品級とはその資格を与えることである。この彫刻構想は光輪の中央部にミサ典書とカリス（聖杯）の上に捧げられた聖体とを組み合わせ、光輪の外側に一対の燈燭を配して信仰の強化を乞い願った。

堅振の秘蹟　堅振とは、聖霊の賜を与えるとともに、洗礼で授けられた資格を一層強固にし、キリストの真の兵士となることである。この構想には聖霊の火焔を周囲に点在させた光輪を持つ鳩、即ち聖霊を左上端に配置し、その光輪の七つの射光は七つの秘蹟を示し、地上の教会へ遠く聖霊の賜を浴させ、信仰の堅固さを乞い願う意図を描いた。

悔悛の秘蹟　人となり給いて十字架上に釘付けられたキリスト像の前に座した信者が、洗礼をうけた後、犯した罪を心から痛悔し告白している姿である。

終油の秘蹟　楕円形の部分にイエズス・キリストの愛の犠牲を表わす聖衣がかけられた十字架と、臨終時の病める人の霊魂を救ける時に使用する聖油器とを以て構成し、なお永遠の生命を讃えるにふさわしい清純な百合の花によって飾り、併せて周辺の数多い星は信仰の輝きとして添えた。

（『造形』一九五七年四月号）

碌山美術館

1958年
長野県安曇野市穂高

碌山美術館

彫刻家荻原碌山＊先生の生家、信州穂高町矢原の建設地をはじめて訪れたのは昭和三十年の冬のことであったように思う。雪降りしきる中に常念岳のきびしい山肌を間近に垣間見て、その環境下に置かれるであろう建築の将来についてあれこれと思いめぐらした。先着の石井鶴三＊先生の高弟、彫刻家笹村草家人＊氏に案内され、碌山先生の遺作品なども拝見したりした。

しかし、その後、第二候補地である穂高中学校隣接地に現在のものが建った。笹村氏からの提案もあり、私の好きな北欧風の教会のようなものとし、碌山先生の精神的な人間像を心に求めながら働いた。それゆえか、降雪の中に立ちつづける美術館への想念のみが、私の設計意図を最後まで導いてくれた。

細かい調度類、装備品、意匠、その他の配慮については、笹村氏のたゆまざる異常な力が、そこに凝集されていることを併せ記しておかねばならない。そして四季を通じて常念の山懐に抱かれた、ささやかなこの碌山美術館を私は心ひそかにいとしいものとしている。

（『旅路』一九六八年）

＊荻原碌山（おぎわら　ろくざん）（本名・守衛《もりえ》）1879-1910　彫刻家。代表作「女」

＊石井鶴三（いしい　つるぞう）1887-1973　彫刻家、洋画家。代表作「藤村先生」

＊笹村草家人（ささむら　そうかじん）（本名・良紀《よしのり》）1908-1975　彫刻家。碌山美術館の創設に尽力。代表作「渋沢敬三」

展示室

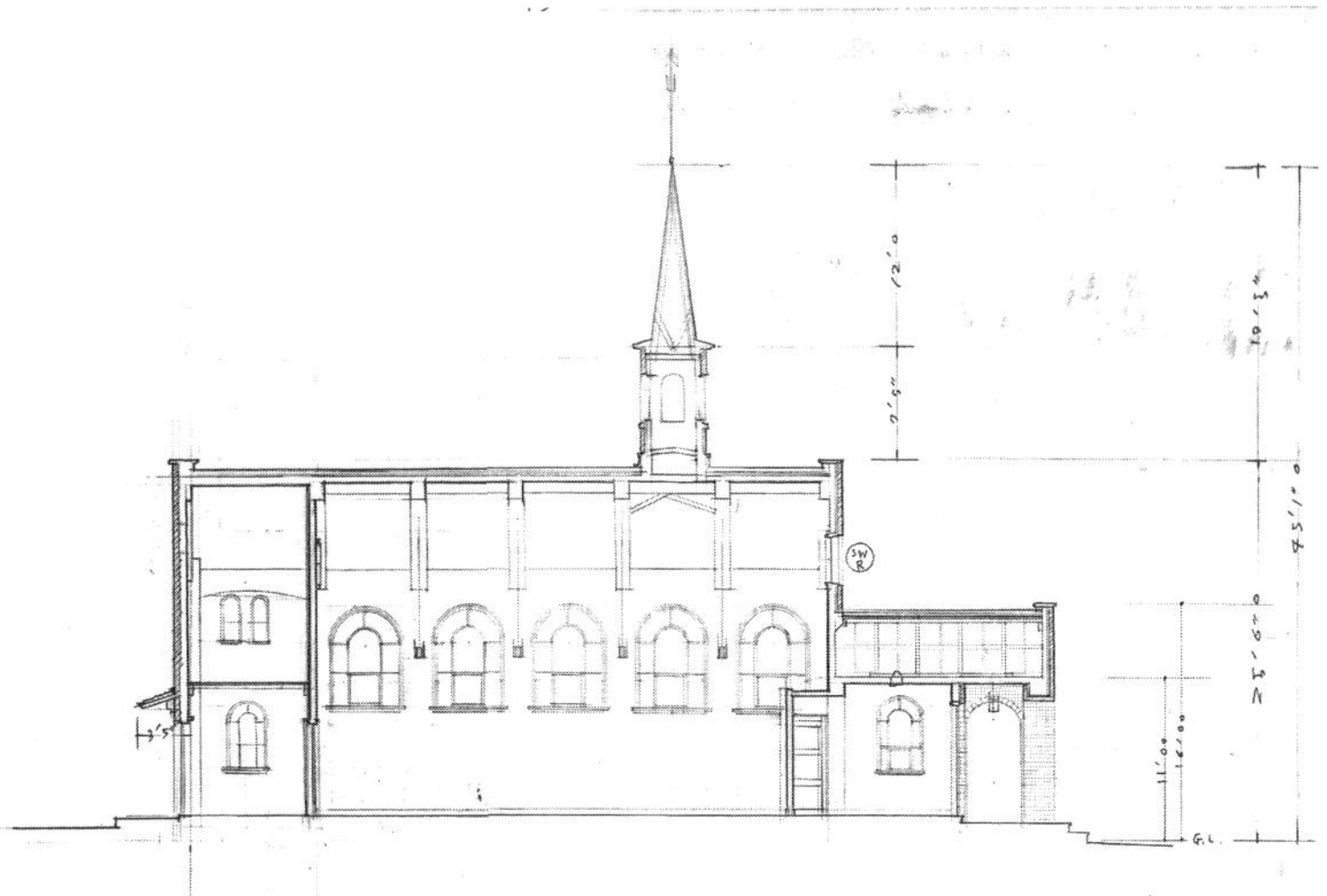

断面図

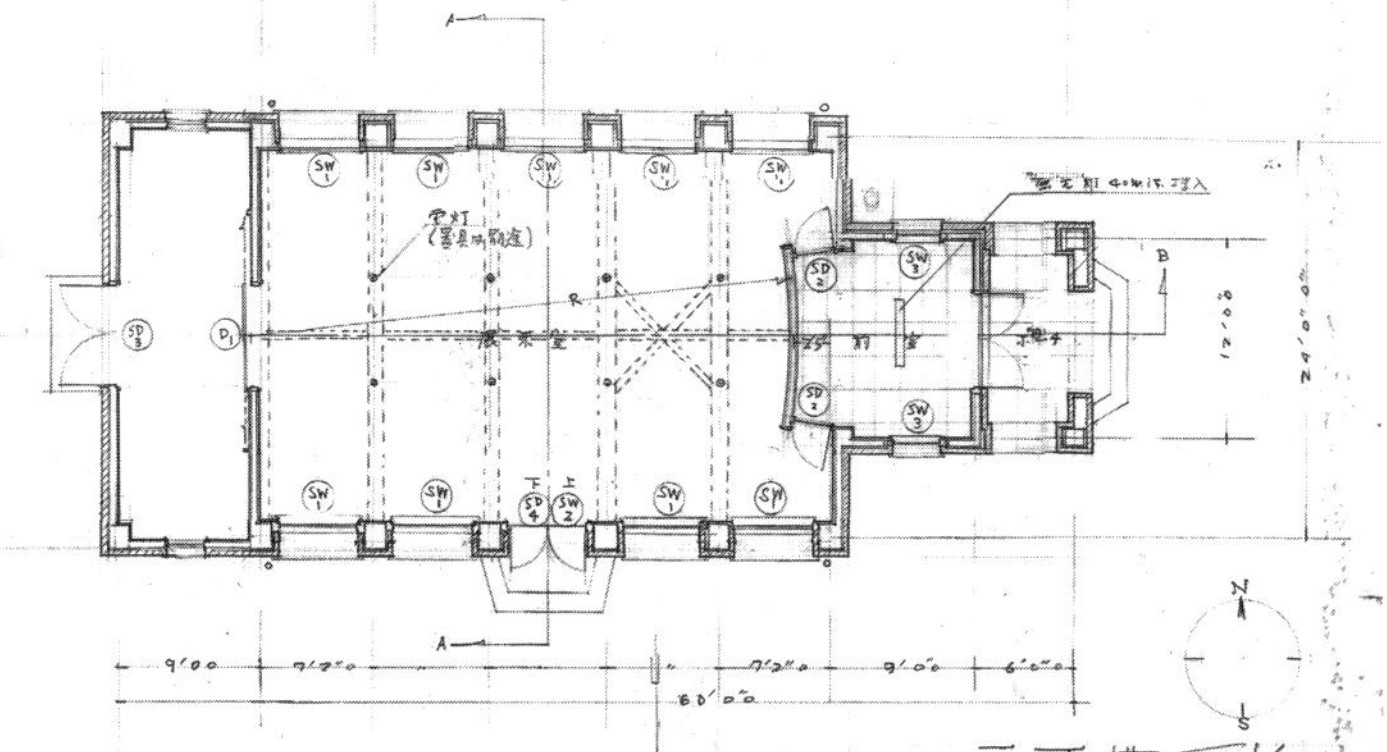

平面図

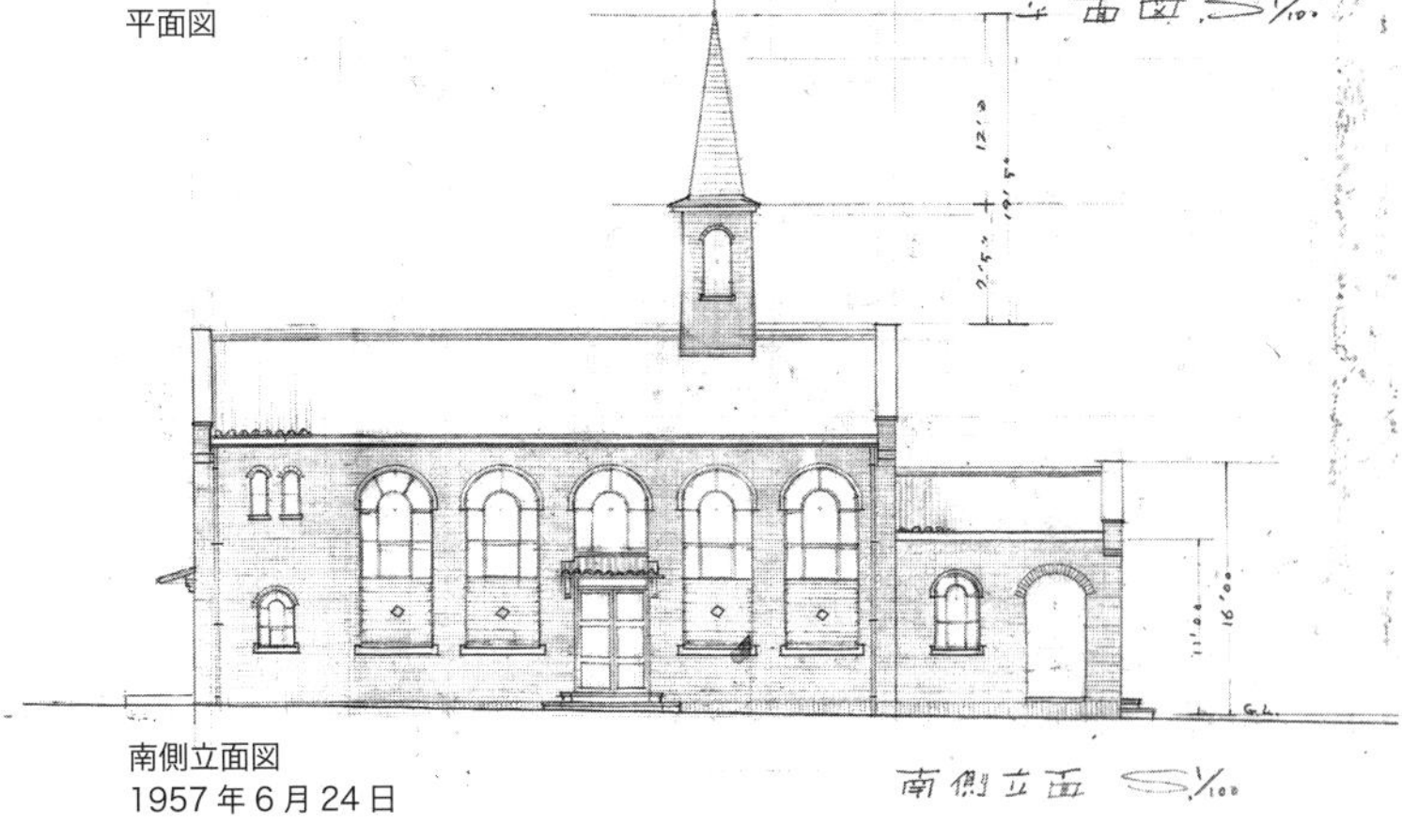

南側立面図
1957年6月24日

合掌天使のハンドル

入口細部

心の結集で建った碌山美術館

「仮設電力の引込みの費用がなかったのでタワーを組み立て、猫車を一台ずつトラックに引かせてコンクリートを打たねばならなかった程資金のない建物でね。尖塔の不死鳥は彫刻家の基俊太郎先生、玄関の合掌天使のハンドル、キツツキのノッカーは彫刻家笹村草家人先生の制作であり、その他にも多くの人たちが手づくりのものを協力制作してくれた。ステンド・グラスを作りたかったが費用がないので、私が普通のガラスに油絵具で絵付けをした。資金といい、労力奉仕といい、多数の人々の力の結集で出来た美術館という点に最大の価値がある。エストベリの心に打たれた私には、一様に作られたれんがでは物足りない。」

（『れんが』一九八一年第三号）

大多喜町庁舎

1959年
千葉県夷隅郡大多喜町

＊アントニオ・ガウディ
Antonio Gaudi, 1852-1926　スペインの建築家。代表作「サグラダ・ファミリア」

ポーチの石塁

描想

この建物が郷土の人びとの親和の象徴であって欲しいとの私の願いが、私の設計態度を決定的なものとした。言うまでもなく、この新庁舎に私は心の満ち足りなさを覚えてはいるが、それでもその中にいささか私の心をみたすものがあるとすれば、それは私の若い頃に深い感銘をうけた北欧の建築家ラグナール・エストベリやスペインのアントニオ・ガウディ＊の制作態度の賜《たまもの》ではなかろうか。建築家としての私の職能にこの一粒の糧を刻みこんでくれたのもそれであると思っている。そのようなことから、現代の建築についての抵抗がかすかながらこの庁舎ににじんでいるかもしれない。

「関東の大和」という印象を私に与えた土地。その環境内に生活する素朴な人たちを中心とした風土的諸条件を満たしながら、建築に少しでも生命感を与えて見ようと考えた。「色が与える生命」として、陶片モザイクをあえてこの貧しい工事に投入したことは私のその一つの試みでもある。都会の人と山地の人が、まず私の脳裡にその位置を占めはじめるのであった。いわゆる有名人の群がる都市と素朴重厚な人たちの地方の町、まことによき調和のなかにありながら、互いに異質的性格の存在。新庁舎への私の親愛感が都会化するものに抵抗となったのもまたやむを得ないことと思っている。東の壁、西の壁、二双の鶴、天と地の応答などの陶片モザイクはこの抵抗の小さい表われでもあろう。埃の中に埋没されて顧みられずにいたその陶片、農家の人たちが永く愛撫しつづけてきた火鉢などの砕片

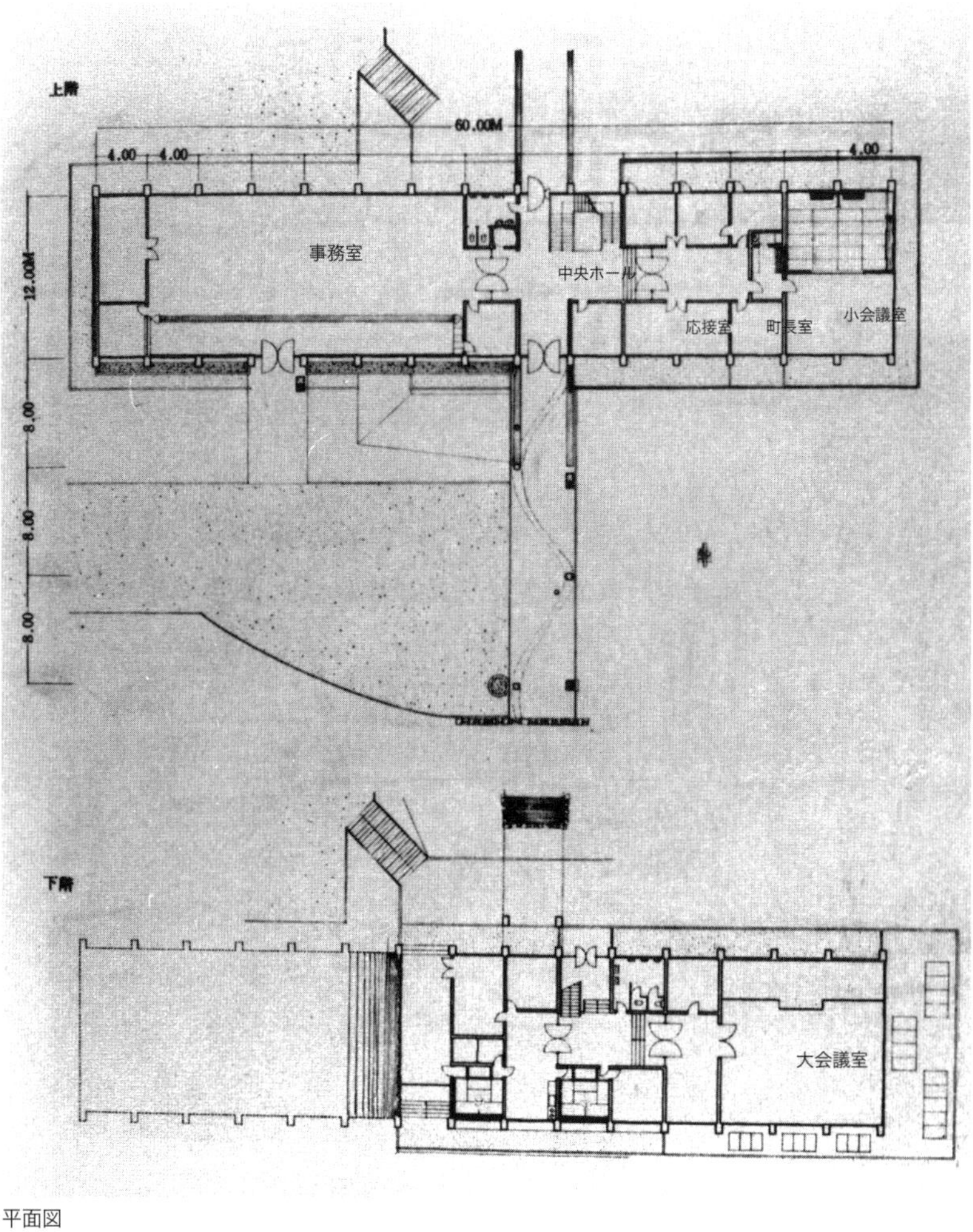
上階
60.00M
4.00
4.00
4.00
12.00M
8.00
8.00
8.00
事務室
中央ホール
応接室
町長室
小会議室
下階
大会議室
平面図

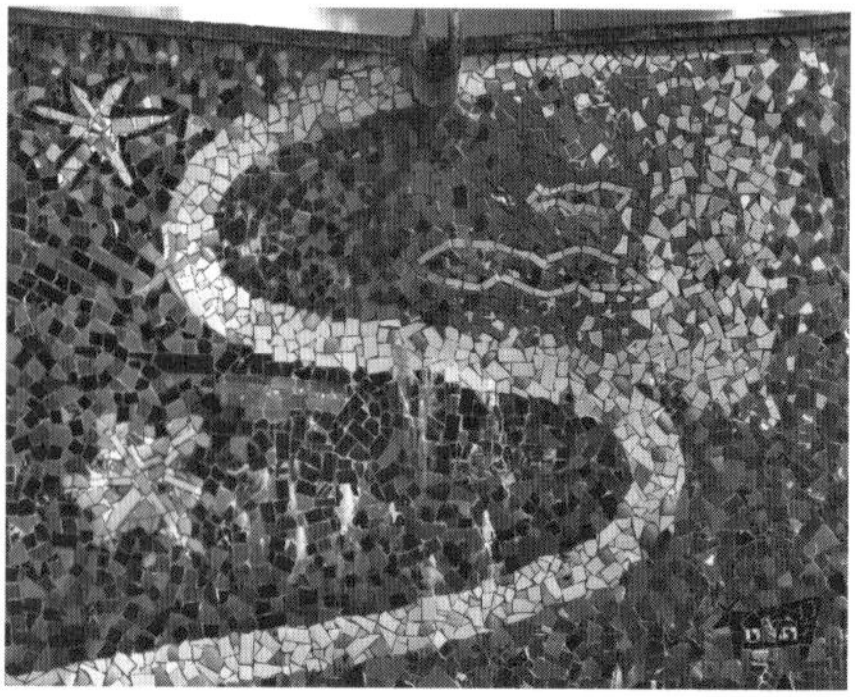
「西の壁」陶片モザイク

は、都会人には無縁のものとされているではないか。
私たちは、生涯陽の目を見ずに倉庫内に眠っている陶片の一切を懸命に掻き集め、それが失われていた生命に色彩のよろこびをもたらそうとしたのである。貧しいものとされていたものの結集が、粗末ではあるが、あざやかな光輝を放ってくれたことに私は深い意義を感じるのである。そしてこの陶片モザイクに托した私の拙い諸情を町の人びとが心からよろこんでくれたことも、私にはありがたい思い出となろう。

西の壁

あかね色と澄蒼
それは西の座から眺めた
一日の因子の一つ

紅《くれない》 藍の対称
調和の中に結合す
動より静への移行

屋階のもろ人
鏡の壁の一片に
躍るわが姿を見る

「東の壁」陶片モザイク

このモザイク仕上に参加してくれた私の研究室の画家・図案家および現場の職人たちに、画稿とともにこのような詩感を綴って私のデザイン意図を汲んで、テッセラの配置を考えてもらった。ことにこの制作で、信楽焼《しがらきやき》が持つ陶片の迫力を私はこのうえなく愛することができた。

東の壁

街人の瞳を射る
この朝の壁

人生のよろこび
歌う東の壁

時の序を貫いて
昼の活動を待つ

（『建築文化』一九五九年七月号）

小会議室

*中村　茂（なかむら　しげる）
1913-2008　建築史家。大多喜町庁舎の現場監理。

大多喜町役場

新庁舎の設計当初から竣工までの感想を二、三記したく思う。もともと研究室内での零細な時間を求めながら設計を進めるのは並大抵のことではない。また設計事務所のように設計を推進してゆくだけの組織を持つということはいうまでもなく不可能に近い。それでも建築家の片割れである私には、この建築制作に対する意欲だけが自分を支えてくれたので、なんとかやりとげえたようなものである。新庁舎の成果を今考えてみると、まったく苦楽の同伴であったというよりほかはない。また久し振りでよい勉強にもなったと思っている。ことに私の若いころに体験した早大図書館当時の設計理念にひとしいよろこびを、この新庁舎に投入しえたこともありがたいことであった。

前者の折には、ストックホルム市庁舎の建築家ラグナール・エストベリの設計態度に動かされ、今度の新庁舎においては三十年余も私の心の中に育成されていたアントニオ・ガウディの信仰的創造精神に作用されたからである。

大多喜町新庁舎の設計担当については、よくよくの奇縁がまとっていた。それというのは、新庁舎の建築委員の一人で私の後輩にあたる中村茂氏*が研究室に来訪され、設計依頼の意を私に求められたのであるが、一応その器でないとお断りした。しかしどうしても私でなければならないという。考えてみると同氏の義兄・建築家高島司郎君と私とは早大時代の同級生として親しい間柄であり、年輩からいっても私の兄貴分のようにして彼の下宿、私の家と交互に往来した間柄であった。卒業後、彼の持ち前のすぐれた建築才能は、当時のフランク・ロイド・ライト*が設計した帝国ホテルの工事中、ライトの高弟である遠藤新氏に高く買われて同氏の片腕となっていたことでもわかる。その後、彼が内地を離れて支那大陸に赴く時にも、彼の多彩な活動を激励して別れを惜しんだものである。もしも彼が北支で病没せずになお存命であったならば、当然この新庁舎の設計者に選ばれたにちがいない。上述の理由で亡き友の分身だと思って、私はこの設計に力添えすることを決意したのである。

大多喜町庁舎の所在地は千葉市から約四〇キロ、房総東線の大原町から十六キロの山中の大多喜盆地に位置している。私がはじめて千葉市から九重の丘陵を越えてこの地を訪ねた時、大多喜町周辺の自然環境が、私に素晴らしい印象を与えてくれた。それは「関東の大和」という感動的な言葉によってまったく支配されたからである。そしてこの一語は新庁舎の設計中、終始私の脳裡から離れずにいた。町の周辺には内岡台、雷台、北大多喜台の古墳群などが数多く散在し、弥生、縄文の土器類をはじめ、直刀、鏡などの発見で世に知られ、また南辺の会所地域には先住民の住居跡の群落が見られる。舞鶴城跡の丘は新庁舎の西方指呼の間に仰がれ、室町期の光堂、鎌倉期の笠森寺なども隣村に所在し、古代中世を貫いての日本の血液がこの地に逞しく浸透している。羽黒坂からの房総山系が延々と続く大展望は、大多喜町に生活する人々の素朴な心の深さを推察させるにかたくない。

環境はこのようにして私を捉え、また私もその環境を大切にした。大多喜町の生命もその環境から生まれ伸びゆくことによって、貴い価値を持つものと思っている。今日、ややもすると環境を無視して冷酷な都会的建築風景を導入することに窮々として、その土地の

*フランク・ロイド・ライト
Framk Lloyd Wright, 1867-1959 アメリカの建築家。代表作「グッゲンハイム美術館」

ポーチの石塁

貴い生命感の躍動など一顧もしないことが多いのではなかろうか。大多喜町の環境への解答が新庁舎にほのかにでも融け込んだとすれば、この上ない幸せである。土地産の石材、蛇紋石がこの地方では今日まで単に道路舗装用の砕石としてのみ使われていることを知り、その原石の持つ迫力感をこの建物に始めて採用しえたことも私のよい思い出となった。

敷地の東西軸にしたがい、全長六〇メートルの新庁舎を一文字に単純に配置した。そして五メートルに及ぶ東傾斜の高低差を素直に生かすとともに、重厚なコンクリート肌打放しの外観と厚く深い軒とは周囲の山陵に照応させながら、つとめて素朴な姿となるように努めた。南側の職員出入口のポーチと北側の台地に連絡する小架橋とを主屋に直角に配した。そして庭全体の規模と景観とを妨げぬよう南面ポーチ柱の千鳥配置によって長大な庭を二つに軽く分断させた。このポーチの彎曲梁の蛇行曲線は建物全体に少しでも柔らかい要素を持ちこもうとした私の小さい願いの一つでもあった。

私は日頃から絵画・彫刻などを母なる建築に総合して統一化をはかるようにしているので、この新庁舎の各所に私なりにコンクリート彫刻や陶片モザイク、あるいは木梁面の紋様などをデザインし、それらのモチーフには大多喜町にゆかりあるものを象徴的に織り込んでみた。三十数年前の機械主義時代には、このような建築と諸芸術との総合について言葉をさしはさむならば、当時の建築家から一笑に付せられたものである。私がストックホルムの市庁舎の造形美に心打たれたといえば、「お前はなんと甘い建築家だろう」と揶揄《やゆ》されたことさえあったが、私はこれに抵抗しつづけた。

屋上の陶片モザイクには「東の壁」「西の壁」「二双の鶴」、頂光の窓には「天と地の応答」などを歌いあげようと試みたりしたが、これらはいずれも大多喜町の人々の幸ある

屋上の「二双の鶴」

生活を祈りたいと考えたからである。陶片モザイクの試作には数々の思い出が織り込まれている。屑のように捨てられ、あるいは倉庫の中にいつまでも埃《ほこり》にまみれて日の目を見ない陶片は、あたかも世の中から顧みられぬ貧しい人間のように思われて仕方がない。素朴な農民をはじめ、この山中の町に生活する人々のすべては、都会人の目から見れば、あるいは同じような世にかくれた存在かも知れないが、私の心にはより貴重な人々だと映ずる。陶片と町の人々との対比は私をしてますます町の人たちを愛させるがゆえに、彼らから親しんでもらえるような庁舎を造ることを願わずにはいられなかった。ことに農民たちの日常の家庭生活に、親しみある役割を演じる火鉢の破片こそは、彼らの愛情の絆を象徴するにふさわしいものだと思ってこれらを採用し、陶片モザイクに高輝ある意義を見出したことはうれしい。この陶片モザイクのはじめての試みは私のもっとも愉《たの》しいものの一つとなった。「東の壁」には朝から昼にかけての人々の活動を、そして「西の壁」には夕焼空に一日の労作を終えた平安な夜の生活を表わした。「二双の鶴」は幅四メートル、長さ十二メートルのもっとも大きいもので、舞鶴城跡と呼応するようペントハウスの上に、そして多くの人々の目にとまらないところに置かれている。この「二双の鶴」を見たいといって竣工前にもかかわらず、子供や女・老婆などが、そして詩人も画家も立梯子をよじのぼってよろこんでくれた。ひそかな建築家としての感動が私の胸中に湧くのである。この陶片モザイクの発想は私がスペインの建築家アントニオ・ガウディの人間性とその作品に影響をうけたことから始まる。それを私なりに追求しての所産であるから、ガウディの恩恵に対して何よりも先に感謝しないではおられない。

建築作品の生命は建築主、設計者、施工者の三者一体化にあることはいまさらいうまでもない。それにはおたがいがヒューマンな精神に結ばれてこそ実現されるものであって、そのようなことは至難の業だと簡単に片付けてしまうところに今日の盲点があるのではなかろうか。この小規模な新庁舎もご多分に洩れず大事なところが巧くいかなかった。意匠方面でも私自身多くの失敗をして恥しく思っている。これは熱心のあまりかも知れないし、あるいは力の出ししぶりかも知れない。いずれにしても私の非才というよりしかたないので、まずい所は皆私の負うべき責任であると思っている。しかし施工面に私の意図が十分反映しなかった点も多々あり、心を暗くすることもあった。それにしても種々の制約のもとで、町長はじめ建築委員の深い理解と、少数とはいえ、施工者側の監督陣の熱意と協力、そして設計に関与した私の研究室の人々の善意の一体化があってこそ、ここまでこぎつけたようなものである。

（『新建築』一九五九年七月号）

受賞の印象に添えて

このたび、日本建築学会賞（作品）の受賞者の一人として末席を汚しましたことについて、私自身全く戸惑っていると言うのが只今の実感であります。

もともと大学勤めの傍《かたわ》らの研究制作でありますから、私の建築作品はほとんどわずかにすぎません。このように現役建築家でない私の一作品に、一体、受賞の価値と言ったもの

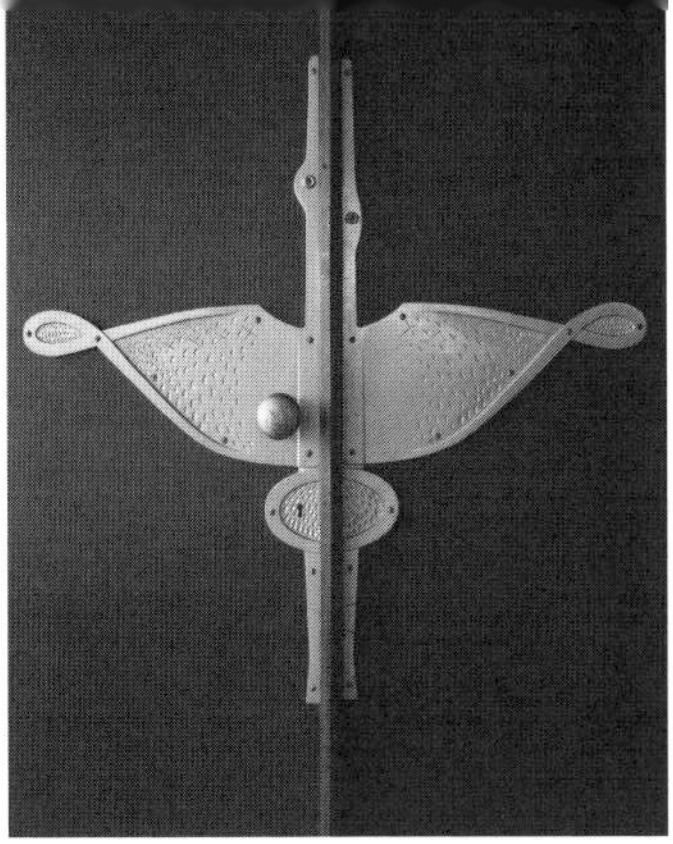
扉引手

があったのであろうか、といろいろ推測して見ましたが、思いあたるところがありませんでした。或いは、大多喜町の建築設計に私自身の構想で、コンクリート彫刻、陶片モザイク、金具装飾など一切のものをまかない、特定の芸術家たちに委《ゆだ》ねずに成し遂げたという努力を買って下さったのかも知れません。

何《いず》れにしても、こんどの受賞で一番よろこんで貰えるのは、素朴な大多喜町の人々ではないかと思っております。

この役場の設計についての私の感想は、昨年の『新建築』と『建築文化』との誌上に記載しましたので、改めて再びここに述べないことにいたします。ほんの漫然とした随想のようなものでお茶を濁すことにいたしたいと思います。

都会育ちの私は、山の手の青山権田原という孤島のような寂れた町で生をうけて少年時代を過した関係か、子供の頃から田園や農村の生活と風景などに、小さい心を惹かれることが強かったようであります。そんなわけで、私は小型のスケッチ・ブックを手にして、当時田舎のような近くの武蔵野――その頃の千駄谷、代々木方面は全くそのようなところでした――をとめどなく歩き廻って遊んだものです。突然、千葉県下の山地、大多喜町役場から設計依頼をうけた時に、何か田園への郷愁といった愛惜の情が私の体質内を流れたのも偶然ではなかったようでした。その後、建設地をはじめて訪問した私に「関東の大和」という言葉が口から飛び出すほど、大多喜町の純朴な環境にすっかりほだされてしまいました。これも私にとって全然、縁なきものではなかったように思われます。

今ひとつ私の設計の背後の力となってくれたものは、早稲田の生活でクラスをともにしていた建築家高島司郎の亡き俤《おもかげ》を追いながら働くことが出来たことでありましょう。高島

扉引手

は大多喜町を郷土に持つ私の教え子中村茂君の義兄にあたり、その秀れた建築才能と人柄にはげまされて彼の身代りを私が買って出たようなものでした。そして私のこの仕事が彼のためにも甲斐あるものであったかどうかは解りませんが、何だか高島は、地下から微笑を私に送っているようでもあり、また五年後には見られたものじゃないぞ、と苦笑しているようにも思われてなりません。

このように私に直接的なつながりを持つものの他に、間接的な恩恵を与えてくれた数々の先輩建築家たちの良い影響にも、併せて感謝せずにはおられません。

どんなに貧しい建築の設計に出遇っても誠実さが失われるならば、建築に生命感を与えることはむずかしいと私は信じております。よく若い人たちは、学園内での生活時の私を建築現場に臨んでいる場合の私と対比して、全く別人のような存在だと批評しますが、それが私の誠実さの故であるならば、これ以上の幸せはありません。現場における設計上のきびしい誠実さこそ、実在する建築への精神的投入にいかなる躊躇も惜しまないと思うからであります。往復の電車内で構想をスケッチしているうちに、時々、駅を乗り越してしまう思い出も、私には珍しいことではありませんでした。

顧みて私の作品中、代々木にある航空発祥の記念碑だけが前後を通じて私の建築家らしい唯一のものであると思っておりましたが、大多喜町役場の誕生によって、ひそかな私のよろこびを心に描くようになりました。これが、はからずも学会賞にとりあげられたことは、まことに私にとって印象深いものとなりました。

私は、日頃、好んで絵画彫刻などを制作するよう心がけておりますが、それも日曜画家ならぬ自称七月画家として、建築の中の生命感を求めようとする一手段にすぎません。そ

梁の絵紋

して、環境の中における人間という現象を大切にしておりますので、そのような感情を絵画、彫刻などの制作対決によって、少しでも育成させたいとの念願にほかならないのであります。大多喜町役場の彫刻・モザイク・金具などの意匠スケッチから現寸まで描き、或いはモデリングを試みたその意欲といったものは七月画家の賜《たまもの》だと思っております。

慎ましやかで目立たない、むしろ平凡な現代建築を愛する私のこの性格は、学園内に籍を置くところから来ているのかも知れません。しかし、学園内に籍を持つ私は、未だ現役建築家ではないように思っておりますので、解放期の七十歳の年齢に達してはじめて現役となったならば、思う存分何のこだわりもなく建築への逞《たくま》しい前進と現代絵画・彫刻への活動を開始できることを今から愉《たの》しみにしております。ちょうど、学園を巣立つ大学生のように。

終わりに、このたびの受賞のかげに私の手足となって協力してくれた研究室の池原義郎*講師をはじめ、若い人たちの労を謝するとともに、絶大な支援を惜しまなかった大多喜町町長並びに関係各位と町民の方々、なお、最後まで私のわがままを貫徹させて貰った大成建設の工事担当の人々のことが、私の胸中を永く往来することでありましょう。

(『建築雑誌』一九六〇年七月号)

＊池原義郎(いけはら よしろう)
1928- 建築家。早稲田大学教授。代表作「所沢聖地霊園」

跣足《せんぞく》男子カルメル会修道院聖堂

1959年
東京都世田谷区上野毛

聖堂内部

男子カルメル会修院聖堂の聖櫃の創意寸描

約十五年前、同聖堂を私は木造和風調を加味して設計したが、その後昨今の典礼の改革などに伴い、祭壇部の改造を修院側より依頼されることとなり、聖堂に新しく聖櫃《せいひつ》を後壁中央に設置することに決定して、それに適するものの案をはからずも私が担当するように、と管区長様より指令をうけ、今年に入り、聖櫃の意匠構想を漸《ようや》く決定した。

私は次のような考慮でこの聖櫃のデザインに心を傾けるようにした。

（一）　多少ながら日本の心をこの聖堂内に少しでも調和させることと、日本風土にふさわしいものとして考え、わたくしどもの国の古典調度の中に生きづく金色と黒色の仕上げをのぞんだ。即ち黒地は漆調のメタル焼付、金色部分はメタルの鍍金とした。そして三面ともこの二色だけで表現している。

（二）　正面意匠、即ち扉側は中央に輝く太陽の中心部に☧の象徴を刻み、これより放つ斜光線には左右上下に聖霊「鳩」のシンボルを交じえて、神の恵みの四方にあまねく拡がりゆくようにと願った。なおキリストの象徴、葡萄房と麦穂が瑞雲、星などを伴ってその周辺に配在してあるのを御覧になられるであろう。そして扉を開いた裏側には、ひと時十字形象のごときものがかすかに心を引くようにした。聖櫃正面左側と右側には正面同様、黒色地に聖体の清く甘味な香りが漂い出すであろうようにとの意を持ち、梅花風の枝を鋳金板で讃歌のごとく描出している。その花の二、三のものには「星の花」とも言えるであ

祭壇聖櫃スケッチ　1968年8月5日

ろうものが点在し、なお静かに流れる瑞雲が小さい星々をも伴いながら、正面扉の伴奏の役をつとめるようにした。この聖櫃から日本の香りがいささかでも感じられればと願いつづけたが、いかなる成果を得られたであろうか気がかりでもある。

聖櫃内の内装仕上げには桐材を採用した。もちろん古来日本調度品などとして大切な衣装類を納める箪笥などは、皆さんが御存知のように、湿度の多いわが国にとっては貴い細やかな扱い方を教えてくれる祖先伝来の特有の木質であり、強いては神秘体なる聖体をお納めする、かくれたる心使いも蔵されていると言えよう。

（三）　聖櫃支柱、聖櫃受けの柱冠はゆるい曲線を持ち、皿状に左右両端に拡がる。この正面部には私どもが親しむ紋様が刻まれ、その左右にひと房が垂れ下げてある。この房は典礼色の主日ごとに換えて、典礼目的に合致させて一目でその主日の祝日が信者の方々にわかるように心がけた。支柱部も金色仕上げにして、小さい形象が各面に表わしてある。

燭柱、祭壇の最下段上、左右一対に置かれるもので蝋燭受けの部分は花弁を呈し、祭壇を敬厳にお護りしている。

花台桶、後壁にある一対のものである。サワラ材のものとし、中の銅板水入れを取り出し可能とし、花生けの場合、容易に持ち運びが出来るよう心がけたが、婦人会の方々にその便利さを愛せられるや否やが気にもなる。もちろん、桶ごと壁面からとりはずしても出来るように考慮もされているので、都合のよいように使用していただきたい。

大体以上のような拙い願いでデザインしましたが、今思えば幾度か図を描きてはやめ、新しい構想に変更し、なおいよいよ決定の後は大形現寸図を友人らに協力して貰い、またさらに工作上の困難なところは変更を重ねるなど、苦労も多かっただけに、聖堂への捧げ

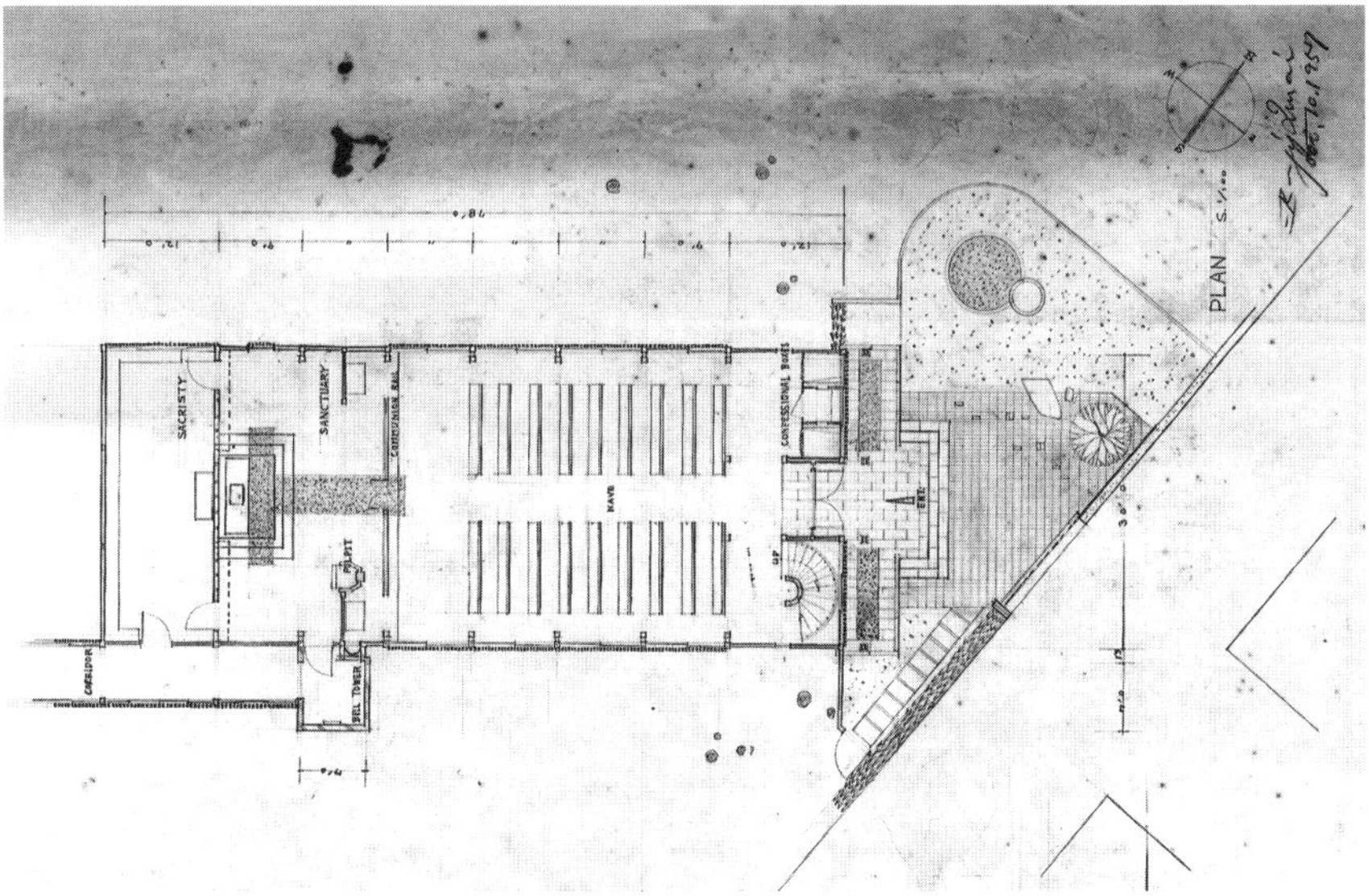

平面図

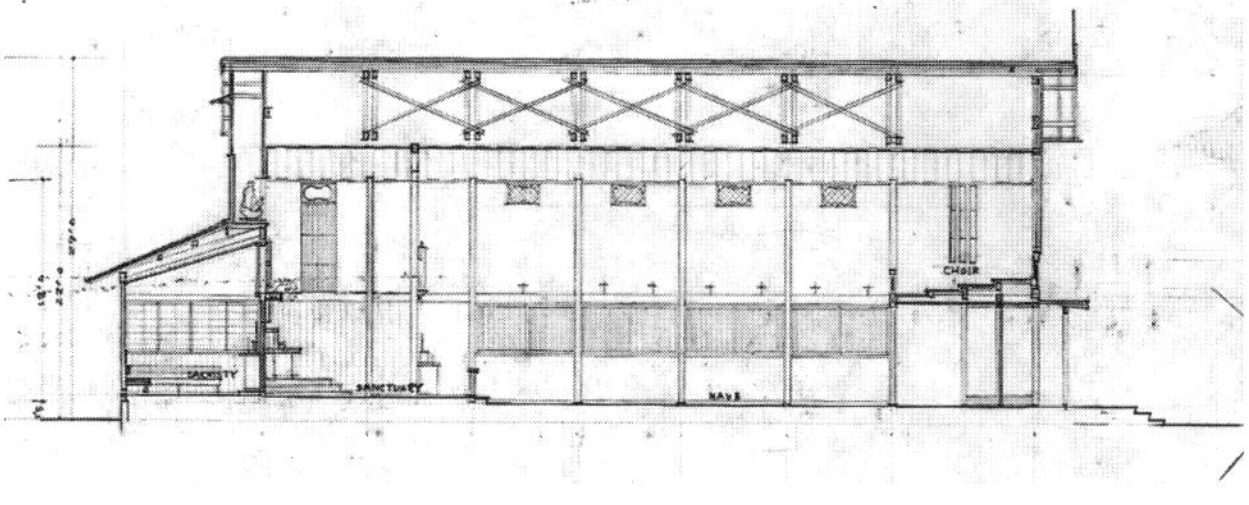

断面図
1957年10月10日

祭壇細部

物として私は苦楽同伴の思いが今も回想されるのである。
この製作には白百合会製作所の力によるところが多いことを、改めてここに感謝している。
後壁改造、以前には祭壇は後壁に接していたのを前方に移したため、後壁の裾巾木部が不自然に残されるのを補うため、たなびく雲様のものをこれに充てて、その欠陥をなくすようつとめたので、聖堂の俤《おもかげ》も生かされたように思う。
終りに聖堂設計者である私にその改造ごとに案を終始相談された修院側の御厚意を心からよろこびとしている。このことは一建築家として聖堂のかもし出す聖なる空間の描出に、少しでも調和と統一とを私が願う一念を貫かせていただけたからである。まことに拙《つたな》い業ではあるが、私の貧しい霊魂がこの聖堂内に見えざるものとして存在し、秩序を害《そこ》なうことが少なかったと思うが故である。

〈一九六九年十月十二日〉

（生原稿）

東洋女子短期大学壁面陶片モザイク

現　東洋学園大学
1961年
東京都文京区本郷

*ウィリアム・ワーズワース
William Wordsworth, 1770-1850　イギリスの詩人。代表作『ルーシー詩篇』

陶片モザイク「思い出の四季」

陶片モザイク「繁栄の樹」

モザイクについて

南壁のモザイクはワーズワース*の詩の形象化であって、その一節にある「苔むした岩間の菫の花」を基調として、これに星を対応させ、詩的に交錯した二本の線でこれを結ぶという考えに基づいています。右の方は太陽で、私がかつて北欧のロダンといわれるカール・ミレスのアトリエを尋ねた時に、その入口に「太陽の輝く間私をして働かしめよ」と書いてあったことに感動し、太陽の永久性を伴奏としてこれに配置しました。また屋上の南側には二羽の鳥をもって限りない友情を表し、北側には「めばえ」つまり成長の喜びを四季の表現の中に求めながら考案いたしました。

南側東端壁のモザイクは樹根を大地に力強く張り、さらに蒼穹にその枝を無限に拡げる――強烈な生きる力の創造と繁栄を表現しました。

このモザイクは、その規模においても、おそらく東京では最大だろうと思います。建築のモザイクの生命ということを考えますと、貧しい、目にもつかないような材料でも、それが数多く集まると大きな生命力になることを信じ、茶碗や火鉢など、学生からのもちよりの品々でつくり上げました。

（東洋女子短期大学『新校舎竣工記念』パンフレット　一九六四年一月）

日本二十六聖人殉教記念館

1962年
長崎県長崎市西坂町

殉教者のためのモニュマン

私の三年ごしの設計が、いよいよ出来あがろうとしております。その建築は、長崎市の西坂にてキリシタン迫害のため殉教した日本二十六聖人の記念資料館と記念碑、および神父館と小教会堂であります。宗教的象徴に殉教の意義を織りまぜながら、陶片モザイク、彫刻、ステンド・グラス、ブロンズ扉その他一切を自分なりに構想してみました。カトリック信者の妻の俤《おもかげ》を追っての私の拙《つたな》い生活の中で、宗教芸術のモニュマンになるかもしれません。ことに、ガウディ友の会やメキシコ芸術家の精神的支援に感謝しております。

（『芸術新潮』一九六〇年九月号）

かき集めスケッチの覚え書

——長崎における日本二十六聖人記念建築の設計を終えて

この仕事は三年半ばかり前、イエズス会管区長アルペ*神父から指名されたものである。いまから三百六十四年前、キリシタン迫害によって長崎西坂で十字架上の断罪に処せられた日本二十六聖人を記念するための建築である。明年六月八日はこれら殉教の人びとが聖人の位置に列せられてからちょうど百年に当たるので、その年の二月五日である二十六聖人の祝日までに完工すればよいとのことであった。しかし、その間驚くほどのきわまりない設計上の曲折をたどりながら、ようやく今、一応の最終的段階に達したものである。小規模ながら記念性の宗教的建築に関することなので、その労苦はなみなみならぬものであった。建設敷地は、当時の処刑の場所である長崎駅に程近い西坂公園の猫の額のような小地域であり、長崎市の環境から考えると、建築的には良好な位置ではなかった。ことに、その前方にＮＨＫの鉄塔や付属建物が立ちはだかって遮蔽され、ほとんど駅前広場からその姿が見出されないという不利なところである。けれども聖なる殉教の丘という重要な信仰の史的意義においては、この地域が貴重な輝きある存在であることには変わりないであろう。

私が長期間この設計に従事していちばん骨の折れたのは、殉教的意義をどのように宗教的表徴でもりこむかであった。このことがらの追及には、ほとんど私ひとりの創意で機に

殉教の丘のスケッチ
1958年8月30日

*ペドロ・アルペ
1907-1991　スペイン出身、イエズス会司祭。

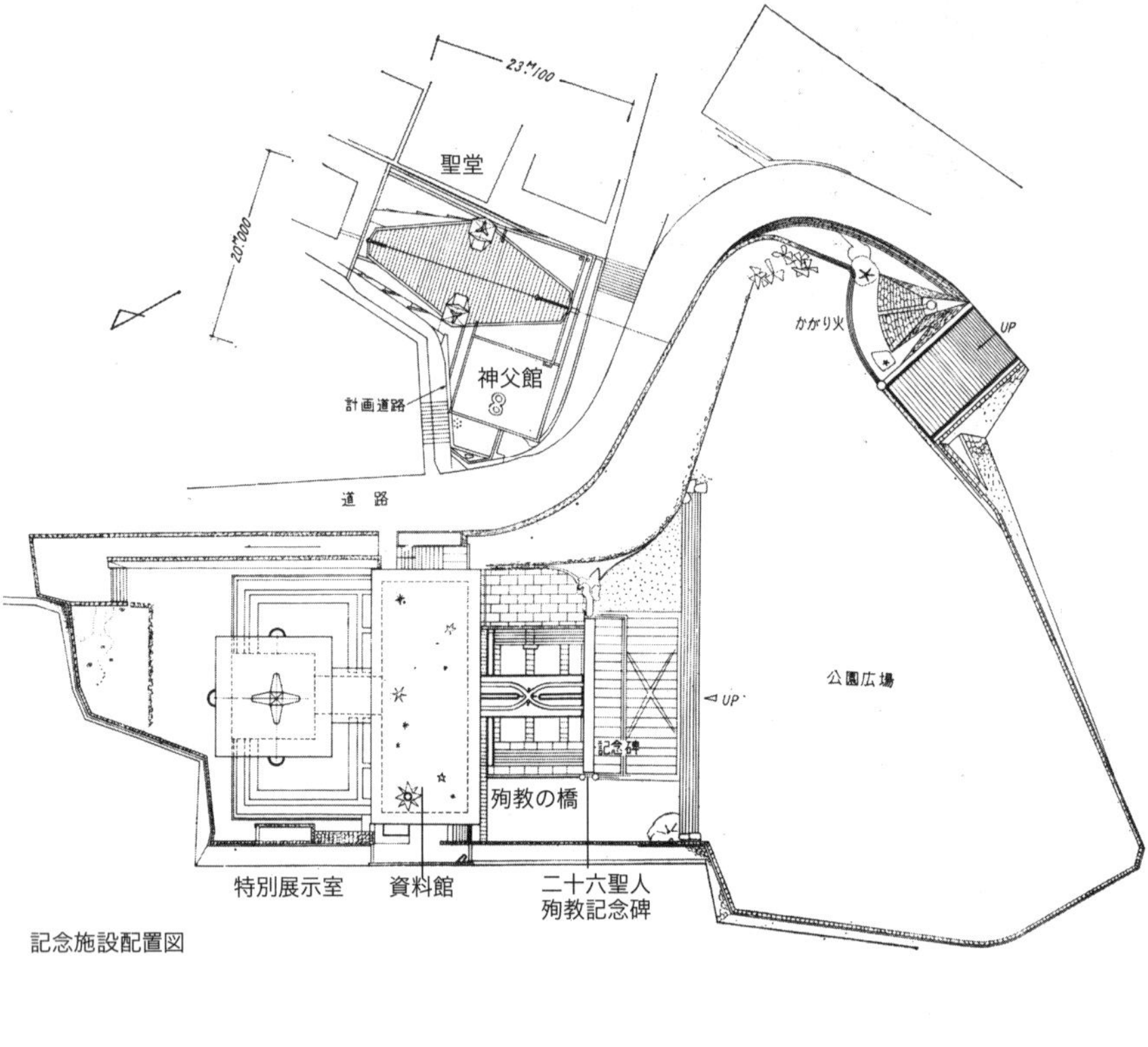
23M100
20M000
聖堂
神父館
計画道路
道路
かかり火
UP
公園広場
UP
記念碑
殉教の橋
特別展示室
資料館
二十六聖人
殉教記念碑

記念施設配置図

資料館特別展示室
1962年5月10日

応じて考えてゆかなければならないし、その創意を研究室の協力者の人びとにつぎつぎと渡してゆかなければならない。そうでなければ設計が一時停頓するおそれがある。それだけ少しの暇でもだいじに使ってゆかなければどうにもならないから、それらの急造のスケッチは学生諸君のエスキースのような、ひとに見ていただけるしろものではない。研究室でのひとときや帰路の途中、ことに自宅の夕食中やその前後を大事に使ってゆかなければならない。自分の左右に散らばっているちらし広告の裏や来信の洋封筒を用いて、その余白に着想のスケッチを手当り次第描いてゆくのが常である。いわば、吃《ども》りのような言葉表現のスケッチばかりになってしまう。それでも私には結構役立つのだから幸せ者である。スケッチのパースときたら狂い放題、日頃やかましい指導者の私のスケッチを学生さんたちがごらんになったら、いったいこれでよいのかしらと失笑されるのがこわいくらいである。学生さんがこんなエスキースを描いたなら単位は毛頭《もうとう》とれないのだから、私のこの場合を真似《まね》ては大変である。けれどこれらのスケッチは、私にとってこの上ない、かけがえのない命の親だったといまも思っている。

去年の正月の休みも無駄にはすごすことができなかった。人さまからいただいた年賀状で小聖堂の形態吟味を模型化するなど、日頃の無精な私の性格が出てしまったが、これも設計進行中の愉しい思い出となっている。

この設計の場合、変転きわまりなかったことを先にちょっと前ぶれしたので、その変容ぶりを記すなら、バタ屋さんが拾い集めてきたような汚い私のスケッチ屑が、まだまだ他にもうず高く溜っていることをご想像できると思う。

・一九五八年九月　第一回計画構想　西坂公園の隣接地に資料館及小聖堂、神父館配置を構想する。（西坂公園内に建設する記念碑は長崎市史蹟保存会側の手でごく手軽な計画ができていた）

・一九五八年十二月　第二回計画案　敷地を西坂公園内に変更し記念碑一部の修正案及資料館上部に神父館を存する提案

・一九五九年七月　第三回計画案　現在案の地下室なき計画案

・一九五九年十月　第四回計画案　地下に講堂その他を設ける変更案

・一九五九年十二月　第五回計画案　さらに地下にローマ殉教者の遺物を蔵収するカタコンブ風のものを増設する設計案

・一九六〇年二月　第六回計画案　隣接地に神父館及小聖堂の計画（第一案）

・一九六〇年三月　第七回計画案　カタコンブを廃止して小規模なローマ殉教者の聖堂を計画

・一九六〇年三月　第八回計画案　神父館及小聖堂の第二回計画案

・一九六〇年八月　第九回計画案　記念碑、資料館はじめ西坂公園の全施設設計図完了

・一九六〇年十二月　第十回計画変更　資料館の全地下室設計の廃止のため

・一九六一年一月末　第一期計画実施のための変更図作成

その上、私は建築を構想するばあい建築全体はもちろんのこと、その他の各部を彫刻的に考察してゆくことを希求しているから、この設計の全体と細部に渉っていろいろの模型的実験制作を試みることになる。それだけに、スケッチに従って彫刻的な模型類が数多く出来あがってゆく。これらの模型スケッチは、研究室の池原義郎講師をはじめ、若い女性

日本二十六聖人殉教記念館全景　左手前は殉教記念碑、左奥が資料館、右が聖堂

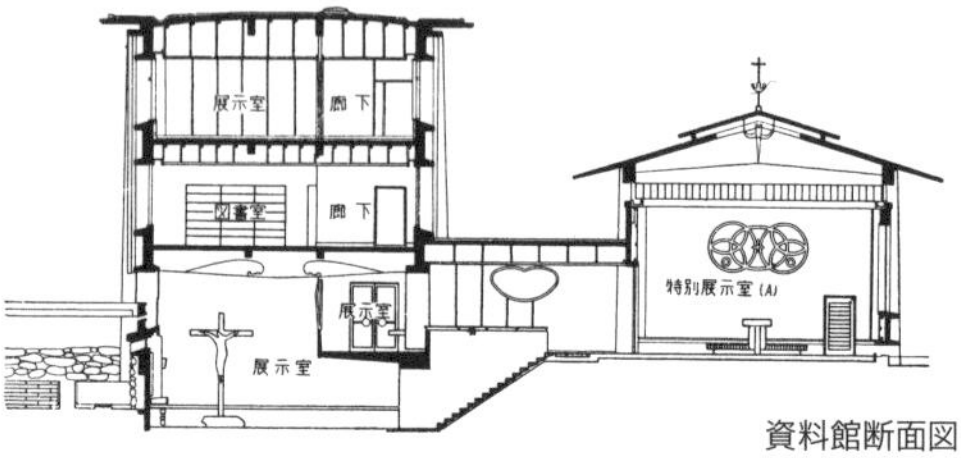

資料館断面図

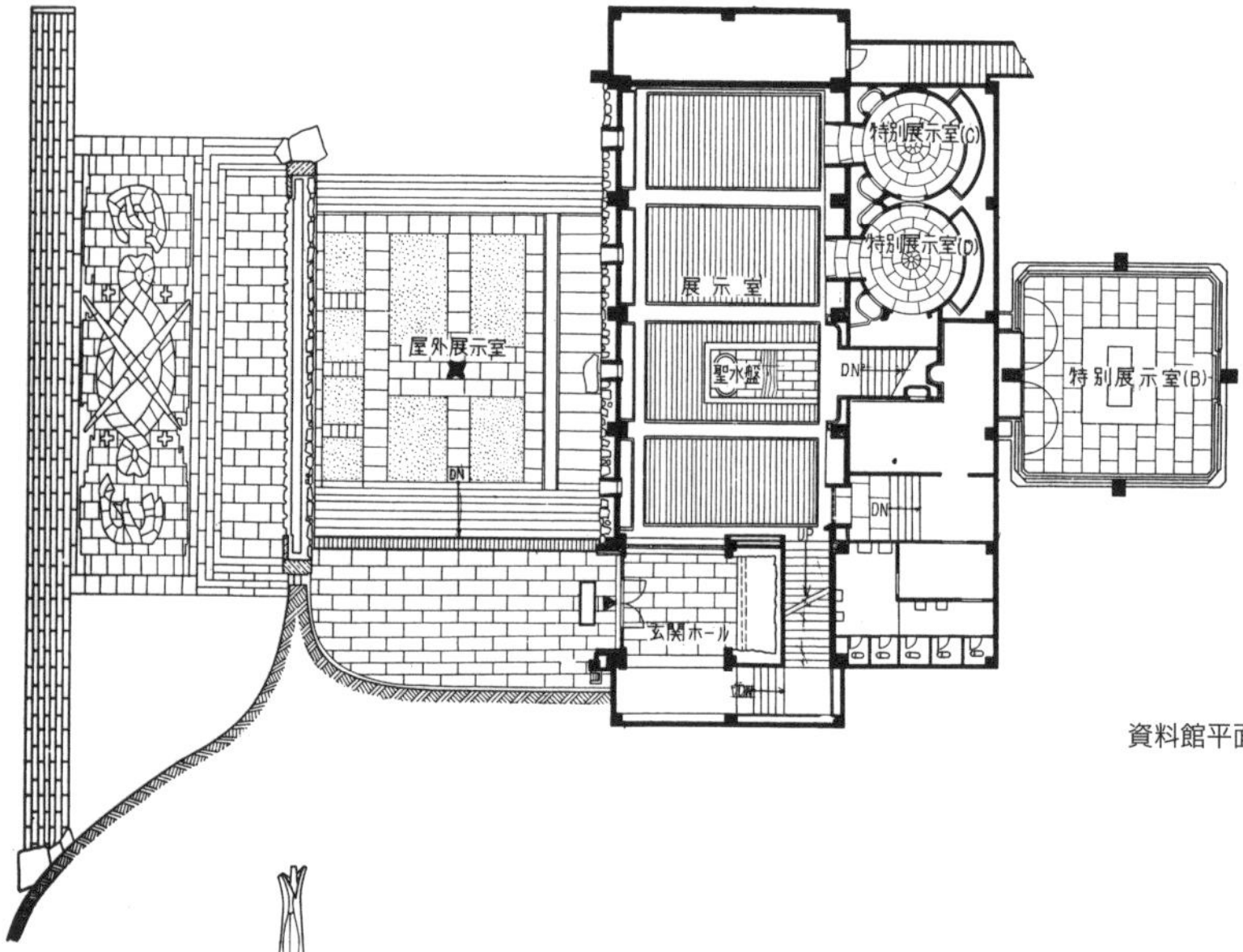

資料館平面図

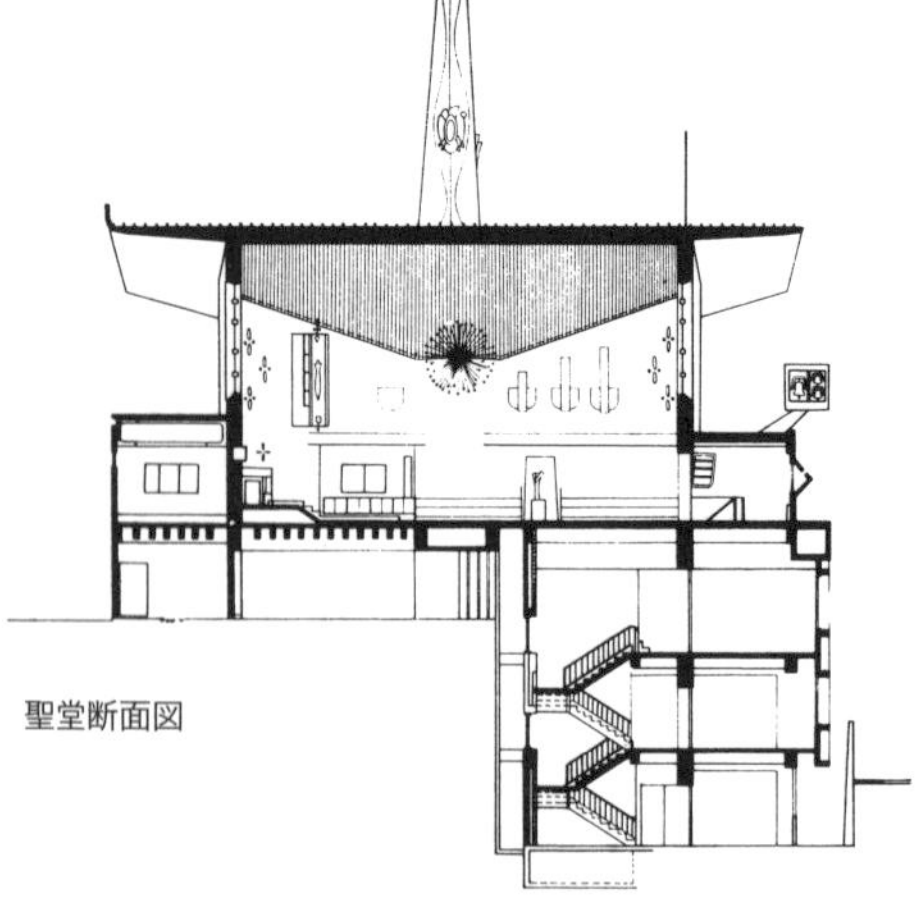

聖堂断面図

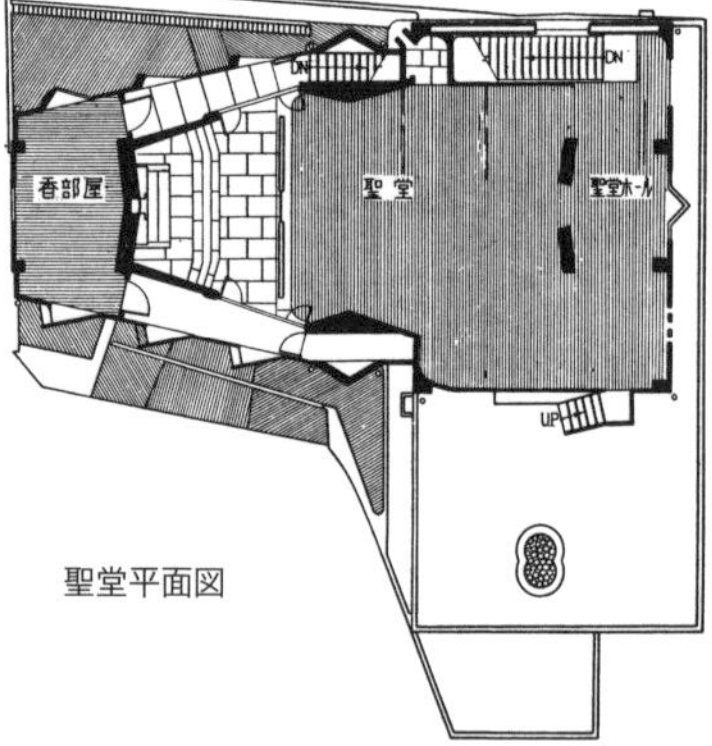

聖堂平面図

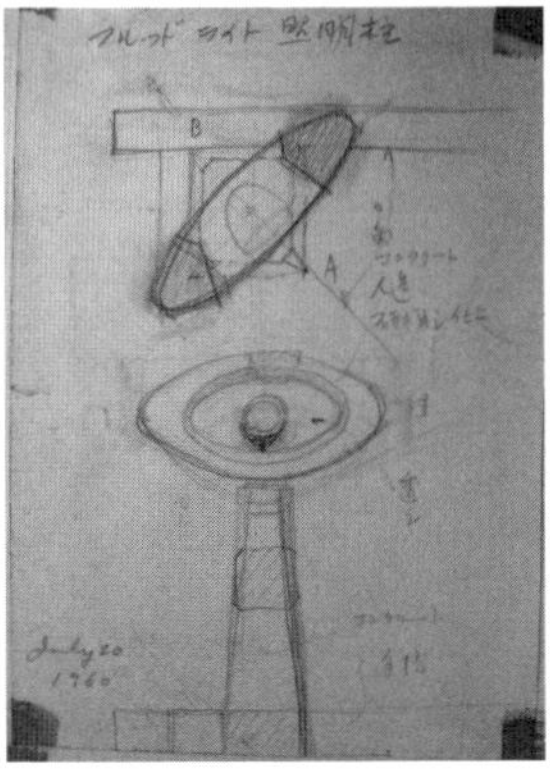

(右) コンクリート照明の立面図　1960年7月20日
(左)「殉教者」 1959年7月5日

たちが協力してくれた。全建築体の配置模型、各単一建造物、そしてそれらの細部にいたるまでの模型の検討が行なわれてゆく。資料館展示室の天井構成には、間接照明を採択するのに彫刻的空間表現を実現しようと、紙や粘土で模型実験を簡単ながらやってみたりした。あるいは資料館を照射する夜間照明台のコンクリートのデザインを油土で検討したりしたが、どんな具合にできあがるか心配でもある。ここに採録されているスケッチその他は、卓上に散らばっていたものを研究室の人たちが拾い集めて、はりつけてくれたものとか、古いエスキース・ブックの余白を利用してかきなぐった六、七冊ばかりの中から取り出してくれたものである。ご用済みで行方不明になったものの中にも、思い出にのこるものがあるのかもしれない。

このような私のかき集めスケッチや粘土習作は、設計上の即決戦の場合にかぎられるであろうが、一方、年に一回、建築の内的生命というものを少しでも豊かにしたいため、自分が対決している建築観を絵画化する訓練を怠らないように努める方法のしるしでもある。私が自称する六月画家とか七月画家とかいうのはそのことである。外の眼から見れば、単なる画家気取りのまねごとのように思われるかもしれないが、私にとっては精神的要素を建築に投入する準備訓練の大切な勉強だと考えている。こんどの設計にも、精神の信仰的な滲透を深めるため永年つづけている七月画家の仕事が、どんなに私の上に価値多いものであったかをつくづく感じている。

去年と一昨年には、殉教者追慕の心を養いたいと考え、「殉教者」「殉教地回想」「望徳の壁」「聖体ランプ」「栄光のロンシャン巡礼聖堂」「ガウディ幻想」などを三越のカトリック美術展に出品したが、さいごの二点の主題は建築家としての私の精神を最も大きく動か

（右）「望徳の壁」
パステル画
1960年8月30日
（左）「信徳の壁」
スケッチ画
日付なし

している作家を対象としたものであるから、どうしても描かざるを得なかった。現代の美術批評家からさえ、〝奇怪な建築家〟という言葉を与えられているガウディは、私にとっては四十年来建築上の父とも思っている作家である。そして彼の造形、機能、信仰の精神を私なりに現代建築の中に織り込んでみたいと念願したのである。

また機能主義時代を画期的にクローズ・アップしたル・コルビュジエにしても、その後の成長は次第に彼を内面的な造形精神へと転化させ、さらに一九五〇年代以後は彼の最大の傑作であるロンシャン巡礼堂の誕生によってはじめて宗教建築との接触がはじまったのである。ドミニコ会の修院などはその一連のものに属するであろう。ル・コルビュジエが世代を異にしたカトリック建築家ガウディと平行の路線をたどって、宗教精神同伴の転機に来ていることを強く感じるのである。あるいは輝く星ガウディをめざして前進するル・コルビュジエの俤《おもかげ》を私は想像さえする。

信仰の人ガウディの文献研究と併行して私は、ガウディ精神の内面的なものに実証的にぶつかってゆくのも研究の一方法だと思い、長崎のこの仕事に陶片モザイクをより深く勉強したいと思っている。資料館の東側「望徳の壁」や、西側の「信徳の壁」などのスケッチ画はその小さい野心の所産でもあろう。

「望徳の壁」のモザイクは図書館入口の路面と接し、多くの人びとの眼に触れやすいところであり、朝光の静けさと対応するよう、おだやかな日本調にしたが、なかなかむずかしい仕事である。この壁面下部にキリストのシンボルである魚を主題とした一メートル大の石彫をデザインしたが、これだけは実現することが可能であろう。

「信徳の壁」には巨大な十字架を中心にして、天使、聖霊の賜、聖心、火焔などの他に、

記念碑前の石象嵌スケッチ　1959年8月26日

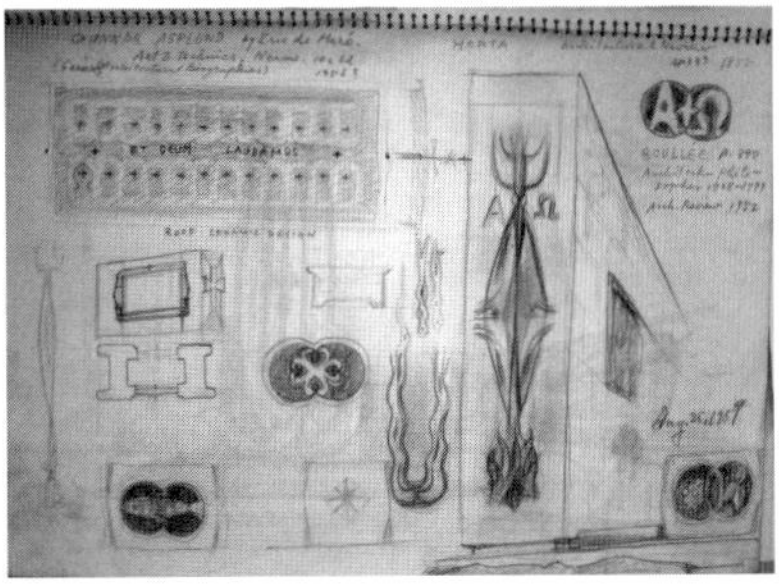

記念碑脇の「火焔の中の十字架」浮彫スケッチ
1959年8月25日

殉教者二十六の十字架群を下段に配し、殉教地と相対する稲佐山からの遠望を主とし、考慮に入れて描いた。

記念碑の方は史蹟保存会側の単なる長方形の幼稚なデザインであったが、大きい変更が許されないのは残念であった。それでも少し気になるので碑の右端に殉教者の勝利を意味するパルム、左端に聖霊と十字形象を火焔の上に配して浮彫化し、造型感を少しでももり上らせようとした。なお、碑の前方舗石の石象嵌や現存する殉教の丘をかすかながら記念碑の側面に彎曲の石畳で直結させ、その上に自作自演の焔彫刻を試みた。碑と彎曲石畳との連繫の発想は、殉教者がかつて殉教の血潮を流したこの丘のことを思い浮べたからである。碑の背面は、資料館側へ入る中庭を形成するので、そこに殉教者たちが京都から西坂までの苦難の経路を意味する「葡萄の房」の象徴化を思いついた。二十六の粒よりなる葡萄房と二十六の十字架群を殉教の鮮血のように構想し、その両端を縄紐状のモチーフで結んだブロンズ彫刻がそれである。

小聖堂の高塔は長崎という地勢を考慮に入れて設置した。この塔頂から塔脚へと典礼色に準じた陶片モザイクを張り、コンクリート肌と陶片との密度変化、併せて色彩のリズムをねらってみた。この彫刻的表現がどこまで成功するか、完全には予想できない。

資金の関係で廃止になった地下のローマ殉教者の遺品室の構想は、これもまた心残りのするもののひとつである。日本二十六聖人の遺物を供える室の直下に設置して、東西聖人殉教精神の交流をはかり、一束の光が日本の殉教記念室の床を通してローマの殉教者の記念室にさしこむように考えたのであった。ことに、ローマ殉教者の天井部の造形に意を払ったにもかかわらず経費の関係でとりやめとなり、私としては惜しまれるものとなって

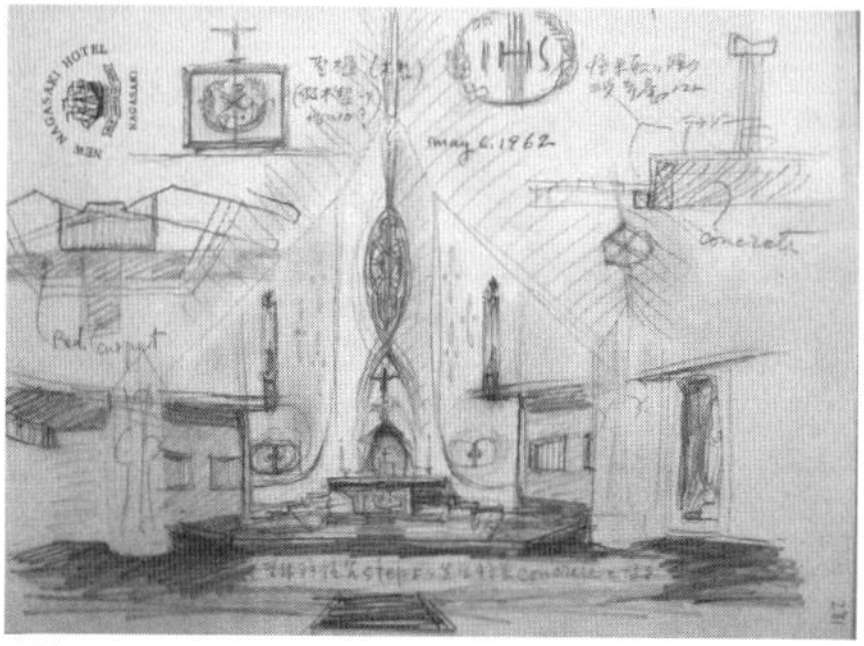

祭壇スケッチ　1962年5月6日

しまった。

だが、ガウディのことを顧みれば失望などいってはいられない。独身で逆境を貫き通し、典礼芸術に自らを捧げ、未完成の大聖堂をのこしたまま不慮の死をとげた彼、創造精神のたくましい苦闘の連続である彼の足もとに一歩でも近よれたものではない。このことを、長崎の今度の仕事でしみじみ体験し得たのはせめてもの幸であろう。

〈一九六一年二月五日　日本二十六聖人の祝日に〉

（『建築』一九六一年三月号）

長崎だより――日本二十六聖人殉教記念建築現場の寸描

私がこの長崎の地を初訪問したのは戦後のことで、今から十年も前のことでした。亡妻の俤《おもかげ》を追って、カトリックのゆかり深い土地環境に触れて見たかったからです。浦上天主堂の痛ましい原爆の犠牲の生々しい残骸に接したのもその頃でした。その後、偶然の機会から日本二十六聖人殉教の地、西坂に記念の建築施設を設計することになり、ここ丸四年半は毎年しげく往来しておりますから、長崎は私にとって今では信仰上の故郷のようです。そして、この聖人たちとの霊的交渉が自然に深まり、貴い体験となるでありましょう。

資料館「信徳の壁」細部

窯元巡礼

過去三年間大学の夏期休暇も全く返上して研究室にこもってばかりいましたが、長崎の工事も今年からはじまりましたので、休暇半分だけは設計上のことで研究室生活をつづけました。そして八月一日から日本二十六聖人殉教記念資料館のフェニックス・モザイク（自分はこのモザイクをそう名付けております）を制作準備のため一行七名とともに旅立ちました。先ず知多半島の常滑焼の窯元からはじまり、瀬戸、織部、泰山タイルなど、そして滋賀県では信楽焼火鉢の窯元を訪ね廻り、聖人にゆかり多い京都の土地の陶片を数多く集めることができました。しかし、連日の猛暑で同行の研究室の若い人たちが次々とやられるのには大変気の毒でした。京都を離れた車中で広島原爆記念日を迎え、暑熱のなかを一路九州へ向かいました。

かつて二十六聖人が辿《たど》られた土地土地の窯元を訪ねながら九州での陶片蒐集に努め、最初に福岡の高取焼の陶工の窯場へ行き、二十六聖人に捧げる陶片モザイクについて相変らず説明しなければならないのですが、疲れてしまった私は同行者の一人に説明代理の救援を依頼しなければならない程でした。私たち一行の瞳はバタ屋さんのようにいつも下ばかりを見ながら、窯場の土中にきらめく陶片のいくつかを探し出すことでした。たまたま窯片の大塊が漆のような光沢を帯びているのを掘り出した時には、これを押し載いてよろこんだものです。私は十年間も千度をこえる火熱に耐えつづけて来たこの窯片を、殉教者のシンボルとしてモザイクの一部に投入したかったからです。このようなバタ屋風情の私を陶工はどう推察されたかは知る由《よし》もありませんが、謙遜な人柄とその対話ぶりから私たちの仕事に情熱を投じているようにも感じて嬉しく思いました。私どもを四畳半の茶室風の

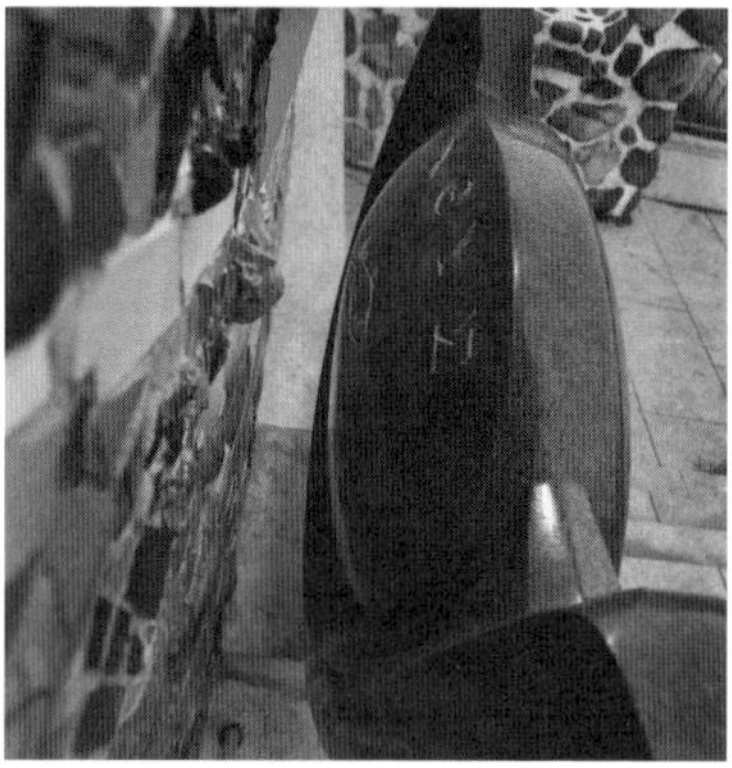

資料館「望徳の壁」の石彫

＊中里太郎右衛門（無庵）（なかざと たろうえもん むあん）1895-1985　唐津焼陶芸家。第十二代。

＊酒井田柿右衛門（さかいだ かきえもん）1878-1963　江戸前期以来の伊万里焼の陶工。第十二代。

部屋に招じた陶工は、先代の父の遺愛の作品を示しながら陶作というものがいかに苦悩を同伴するものであるかを語ってくれました。「どんなに立派なものを焼きあげようと努力しても窯から取り出すまではただ心の願いだけで、後はすべて天命を待つばかりです。ですから謙虚でなければこの仕事に従事出来ません」と。私ども建築家が日頃考えなければならない心境をこの陶工から伝えられ、まさに同志を得たように感激し、思わず私の研究室の若い人たちを顧みてしまいました。

佐賀県の唐津では唐津焼の陶工中里＊氏宅を訪ねた際、日本二十六聖人が長崎西坂の処刑場に連行された道中に当る旧長崎街道筋に、朝鮮渡来の古唐津焼の飯洞甕が史蹟として保存されている故、是非立寄るようにと北波多村役場に電話連絡をしてくれました。北波多城跡鬼子岳の麓の奥深い山中に横たわる熱火に耐えつづけた窯片の美しい肌に心躍るを禁じ得ませんでした。二十六聖人が天主を熱愛してこの窯場のあたりを通り過ぎた、その足音さえ聴えてくるかに思われました。遠くせばまりゆく眼前の長崎街道の静まりかえった谷間の起伏の中に消えゆく二十六聖人の俤《おもかげ》をも想像されて胸のつまるものを覚えました。ここで採取した窯片は殉教記念碑の後壁に挿入してみたいと考えております。

さらに山深いところに位置する伊万里の鍋島焼（御庭焼）の窯場を訪れ、多くの窯片を集めることができました。私たちはいよいよ佐賀県からお別れして長崎県に入り、波佐見の白山陶器工場でフェニックス・モザイク用のグッド・デザイン器を選択し、その足で再度佐賀県下の有田焼の著名な窯元十二代酒井田柿右衛門＊の窯場をも訪ねました。ここは先年伺った気安いところであり、土蔵風のナマコ壁の陳列所が古松と柿の古木の中にその素朴な姿を見せていて、巨匠の家柄にふさわしいのが印象的でした。ここで分与していただいた柿絵の大皿は資料館の東壁に挿入してあります。

大量のモザイク用の各種タイルの選択準備のため、有田のタイル工場に立寄り、工場の裏山で照りつける太陽の下に日傘をさして、十数人で長時間選別するなど全くの苦闘振りでした。日本二十六聖人の苦難の行路のひと時を回想しては、皆で「聖人並みだね」と冗談を飛ばして痩我慢《やせがまん》をしたものです。これで私たちの窯元巡礼は完結して殉教地長崎の西坂へ辿りついたのは、奇《く》しくも長崎原爆記念日で、光栄ある酷暑酷熱の旅を終わったのであります。

東邦商事ビル屋上モザイク
「糸車の幻想」

モザイクの制作

待望の資料館東壁のフェニックス・モザイクの制作作業がはじまりますので八月二十五日再度長崎行を決行しました。同行者は私の研究室の画家と図案家と建築家の各一名に私を加えて四名です。参加する職人衆は既に大阪市内の日建設計工務の設計、東邦商事ビル屋上に一大フェニックス・モザイク壁画を制作した時、一緒に働いた京都の職人衆ですから、訓練済みなので私にとっては安心でした。長崎滞在は十日間位の予定でしたが、仕事の進行が思うようにゆかず十五日が二十日となり、遂に一ヶ月という長期滞在となってしまいました。それも怠けての結果ではなく、全く正味不眠不休の重労働の末のことでして、これも二十六聖人への捧げものの仕事ですから、これ程のことははじめから覚悟の上のことでした。一ヶ月も滞在していますと、長崎へ留学に来ているような親近感が生れてきます。千人以上も収容しそうな中町のカトリック教会にもたびたび御ミサをさずかりに参りましたので、自分の所属教会のようにさえ親しさを覚えますし、毎日宿から西坂の現場通

「信徳の壁」の前に立つ
今井兼次

いの往復ごとに、ロマネスク風のこの教会の尖塔が長崎市街の聖化の象徴のように眼に映ります。やはり長崎のような環境には塔の存在は宗教的雰囲気をかもし出すのに必要条件でしょう。

フェニックス・モザイクの仕事振りはこんな風でした。毎日三十五度以上の暑さですから下シャツ一枚と作業ズボン、それに鉄カブト、或いは運動帽といったちょっと凄い風貌で、若い職人衆より数階級も下の老兵そのもののようです。その御蔭のせいか、手伝いの婦人労務者からも御近所のおばさんや子供たちからも、気安い言葉をかけられ愉《たの》しいものでした。指導係の私は、足場の上方にいる研究室の助手諸君や職人衆への号令伝達が役目ですから、声はだんだんかすれるばかり、仕方なく紙製のメガホンを使ってみたがこれも駄目、とうとうポータブルのスピーカーを買って貰い、一日中号令をかけましたが、へとへとに参ってしまいました。一寸早慶戦の応援リーダーよりもシンが疲れてしまうようです。対職人衆との試合は連日一ヶ月にも渡って日没までつづくのですから、たまったものではありません。

製作中の東壁モザイクは西坂の道路に直接展開していますから、ここを通る人々の眼に一番よく触れ易いと思って比較的陶片の密度を高くしました。それがために手間日数が倍加して私の長崎滞在一ヶ月が決定的なものとなってしまった次第です。この東壁は聖人の徳を讃えて「望徳の意義」を表徴し、併せて殉教者の精神に応えるようにしました。

そのモザイク壁画の主たる構成要素はキリストの神秘体、即ち神秘的樹、超自然的生命を与える聖体、並びに超自然的希望を表す暁の星、そして殉教の血のリボンのこの三つであります。これらが互に照応しながら、その他の伴奏的諸モチーフを総合しております。

記念碑脇の「パームの葉」

道行く人たちは足をとどめていろいろと号令者の私に質問します。この建設地が殉教の聖地であることを知らない多くの長崎の人々がおられるのに心細くなりました。「この建物は何の建築ですか」とか「あの壁画は何の意味を表しているのですか」と。後者の質問はモザイクが私だけの意中でいとなまれたのですから、神父さんでも一寸首をかしげて説明して下さいといわれますから、通りがかりの人には無理はありません。それに比して海外からの観光外人の方がよくこの資料館のことを知って現場に来るようです。現場で生まれたエピソードの二、三を拾い挙げてみましょう。

（A）ある朝のこと、中年の外人女性二人が私たちの仕事ぶりの前で七分通り張りあげたモザイクを眺めておりました。アラレもない姿の私を捕えて「この建物はメキシコの教会ですか」「否、殉教者の記念ムゼウムです。ブロンズの扉はメキシコから送られて参ります。チャペルの方は向側に建ち、これから工事にかかります」と話せば、大悦びでチャペルの現場の方を眺めながら、互いに婦人たちはよろこびの笑を浮かべていました。そのうちに「このモザイクは誰のデザインですか」と追打ち質問に出て来たので、「私です。私はもともとこの建物を設計した建築家ですが、彫刻も絵画もいたします。ちょうど現代日本版のミケランジェロのようなものでしょう。」と笑って答えれば、彼女たちも声を挙げて大笑いしてよろこびました。その中の一人からモザイク・デザイナーの貴方と一緒に写真を撮りたいとせがまれ、私のモザイク画稿を手にしたこの婦人と私は仲よく並んで仲間のカメラの前に立たされてしまったが、老兵の失礼な姿と前に並んだ女性は今頃写真を見てどんな感懐を持っていることでありましょう。この二人の女性はもちろんメキシコの方でした。

聖堂　聖母奉献の塔頂部

（B）正午近い頃、路傍に佇《た》つ七十歳位の質素な庶民風の老人が親しげにモザイクの仕事振りを眺めていましたが、急に柔らかい言葉使いで、「火鉢をお使いのようですが私の家に大火鉢が少々欠けて使用しておりませんので、もし御使い下さるならここへ持って参りますが」と。私は頭をさげて「いただかして貰いましょう。御親切さまに、ありがとう。今まで幾度も長崎の方々に聖人を記念するため、不用の陶片が御家庭にありましたら、一つで宜しいからお分け下さいと所望しても、なかなか手に入らないのに、貴方の方から申し出下さるとは、私にははじめてのことですよ」、と述べて別れた。やがて午後の最も日照りの激しい時、汗を流して大火鉢を背負って来た初田というこの老人の心情とその行動をありがたいものとして私の記憶に残しています。

（C）私が長崎の神父さんに「カトリック学校の生徒さんの家庭から不用の瀬戸物をお集め下さるように」とお願いしたところ、そのことを伝え聞いたある外人校長が「こわれ物はお安いことです」といって沢山の茶腕のカケラを届けてくれ、大だすかりをしました。

（D）長崎行の前夜、東京で新派の俳優伊志井寛さんから貰った紹介状を持参して、長崎の著名な料亭花月に出かけ、モザイクのことを女将に話したところ、早速翌朝不用の美しい器を現場まで届けてくれた心使いには、感謝の言葉もありませんでした。「おはずかしい品で御座いますが貴い建物にお役に立ちますなら、お使い願いとう御座います」と。

これら長崎在住の僅少の人々の理解によって殉教者表徴の建築意義をいささか高めることに役立ったことを心からよろこんでおります。

稲佐山に面した資料館の西壁は「信徳」を表徴するモザイク構想にしました。人類のために罪を償い給えるイエズスの犠牲をシンボライズした巨大な十字架を主体とし、その下

＊ロザリオ
イエス・キリストおよび聖母の喜び、苦しみ、栄えの十五玄義を黙想しつつ唱える〈ロザリオの祈り〉を数える珠数。

資料館「苦しみの第一玄義」の陶片モザイク

部の灼熱する火焔の中に二十六聖人の十字架群を配してみました。それらの伴奏には、天使や勝利の葉、そして殉教の血潮が抽象化されております。

南側正面の中庭に面した十五の壁間のモザイクは今までの構想を変えてロザリオ＊の十五玄義として滞在中デザインしました。この壁画は「愛徳」を示しています。下段五面を苦しみの玄義、中段をよろこびの玄義、上段は栄えの玄義。そして紫、緑、白の典礼色をもって識別しました。この構想は自分に容易な業ではないと知りながらも即製で実現してしまい、今更苦慮しております。もともとこの壁間と北面のものとは、こまかい縦格子《ルーヴァー》の奥にあるので十五玄義の全貌は不可能であり、歩みにつれて目前の上中下の三連のロザリオの祈りが微かに一緒に眺められることになりましょう。私の願望は二十六聖人がこの格子のある屋内で聖母の愛を讃え、ロザリオの祈りを捧げていることを想像し、聖人たちのかすかなその祈りの声が格子を通して私たちに洩れ伝わるように、との私の発想から考えたのです。私のような力ではとても叶えることは不可能でしょうが、でもそのことを願うことだけは赦されると思ったからです。

北面の壁間にはこのロザリオの祈りに照応させて二十六個の星をモザイクで示しました。

大学の方も授業がはじまっているし、私もガンジー翁のような相貌となってしまうし、望徳の壁は一応終了し、十五玄義の二、三の制作も指導作成されましたから、二十五日の全日空機で急いで帰京することになりました。その前夜にあたる九月二十四日には中秋の名月を長崎で迎えることが出来ました。食後一人宿を抜け出で、西坂の静まりかえった現場で月光を浴びながら、二十六聖人のこと、パスカルのことなど瞑想して、私が一番愛好している西坂のわずか五十メートルの坂道を幾往復したことでしょう。この記念建築の諸施設が完了したならば、西坂のこの附近の煩雑な姿は一掃されて、西坂は新しい殉教記念の建物の間に新しい生命をもって誕生することでありましょう。まさに西坂の聖なる復活ともいえると思います。そして殉教者を讃え、信仰への希望を与え、浄き瞑想に適《ふさ》わしい場に変貌するのではないでしょうか。

望徳の壁のフェニックス・モザイクが夜の灯に照り映えて、星のように小さく、また玉虫の色のように超自然的神秘の輝きを放つであろうことを、私の心は私に語りつづけてくれます。

〈一九六二年二月五日〉

（『建築文化』一九六二年三月号）

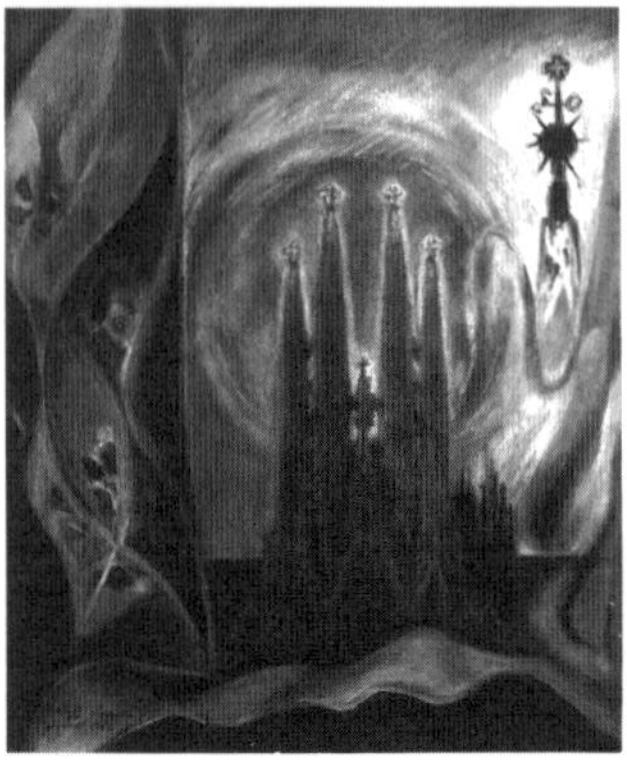

「ガウディの幻想」
1960年6月25日

ガウディ精神の映像と私

建築家アントニオ・ガウディ（一八五二—一九二六）の作品を私がバルセロナに訪ねた一九二六年ごろの近代建築界の情勢下にあって、彼の作品はほとんど世界の建築界から忘却と嘲笑にしか値しなかった。機能主義華やかなころに訪れ、今もなお建築界に多大な影響を与えているコルビュジエ・ブームが、にわかに今日ガウディ・ブームに置き変えられつつあることに私の大学の建築学生たちはいささかもてあまし気味のようでもある。しかし、世界の建築界から久しきにわたって埋没していたガウディのはなばなしい台頭を多年心に描き続けてきた私は、バルセロナのガウディ友の会の人々とともに、この傾向について互いに慶賀の喜びをわかつであろう。

　私がはじめてガウディの作品をその地に訪ねて大学に戻り、ガウディに関して学生に語り続けてきたことも、今となって無駄ではなかった。当時私は建築計画の講義中、北欧の建築家ラグナール・エストベリ、スイスのルドルフ・シュタイナー*やアントニオ・ガウディなどの作品をあげて、建築家のヒューマンな精神、建築の生命感など、これら世にかくれていた作家を通じ、若い建築学徒の心を鼓舞したものである。このように脱線的な講義を建築計画の中で私が行なっていることが主任教授の耳に伝わり、お叱りを受けたエピソードまであった。

　日本におけるガウディの注目は建築家よりもむしろ美術家や美術批評家の側により早く取り上げられたが、それは現代の芸術をはるかに越えた迫力を彼の抽象芸術の中に発見し、これに圧倒されたかからのように思われる。このように美術家たちの間にガウディへの関心が払われたが、彼らはガウディの芸術を彼らなりに解釈して、それを異状なる芸術としてのみ見る傾きがあった。昨年十一月来朝したスペイン文化使節、コラール博士が同大使館の招待レセプションの席上、私に親しく話してくれた次のことばを思い出すのである。「美術専門家たちは、ガウディを単に異色ある芸術家として考える習性があるが、それは彼を誤りやすい。彼が気高い建築芸術家であることをまず知らなければならない」と。

　海外の建築家たちが、ガウディに関心を寄せるにいたったのは、これら美術家たちよりはるかに遅く、一九五六年バルセロナのティネル・サロン*で催された彼の遺作展以来のことである。これを契機として国際的反響を呼び、アメリカは同展の一部を招致し、

＊ルドルフ・シュタイナー
Rudolf Steiner, 1861-1925　オーストリアの思想家、建築家。代表作「ゲーテアヌム」

＊ティネル・サロン
カタルーニア州庁舎。サン・ジョルディの間。

一九五七年末から一九五八年初頭にかけて、ニューヨーク近代美術館でガウディ展を公開した。そして、ガウディのイメージはながくアメリカの地にとどまり、併せて彼の創造性が世界化される方向をたどっていったのである。しかし同展の期間中、ガウディに関心を持つ著名な建築家や芸術家・批評家を中心とした講演と討論の会が催されたが、ガウディの芸術に対する敬虔な宗教的態度を知らずじまいであった。展覧会においても「ついに」と、このようにガウディに真に心を寄せている人々は、同展におけるガウディの宗教的意図に彼らが少しでも触れ得なかったことを惜しんでいる。だが「ガウディの建築はいずれの構造または表面にも感受されることのできる内面的生命の特殊な感覚を与える」との発言がなされたことは私の興味をひくものである。

最近マンネリズムに陥りつつある現代建築の傾向を、われわれは安易に見すごしているのではなかろうか。そして、現代に対する反省と抵抗とをこのようなところから汲みとるべきではなかろうか。これらのことを心に入れて私は長崎の仕事に打ち込もうとしたが、その企図は私のようなものにはとうてい不可能に近いかも知れない。そこで私は、彼の造形面の一部分である陶片モザイクだけでも取り上げ、それを懸命に研究追究することによって、ガウディが所有する建築の生命感を少しでもとらえてみたいと考えた。そして、ガウディが成しとげたモザイク芸術を実践的に展開することを決意したのである。

千葉県大多喜町役場のものは、その前奏曲にすぎないが、その中に内面的なものがほのかに得られたように思っている。

さらに私は陶片モザイクの実験的研究を増大するため、大壁面を借りてその追究を進めることにし、それと対決することを開始した。昨年一年間、私は東洋女子短大（東京）、東

「信徳の壁」のモザイク部分

＊渡辺吉徳（わたなべ よしのり）
1898-1981　ドミニコ会カナダ管区司祭。

＊ヨアン・バプティスタ・グラウ・イ・ヴァレスピノス
Joan Baptista Grau i Vallespinós, 1832-1893
スペインの聖職者、考古学者。

邦商事ビル（大阪）、最後に私の最終目標である日本二十六聖人殉教記念資料館（長崎）の三大フェニックス・モザイク（私の陶片モザイクを私はそう名付けている）の制作に全力を注いだのである。

その制作期間中、酷寒と酷暑の厳しい気象条件に直面し、精魂つき果てるまでの肉体的、精神的労苦を伴うものであることを、私の研究室の人たちとともに身をもって体験したのである。

かかる体当たりの研究制作により、はじめてガウディの陶片モザイクの制作面における苦悩と努力が、いかに言語に絶するものであったかを現実に知ることができた。そして、ガウディの建築芸術の全貌をより深く理解する端緒ともなった。彼に関する文献的研究と並行して、この実験的研究が成しとげられたことは私にとって貴重な賜である。

私はこれらの研究の背後に支えとなっている諸条件を考えてみなければならない。それは私がガウディと同じカトリックの信仰の貧しい持ち主であり、妻を失って以来ながく家庭的孤独の境涯に置かれたままであること、研究室の温かい人間的結びの中に包まれながら生活していること、そればかりでなく、過去十年間終始私の分身となり、ガウディ友の会の支援と激励に答え続けてガウディ研究のあらゆる名著を訳了されたドミニコ会神父渡辺吉徳＊氏の存在が、私の貴重な霊的支柱となっていること。これはアストルガ司教バプティスタ・グラウ＊師の存在がガウディに対する無上の霊的支柱であったごとくに、さらになお長崎の殉教記念建築の内部仕上げが資金面の不足から、未完成のままある期間残されることなどである。このようなガウディとのほのかな相似のことがらが、私をますますガウディの内面性に引き入れ、建築芸術家の究極の理想像として私の真正面にその姿を現わしてく

記念碑側面
「火焔の中の十字架」

る。

長崎の仕事は、ガウディのイメージを投入する一つの機会を私に与えたばかりか、新しき中世の誕生に希望を注がせてくれたようである。もちろん私の思うようにはならなかったけれど、宗教的リズムに従い殉教記念碑を主体とし、資料館・殉教記念の小聖堂・神父館などを配し、典礼芸術を表徴的に随所にちりばめ、信仰の意図を具現するにつとめた。

例えば、長崎市の殉教史蹟保存会の手で設計された記念碑の、つめたく堅い意匠表現を修正するために、碑の両端に殉教者の勝利の葉《パーム》と殉教の表徴として火焔の中に立つ十字架の浮き彫りを添えてそれを柔らげたり、碑の背面には二十六聖人の殉教経路を葡萄房と殉教の血潮を示す十字架群とともに石塁のなかに表現するなどした。また記念碑と資料館とを結ぶ庇を殉教の橋と名付け、そのフェニックス・モザイク面に「殉教者の元后*われらのために祈り給え」とのラテン語が象嵌されてある。資料館の西・東・南の壁面のフェニックス・モザイクは、対神徳の信・望・愛の三徳に捧げ、北面は二十六個の星によって、これらの壁面に照応させている。その他殉教の柱、聖母の天蓋、キリストのシンボルを刻む彫刻など、自作自演の典礼的表徴が散在している。未着手ではあるが、殉教記念小聖堂の双塔は高さ二十四メートルの動的表現のものとし、聖母と聖霊とに奉献するものである。(これらの宗教的表徴が、どのような成果を与えるかは今のところ私にはわからないが、)私の唯一の願いはただ神の摂理に従って、日本二十六聖人の殉教の心を歌いあげることだけである。そして、私のこの仕事の背後で、いつまでもガウディの人間像と精神的イメージが私を凝視し励ましてくれた。

私の個人的な切なる願いにより、バルセロナのガウディ友の会から一九六〇年にクリス

*元后
聖母マリアをさす。

*クラウス・ルーメル
1916- イエズス会司祭。

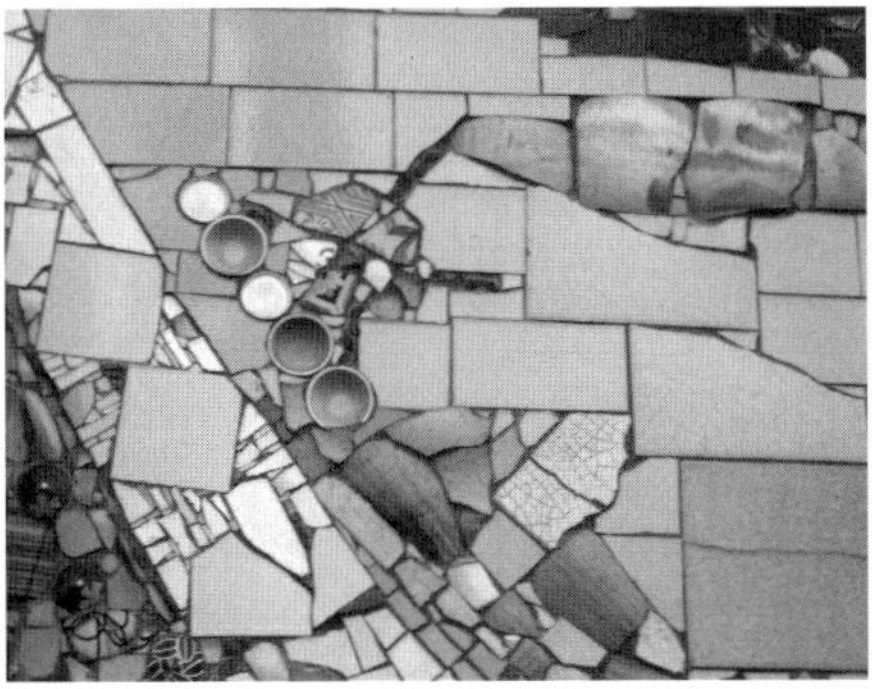
ガウディの陶片が挿入された「望徳の壁」部分

マス・プレゼントとして、私にまで贈呈されたガウディの陶片の数々が、資料館の望徳の壁に挿入されているのも、私の心に結ぶガウディ精神の映像を暗示するものである。

（『ジャパンインテリア』一九六二年四月号）

第九シンフォニーによる発想（設計者の弁）

今から五年ほど前のことであった。この建築設計の当初、私がある感懐を抱いたことを思い出すのである。それは、この建物の全配置計画の中に殉教精神を賛えるのに、音楽的旋律によって内容を統一してみたいと願ったことである。そのことを一夕、上智大学院長ルーメル*神父に語ったところ、同神父の熱意ある賛同の言葉に励まされて、私はこの意図を最後まで持ちつづけられたように思う。この建築の中の宗教的律動感、それは私にとって祈りでもあり、願いでもあったし、詩でもあった。

私が建築家としての若い誕生の世代に親しんでいたベートーヴェンの第九シンフォニーは、私の処女作の貧しい設計と現場生活のうちに限りない激励となったのが端緒となり、苦悩を越えてのかすかな歓喜を味わう機会が私の心に訪れた。それ以来、建築のヒューマニゼーションを歌い上げることに喜びを持ちはじめ、そしてそれによって建築家の生涯を終始しようとした。しかし当時の建築界の情勢下にあっては架空の一理想像にすぎなかっ

記念碑のブロンズ像（「昇天の祈り」舟越保武作）

たであろう。それにもかかわらず、よくも四十年後の今日までその願望を持ちつづけられたことよ、と自分ながら回想するのである。

私の四十年代は戦争と平和との課題に悩み、五十代にして肉身の生と死の悲境に遭遇、六十代に至ってようやく再起の態勢となり、あわせて学窓の若き学徒からの血液を多分に受け、これを再燃させながら、日本二十六聖人記念館の設計に挑んだのであった。そのことは私が二十代で体験した若さの再現であったかもしれないが、いつも私の精神的潤滑油であったアントニオ・ガウディの恩恵は私の生涯を貫く最も尊いものであったことはいうまでもない。私が建築設計の初心の頃に摑んだ宗教的律動ともいうべきものを、このような径路を経てこの記念館の設計に導入する試練の場として与えられたその恩恵に感謝せずにはいられない。

ベートーヴェン、その人とその芸術を憧憬するあまり、その最大の作品である第九シンフォニーに陶酔し、その宗教的感動をいくぶんなりとも建築作品の上に影響させたいと願うことは、別に不自然なことであり不遜な行為だとは私は思わなかった。私どもの理想像としている巨大な芸術家がわれわれに遺してくれた偉業の中にその精神の落穂を拾うことは、私どもに許されるべきことであろう。

では、私のおぼつかないシンフォニックな建築思念とはどんなものであったろうか。盲楽の私が単に感覚的に受けた第九シンフォニーの展開をその楽章の編成にもとづいて、建築群をいささかでも結ぼうとしたにすぎなかった。たまたま他の土地から長崎を訪れる人々が、或いはまた、長崎在住の人たちがこの殉教地を意識し、或いはしないにしても、その遠望の中にあるささやかな建築群の全貌のプロフィールに一応誘われ、それらの目標

＊ヨハン・ヴォルフガング・フォン・ゲーテ Johan Wolfgang von Goethe, 1749-1832 ドイツの文学者、詩人。代表作『ファウスト』

資料館正面出入口扉

石塁碑「葡萄の房」

に近づいてゆくと考えたらどうであろう。彼らが殉教地の記念碑前にたたずむ時、各人各様の感懐に誘われるにちがいない。かよわい三少年を含む二十六聖人の「昇天の祈り」のブロンズ像に瞳をやれば、絶望の淵に沈んでいる人々への反省と理解と迷いとが、一瞬それらの人たちの心のなかに闘争の姿となって現われ、動揺と反覆の作用を起させないではおかないであろう。私はここでゲーテの*「闕乏《けつぼう》に堪えよ、忍べよ」の言葉の幕を通して、第一楽章の趣を読みとりたかったのである。

　彼らの歩みは重いであろうが、静かにこの碑の意義を追求しようとして碑の裏面、中庭側へと足を運んでゆくかもしれない。碑の裏面が碑前面の清潔さに比して、一見放縦とも思われる急変ぶりに一瞬人々は戸惑うであろう。自然石の石塁からの重苦しい重圧感、そして殉教の橋を支える柱のきびしい律動感に……。京都から長崎への日本二十六聖人のかつての地上の苦悩と死の行程が石塁の中に荒々しく描出されているからでもあろうか。私はこの中庭を苦しみの庭と呼んでみたかった。だが、この中庭が単なる狂乱する重圧感のみで満たされることは、私にとって許容し得ないことであった。それは苦悩が同伴する殉教者の窮極の喜び、愛の渇望がそこに参加していることを示したかったからである。そして、ここに集まる人々の傷ついた心は癒され、勇気と奮闘の力は回復し、愛と希望とが祈りとともに現われはじめ、新しい歓喜の世界に近づいてゆくことであろう。この中庭は第二、第三の楽章にも似通うものであるかもしれない。

　資料館南面の正面出入口は中庭に面して開放され、石塁碑の浮彫「葡萄の房」と呼称する終端部の十字架形象に相対している。その出入口の扉に KYRIE ELÉISON「主よ哀れみ給え」と求憐誦を刻めば愛徳の表徴が強まり、なお、玄関内正面の壁面に目を注ぐならば、

資料館一般展示室

資料館特別展示室「栄光の間」

宮摺海岸にて私たちが採集した白玉石張りの中にブロンズの踏絵の聖母マリア像が象嵌されているのに気づかれるであろう。日本における殉教の初穂であるこの二十六聖人に最もゆかり深い愛と苦しみの形象との同時対面であり、そして人々のゆるぎなき信仰とその喜びとがきざしかけるであろう。

さて、一般展示室には、人間の営みも、よもおよぶまじと思われる巨大な自然の造形が、迫力を秘してところ狭いまでに、そこにその姿態を横たえているのを人々は見るであろう。殉教の勝利をことほぐ絶叫の姿を示すものであろうか。或いは殉教者の忍耐と剛毅の表徴であろうか。それとも神の祝福としてこの現実の世界に賜りしものであろうか。それは、まさしく殉教精神の徴《あかし》なる天与の巨大な楠の巌根《いわおね》である。そして、それを殉教者の霊魂に奉献しようと願う私ども建築家一同の手により、勝利の葉《パーム》と十字の印を小さくはあるが、この楠の巨根に鑿《のみ》で打ち刻んだのである。シラー*の歓びの歌詞「大いなる天の賜を得たる者、真の友の友たるの…」「万物皆歓びを自然の胸に飲み…」再び蘇えるのを覚えるであろう。

この比較的大きい展示室の空間は階段により高間にある特別展示室の空間に結ばれる。特別展示室は聖人の遺品の納められるところゆえ、限りない蒼空のような空間を求めたい意欲に私は駆りたてられた。やがて人々の心に熱烈な信仰心は燃えひろがり、神の恩寵の尊さに比すべきものの感得に到達するのではないだろうか。

このように私は信仰の響きを静と動との交錯のなかに求めながら、訪れた人々を西側の出口へ誘導してゆくであろう。稲佐山の遠望が手にとるようにその額縁の中に現われる。信徳のフェニックス・モザイクは大きくこれに対応し、救世主が与え給うた人類への愛の

＊フリードリヒ・フォン・シラー Friedrich von Schiller, 1759-1805 ドイツの詩人、劇作家。代表作『群盗』

聖堂祭壇側

犠牲を大十字架形象の中に見出す。

　彼らはしばし聖堂の双塔を望みながら中庭の西側をよこぎって再度記念碑の「昇天の祈り」の像の前にたたずみ、信仰の勝利、殉教の精神の気高さを自己の胸中に深く刻み、再確認の記念となすであろう。

　壮大きわまりない大歓喜の終曲部が近づくのはこの時である。聖堂の双塔の仰望が強く人々に迫るからである。「天の門」「天使の翼」「揺ぐ火焔」「シオンの糸杉」「御子への聖母の賛歌」「全地に満つる聖霊」などの宗教的表徴を暗示するであろう。

　双塔から、シラーの歌詞

相抱けよや、億万の人々よ！
遍《あまね》く世界にこの広き愛情を与えよや！
同胞よ――御空の上には
愛の父、座し給えり。
美しき神の煌《かがや》きなる喜びよ、
楽園に生まれ出でたる娘子よ。

の大合唱のどよめきに似通う感動を感得したいと、私の貧しい心が最後に願うのであった。

　建築とそれが奏る詩とを現実の建築に投入しようとした私の拙い試みは愚かな業と思われるかもしれない。それにもかかわらず今まで私どもに多くの励ましの言葉を与えて下

記念館聖堂
1963年2月16日

さった方々に改めてここに感謝し、あわせてバルセロナの親愛なるガウディ友の会より最近寄せられた通信の一端を掲げて今日までの、否、将来に至る私どもへの励ましに対し厚く謝意を表するであろう。
「今井教授の作品は重要性を示すものである。そして日本二十六聖人の作品の意味を。この総ては偶然のことではない。神のご計画の中に一致していることを真率に信じたい。一つのことを考えて下さい。日付の一致です。ガウディは一九二六年六月十日に死去した。長崎のモニュマンは一九六二年六月十日に除幕された。年においても同じ数字である。もちろん順序は変わっているが……もう一つのことはガウディの影響をうけた今井教授……。

われわれの会は霊的発光の中心にならねばならぬ……このガウディ、今井教授の結びは大きな超越性を持つものであろう。」

この通信文の邦訳が拙宅にもたらされ、それを読んだのは奇しくもガウディの生誕記念日、六月二十五日朝のことであった。

（『芸術新潮』一九六二年八月号）

双塔の宗教的表徴について——日本二十六聖人記念館聖フィリッポ西坂聖堂

長崎における殉教者を記念する建築は、宗教性をとくに強く帯びているだけに、それら

聖堂の双塔

をどのようにすれば表現可能であるかが、私に課せられた重要な問題であった。殉教という条件において、既存の殉教の丘と記念碑との相互の生き方も大切に考えなければならなかったし、また建築群の全配置に宗教的シンフォニックな律動感を与えて統一しなければならなかった。それら建築体に投入されている宗教的諸形象は、あらゆる環境空間や建築空間、ならびにその面構成のなかに数え切れぬほど多く含まれているであろう。一言にしていうならば、建築体にかかわる構成部分はことごとく宗教表徴の諸形象の展示そのものだと考えられないこともない。資料館内の殉教者に関する文献および展示品はいうにおよばず、建築体に属している表徴的形象を通して人びとが多くの理解を伴うことは重要視されてよいはずである。それらを理解してゆくには、ゆうに一日を要するのではないかと思う。これら諸形象が工事進行中の現場で次々と実現されてゆくごとに、教会の神父さんたちはもちろんのこと、通りすがりのいろいろな人たちから「これはなにを意味しているのですか?」と質問されて暇《いとま》ないのに驚くのであった。ここで私は聖堂双塔の宗教的表徴の意義のみを拾いあげることにしよう。

聖堂の双塔の表徴

正面向かって左側の塔は聖母マリアに奉献し、右側のものは聖霊に奉献したものである。もともと私が殉教精神を建築設計の当初に歌い上げようとした際、聖堂の全構成形態に殉教者を讃美する天使のイメージを心に描き、その双塔はその天使の翼の表徴と考えた。そしてなお、殉教の勝利をことほぐためにこの西坂の全地が聖霊の賜によってことごとく満たされるであろうことを願い、聖霊の塔奉献の理由となったのである。また建築群の宗教

聖母奉献の塔身

的シンフォニーの旋律化を企図し、ベートーヴェンの第九シンフォニーの第四楽章の終局のあの天地を揺がすかのような感動にあやかりたかったので、きわめてダイナミカルな表現を呈したのである。

殉教精神の発露の源にあるものは、神なる御父が世の罪を除き給う御方として、この地上に降らせられたキリストの愛の犠牲にほかならない。この記念聖堂もまたその精神において、この超自然的神秘体の存在と不離不即のものであることはいうまでもない。私がこの双塔に「天の門」「シオンの糸杉」「ゆらぐ火焔」「御子への愛の讃歌」などの想念を抱いたのもそれがためである。

この律動感をもつ彫刻的な双塔はきわめて困難なコンクリート施工であった。塔高十五・六メートルのものがコンクリート肌とフェニックス・モザイクとの併用であるうえに、その一体化の調和を計らなければならなかった。そしてその仮枠数も十五センチ間隔、百七十五枚に達したのであるから容易なことではなかった。そろそろ弱気に誘われはじめた私が、かえって施工者側の不退転の決意に支えられ、最後まで苦しみぬいて、ついに実現したことは私の生涯の感激であろう。

聖母マリアの奉献の塔、この塔は資料館望徳のフェニックス・モザイク面に近く、また愛徳の壁（ロザリオの十五玄義のモザイク十五面がある）にも間近い距離に建っている。御子キリストへの聖母の讃歌に合わせて人びとの祈りが、地上より天にましますわれらの御父へ伝わりゆくことを願い、「SANCTUS SANCTUS SANCTUS」（聖なる哉）の三連誦を塔身に刻んでその意図を満たそうとしたのであった。モザイクの色彩も白を主調とし、それに聖母の御悲しみと苦しみとを少しばかり表したいため、聖母マリアの着衣の色を連想しな

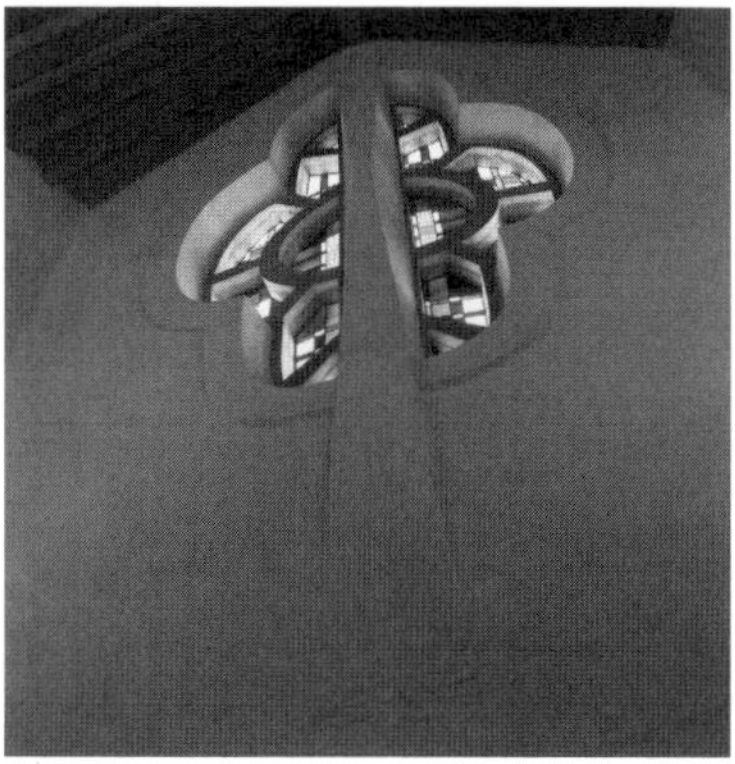
聖堂の窓

がら、私の好む藤紫を要所、要所に用いた。さらに、赤、緑、紫、白、淡紅、黒などの濃淡による十字、星、波動線や聖母マリアの表徴であるアヴェ・マリアの組合せ文字などの諸形象を帯同させつつ、頂端部の黄金色へと導かれている。塔頂の黄金色の部分は三位一体を表徴する白い三枝の間に直立し、その上に金属製の「神の勝利の王冠」を中央に刻み、その周辺に聖母マリアの表徴、十二の星が環状に輝くのを見るであろう。

聖霊に奉献の塔、聖母マリアの塔の頂端終結点より上方は、私どもの視界のなかから消えて蒼空のみにつながる。しかし私の想念の中には「天の門」としての放物曲線がさらにその上方にのびて残されているのである。そしてそこに見えざる曲線アーチが存在しているのである。双塔は見えざる幻想的曲線が描くアーチの両脚であり、アーチの頂点に神の座があると考えているゆえ、私はこの双塔を「天の門」とも名付けるのである。静夜、双塔の幻想のアーチの頂点に輝く一つの星を現場にて認めた私は表徴の意義を心から讃え、よろこび、かつ満足しないではいられなかった。

幻想的アーチ曲線は右方の聖霊の頂きへと導かれる。聖霊の塔の上端が視界に入るや、そこに聖霊のシンボルである七つの焔の舌に包まれた射光輪中の聖霊鳩が、下降の姿勢で輝くのを見るであろう。殉教者のシンボル、赤色のモザイクで彩られた塔頂は、三位一体の三枝を貫き、しだいに典礼色を織りまぜながらAΩの組合せ文字とともにVENI SANCTE SPIRITUS「聖霊来たり給え」の祈りの文字に応えて塔身は強い躍動感を呈していくのである。この塔の色調に比較的赤が多く眼にとまるのも聖霊の典礼色を強調したいと思ったからである。聖霊は三位一体の第三の位格であって、人間の霊的再生の慰め主であり、恩恵の施与主であられるがゆえに、地上のわれわれの清き願いと力とを叶えんため

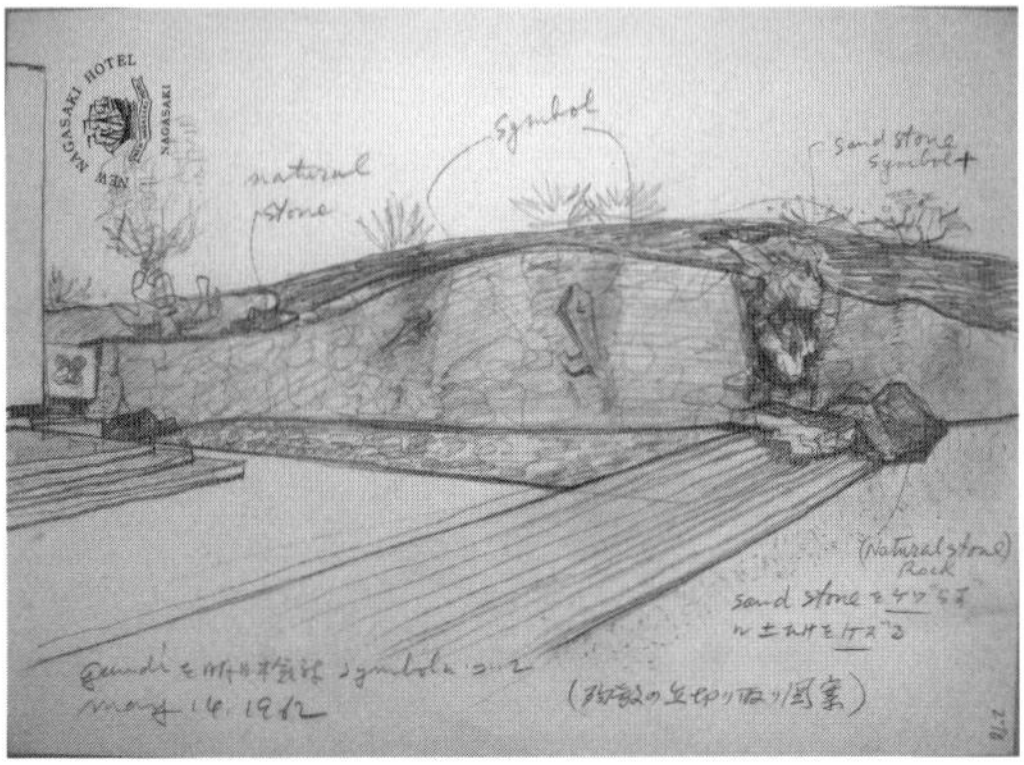

「殉教の丘」の図案
1962年5月14日

の、大いなる貴い存在である。

このようにして、「天の門」は殉教者のよろこびに、地上の人びとのよろこびが呼応して私たちの前に開かれているのである。そしてバルセロナのガウディ友の会からの最近の通信文に「新しい長崎の二本の腕の双塔は、東洋の地点から祈りと聖歌と詠誦と讃美と礼拝の恰好で天に挙げられている」と記して来たことを、私は今ここで思い起こすのである。

〈一九六二年七月六日〉

〈『新建築』一九六二年八月号〉

日本二十六聖人記念館の宗教的諸形象について

宗教的象徴のかずかず

記念館における形象の問題は、私にとって最も重要な課題であった。私はこの象徴の意義ともいうべきものを広範囲に考えてみたかった。建築群の統一を宗教的音律のなかに求めようとし、そして自然環境の空間、建築空間、それらを構成する面要素の中にこれらの象徴は生きつづけなければならないと考えた。たとえば、既存の「殉教の丘」と「記念碑」との血液的な一体化、苦しみの中庭、あるいは「反省の裏庭」などをも含んで、数限りなく存在している。

これらの中から主なる宗教的象徴を拾いあげれば、次のような多くのものを含むであろ

＊舟越保武（ふなこし やすたけ）
1912-2002　彫刻家。多摩美術大学教授。
代表作「笛吹き少年」

特別展示室棟飾

記念碑前の舗石象嵌

う。

記念碑（主体）正面、「昇天の祈り」ブロンズ像（舟越保武氏作*）、碑前舗石の石象嵌、海の石と山の石、碑両側面浮彫石彫、碑背面「葡萄の房」、殉教の「柱」と「橋」、「地獄谷の殉教熱泉」。

資料館外部　信、望、愛の三徳に奉献する「フェニックス・モザイク」、信、望、愛の「扉」三題、「聖母の天蓋」、「神の楽園」の陶板モザイク、キリストを表徴する石彫、棟四隅の葡萄唐草、槍型添柱。

資料館展示室内部　聖母子像の踏絵（未完）、楠の巌根《いわおね》、「祈る人とフェニックス」ラヴェンナ・モザイク（未完）、聖パウロの言葉、陶板モザイク、その他、未完成、未着手のもの。

特別展示室　殉教者の遺品櫃、屋根の中心棟飾り、外壁上部四隅のコンクリート彫刻「聖霊」、同裏庭廻廊、「冥想と反省」の庭。

聖堂　聖母へ奉献の塔、塔脚「聖霊の七つの賜」、聖堂入口ピロティ「四聖福音史家」モザイク（未完）、聖堂玄関内「殉教の縄渦紋」コンクリート・レリーフ、聖霊鳩形の窓、祭壇後壁「聖母の聖衣」等。これらの中には既刊の建築誌上に掲載したものもあり重複するので、ここではそれ以外のものをとりあげていきたいと思う。

記念碑前の舗石象嵌

これは工事着工前、資金の関係から抹殺されて私には心のこりがしてならなかった。幸いに他の部分をけずってこれを生かすことができたのは、何よりのよろこびであった。象徴として、縄の結び紋様と交叉の槍を中央に配して、両端に火炎と上下の外縁に当たる長

記念碑背面の石塁
「葡萄の房」

辺に流血の滴りとも思うものを添え、殉教の意をかすかに表わすことに努めた。

雨後の濡れ色の時と、夕映えの際の色調は、感動的なものを残すであろう。ことに西坂殉教地の夕映えは、古くから不思議な現象として、真紅の空が大地を紅く染めると土地の古老たちから伝えられているが、夕映え時のこの舗石象嵌の殉教の血潮のように、くれない化してゆく強い印象を、今もなお私は忘れることができない。

葡萄の房

碑の背面に私が象徴化した一造形である。苦悩とかすかな喜びを秘めた殉教の中庭に面し、そして殉教の「柱」と「橋」とに照応している。このデザインの発想の中にあるものは、二十六聖人が京都で捕えられ、長崎へ連行されて殉教するまでの経路を描くことにあった。右端に二十六聖人の信仰のしるしとして福田海岸（長崎）より採集した二十六個の玉石を綴って葡萄の房を構成し、それにその葉と、殉教者の剛気と勇気を表徴する槲《かしわ》の葉と実を刻んで添えてある。「きょうと」ならびに「1.4.1597」の年日が刻まれた環状石の端から、殉教者の苦難の路は長い荒々しくよじれてゆく切り石の帯となって、左端の十字架群に達してゆく。ここには現場で発掘された石臼を象嵌し、それに殉教地「ながさき、2.5.1597」の年日を刻んであるのに気づかれるであろう。十字架群は殉教の血潮の滴りのごとくにしたい、と願ったのであるが、それはなかなか容易なことではなかった。さらに、十字架群の像に小洞窟を設け、この内壁に十年間千度以上の火熱にさらされていた炉片でその内壁を仕上げた。私はこの炉片を殉教者の表徴としてこの上ない意義を与えるものと思ったからである。なお、この小洞窟内には殉教者を出したスペインの土地から持ち来たった遺蹟

石塁碑に刻まれた文字「母の思い出に」

の小石も混用してある。将来ここに鉄のロザリオをさげて殉教者の祈りにこたえようと考えてもいる。

よじれゆく荒々しい殉教経路の石面の一部に「DEUS IN INITERE」（神はいつも吾が道にある）と小さくラテン語が刻まれているのを見るであろう。殉教者の祈りが人々の胸に伝わるかのように思えるかもしれない。そこにはいくつかの星がきわめて小さく見えがくれして付き添えられている。

碑の上方に「SURSUM CORDA」（心を挙《あ》げて）の言葉が刻まれ、その中央に灼熱真紅化した一つの石が太陽を形象化しているのに気づくであろう。この石の採取には幾多の努力が払われているのである。「葡萄の房」を構成する自然石積石塁は、長崎の山中より採取した荒々しい肌面のもので、狂乱の姿にも近い苦しみの印象が展開されているかも知れない。それは苦悩の描写でもある。しかし、この中庭は、殉教の激動に近い苦しみのほかに、かすかな喜びを私は添い求めようとしているが、その喜びがこの中庭にきざしかけているのを感じられるであろう。それは碑裏面下段の花崗岩面に「母の思い出に」の文字によってまず呼び起こされるであろう。愛の呼びかけが、そこに私たちの心を何かゆさぶるからである。これは日本にたびたび来訪滞在し、この殉教地で聖人達を祈られた信仰の人、一スペイン婦人の限りない建碑奉献のかくれた力に対しての感謝のしるしである。重苦しさの中のやさしさ、苦悩の中の愛の喜びこそ、気高き人間性・崇高な信仰精神の内在する表徴でなければならない。この碑の造形化は殉教者を通じてこれをうたいあげようとする私の願いであり、また詩でもあるであろう。

殉教の橋

「殉教の柱」と記念碑裏面「葡萄の房」

殉教の柱

「葡萄の房」と呼応して中庭の殉教の苦しみを描き出すことに努めた。コンクリート打ち放しによる動的表現は、一個の彫刻的表現として造り出さねばならず、原型の型枠の製作には数回のやり直しをするなど、職人衆の労苦は並たいていではなかった。その姿は焔のようでもあり、自然界の脅威にたえた強靭な楠の大樹のおもかげにも似ているのであろう。いずれにしても、殉教者の精神をうたいあげることにおいては、私には同じであった。私はこの柱にも小さく輝く一つの星を刻むことを忘れなかった。

殉教の橋

「葡萄の房」と資料館の南面とを結ぶ庇をその名で呼んだのである。記念碑と資料館との強い血のつながりを考えての、構想からわき出たものである。これこそ私が念願した喜びの旋律の一つの源泉ともいえるものである。殉教者の苦しみの頂点にある喜びの息づく世界でもある。地上の中庭から、見えざる庇上端に神の楽園がここに描かれているからである。暴風雨の中に出現したあおぞらのような鮮明感に、人々は襲われるかも知れない。そこにたのしい喜びの神の楽園が、星や太陽や月、そして勝利の枝をくわえた鳩の讃美が流れている。楠の葉の鮮やかな緑がひろがっている。殉教の血潮にも似たものが、かすかに記念碑の側から資料館の側へ流れているようだ。日本の古紋のような時代色のただよう中に。

Regina Martyrum Ora pro nobis（殉教者の元后、われらのために祈り給え）とラテン語の祈りが綴られている。

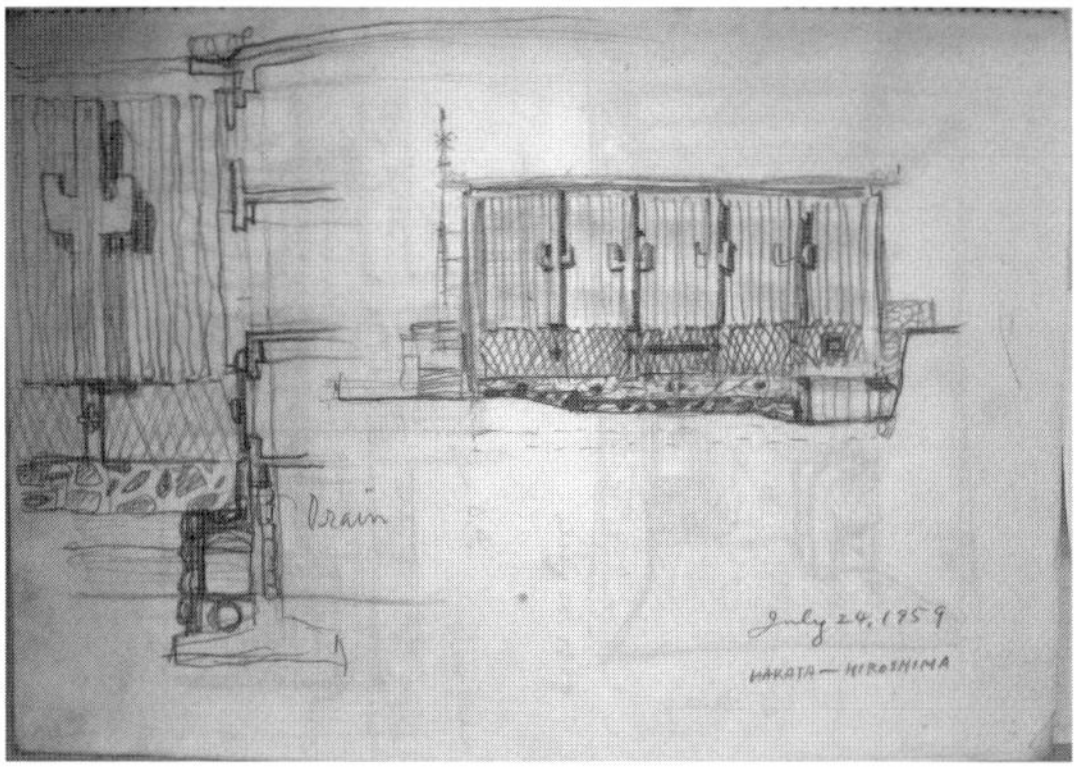

資料館正面槍型の添柱
1959年7月24日

これらの陶板モザイクは、資料館の図書館内からよく望まれる位置にある。なお、「殉教の橋」の資料館側末端木格子の下端に典礼色でいろどられた雲形が、やや殉教の血の色に照り映えているのを人々は見のがすかも知れない。

資料館正面槍型の添柱と木格子面

資料館には聖人についての諸文献や陳列品が展示され、あるいはそれらの図書による探求理解の場であるから、私は資料館を二十六聖人たちの住いとも考えている。かかる思考のなかから種々の殉教を表徴する意図が生まれ、ひいてはその建築空間の中に精神的な空間なるものの誕生ともなるのではないだろうか。私はこの精神的空間こそ、現代建築に求めなければならない問題として、今日残されているのではないかとさえ考えるのである。

話が横道にはいってしまったが、さて資料館外観の主体構造であるルーヴァー面に、槍型の添柱がその単調さを破るのに役立っている。その槍型の中央上端から下端にかけてひとすじの溝が縦断し、それに殉教の鮮血を思わせるような朱色の陶片モザイクが象嵌され、次第に色彩をにぶらせながら下降しているであろう。その添柱の下部は一面にひろがる木格子が、竹矢来のように一般展示室の窓面をおおっている。二十六聖人の殉教当時の竹矢来のモチーフの回想を、わずかばかり念頭に入れての構想である。なお、この木格子は鈍いオリーブ色で着色されているが、その着色には色々の苦労があった。そして、この木格子面は正面からの展望では単色にすぎないが、斜めの視野に入ると、典礼色の赤、白、緑、紫、黄などの渋い色調が目立たぬほどの色量で十字形象のパターンを浮かび出させているのは、何か私の体質から来るものかも知れない。

聖母マリアの天蓋

地獄谷の殉教熱泉

妙な表現だと思われるであろう。私は設計当初、キリシタン迫害当時の熾烈な様相を、この中庭の断崖の一隅にその形象を石の彫刻により地上に配置したいと考えてみたことがあった。これも資金面で省かれてしまったままで放置されていた。このデザインの発想当時、雲仙や別府などの温泉地を訪ね、地獄谷の熱地にわき出る泥土の噴出状況やその不気味な渦紋の象徴的表現にいくたびか激しく心をひかれ、これに魅力を感じ、それらの資料を参考にして抽象的形象を考案したのであった。

除幕式も迫ったある日、海岸の青い扁平石の残石が現場にあることを思い出し、自作自演で仮の殉教の熱泉を造りあげてみたが、この殉教の庭の応急処置の一形象が円形を描きながら「葡萄の房」の十字架群と対応して静かに砂利敷きの地上に置かれているのが、私にとってひとつのなぐさみとなった。

聖母マリアの天蓋

「愛徳」によって捧げられた資料館南側の主要出入口の庇を、私はそう名付けている。「愛徳」の玄関上にあるからである。アヴェ・マリアの文字が、陶片モザイクで描かれ、聖母の象徴、十二個の星や群星のひとかたまりをここに散在させてある。庇の上端のことでもあるから、人々は単に心のなかでそれを味わうよりほかはない。けれども、「望徳」の壁の階段上から、その一望を眼に入れることができるであろう。

資料館「愛徳の壁」側正面出入口ホール

資料館一般展示室

聖母マリアの踏絵の後壁

苦悩の中のかすかな喜びを抱きながら、人々は資料館内の玄関広間に歩みを運ぶなら、聖母子像のブロンズ像の踏み絵（未完）の彫刻に出合うであろう。そこにわき出でてくる感懐には悲しみと喜びとが同時に人々に読みとられるのである。その後壁は白玉石で全面おおわれ、雲形のコンクリート打ち放しのさがり壁の奥に浮かぶであろう。踏み絵のブロンズ像を中央にして、色硝子や陶片が典礼色でいろどられている。この白玉石は長崎における布教の歴史とゆかり深い、長崎県茂木に近い宮摺海岸から私どもが採石して来たものであるだけに、聖母子像に捧げる心は特別なものが感ぜられる。

白玉石の壁には数条の霞と星が小石で綴られている。そして三重県を郷土とする二十六聖人のことをおもい、その土地産の白い石も投入することができたのも思い出のひとつである。

（『礼拝と音楽』一九六二年十月号）

葡萄の房

長崎西坂の日本二十六聖人の殉教地に、私が、その記念館の設計をはじめてから一応の竣工を見るまで、正味五ヶ年の歳月を経過してしまったが、自分ながら、よくも頑張りつ

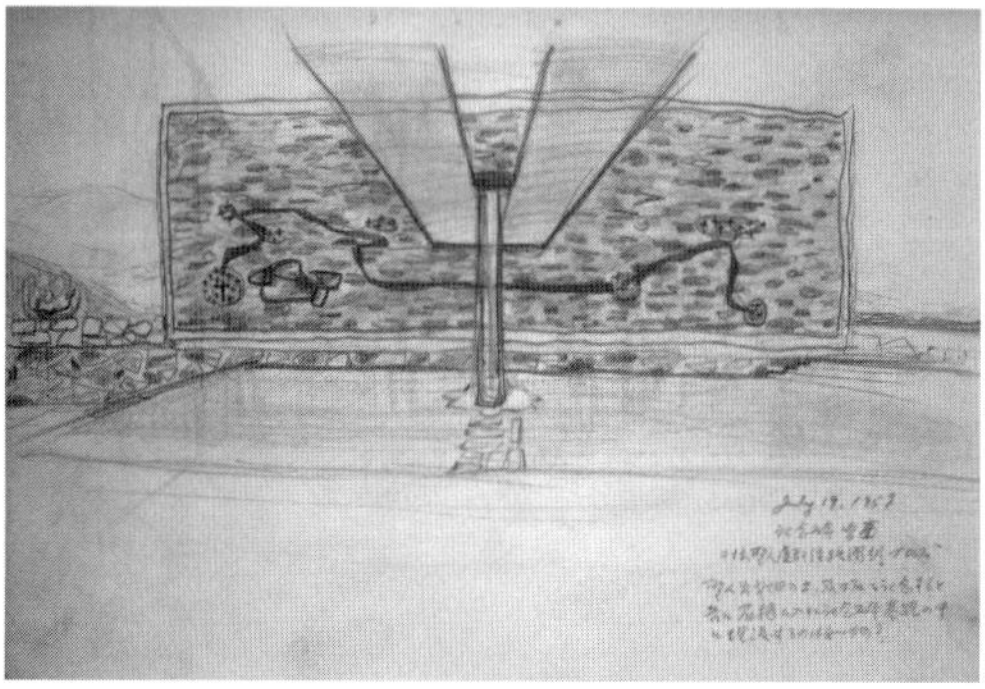

「葡萄の房」全景スケッチ
1959年8月2日

づけたものだと今更、追懐するのである。この建築構想のために、私が描いた教多くの設計メモのスケッチ帳の中から、つい先日次のような歌とも詩ともつかないものが出て来た。それには「葡萄の房」という題名が付けてある。

恵みの光り身にうけて
天主の愛のみおしえを
この日の本に捧げんと
いそしみはげむとつくにの
ひじりとともに葡萄房

けだかき香り放ちつつ
互いにむすびむすばれつ
一つの房に二十四の
愛の滴は通いゆく
京の都の葡萄房

おらしょ唱え微笑みて
とつくに人とおとな人
幼な人さえもろともに
心のむすびかたくして

記念碑脇より資料館を望む

西に流るる葡萄房

すべて心を高く挙げ
天主ぞ仰ぐ荊《いばら》みち
二つの粒も加わりて
永遠《とわ》の国へとめざしゆく
星の下なる葡萄房

七重の丘と海わたり
この西坂にくだりきて
栄光かがやく十字架は
ひじりの血潮したたりて
紅そめぬ葡萄房

（一九五九年九月十二日）

私はこのような感懐を記念碑の裏面に描出して、殉教の意図を、壁面に蘇らせてみたいと思い、書き記しておいたものである。碑の高さ約六メートル、長さ十六メートル八十の横長のもので、それに腰積の石が加わっているから、地上七ないし八メートルとなり、見上げるようである。

なおこの碑面は、殉教の苦しみを象徴する中庭を挟んで、資料館の正面と対応している

記念碑背面の十字架

から資料館に出入りする人々は、否応なしにこの中庭を横ぎり、私が造形した「葡萄の房」にも、目を触れることになろう。そして、聖人たちが、京都でキリシタン迫害者の手により捕えられ、長崎の地で殉教した経路を、象徴的な形象で綴り、人々の胸中に強く訴えようとした。この中庭には、私が意図した殉教意義のその他の諸形象、例えば天国の虹のかけ橋ともいうべき殉教の橋、それを支える律動的な殉教の柱、ロザリオの十五玄義の陶板モザイクの壁面などが、「葡萄の房」の碑面とともに、ここに凝集しているばかりか、記念聖堂の双塔が、迫力感を以って人々の視野の中に入る絶好の場所でもある。

「葡萄の房」の碑面は、その表側の「昇天の祈り」と題する二十六聖人のブロンズ像の清潔感とは逆に、重苦しい自然石の石塁から成り、極めてダイナミックな表現を与えているのに、人々は一驚するのではなかろうか。碑面の自然石の中には、二十六聖人の象徴として、福田海岸にて採取した、二十六の玉石群で葡萄の房を構成してみた。なお葡萄の葉と、聖人の剛気の徴である槲《かしわ》の葉と、その実の石彫をそれに添え、聖人たちが処刑のため、京都を出発した年月日を明示する環状石が、さらにその傍に積みこんである。

葡萄は、キリストの人類への犠牲の象徴であり、その液汁は、キリストの血であるとしていることは、カトリック教会ミサ聖祭の時の、葡萄酒の奉献の場合を考えてもよくわかることである。この葡萄の房は、荒々しくよじれゆく切石の紐状によって、左端の十字架群へ到達している。

十字架は殉教の血潮の滴りのように工夫してみたが、なかなか思うようにならなかった。十字架群の傍に、現場から発掘された石臼を挿嵌し、それに「一五九七年二月五日」と殉教の年日が刻んである。なお十字架群の直ぐそばに、小洞窟を設け、十年間火熱に耐えつ

資料館特別展示室
「栄光の間」

＊結城了吾（ゆうき りょうご）ディエゴ・パチェコ Diego Pacheco 1922-2008 スペイン・セビリア出身のイエズス会司祭。日本二十六聖人記念館館長。

づけた黒褐色の炉片が、その表面を覆っている。ここに鉄のロザリオを垂下して、この地を訪ねる人々に聖人殉教の祈りを回想させたいと考えた。

「葡萄の房」を描いた碑の自然石中には、重さ一噸《トン》ほどのものも数個使用されている。私がこれらの石積を連日指導していると、毎日巨石と相撲をとっているかのように、全身に力が加わって来る錯覚感に陥る。今年の三、四月の休暇の折に、この石積の監督指導に当たったが、石匠が石と取組んでいるのを指図していた私は、いつの間にか、坐骨神経痛のように足腰が痛んで不自由となってしまった。靴の紐も、洋服やズボンの着用にも人手を借りるような始末になってしまい、一時は、長崎の病院入りになるのではないかと心配した。そんな時に、日本二十六聖人の殉教時のことを想えば、痩我慢の勇気も出はじめる。二十七聖人になったのだと思って働けば、何のことはないと頑張っていくのであった。聖人並みだねと、冗談も飛ぶのである。そんなことから、私は、現場で二十七聖人扱いされるような格好になってしまった。迷惑とも光栄ともつかない心境が重なって来るわけである。跛《ちんば》で棒杖つく私に、ある日結城＊神父が「いよいよ二十七聖人ですね。でも聖人のブロンズ像は、二十六しかないので弱りましたね。いや、この記念館が出来上らないうちに、貴方が聖人になられたら、後が困ってしまいますから、工事完了まで我慢して下さい」と笑う一幕もあった。

ことに面白いことには、この原稿依頼の文中に、偶然かどうか知らないが「日本二十七聖人記念館について執筆して貰いたい」と、はっきり書かれているのを見て、こりゃ東京の出版界までも、噂の種がひろがっているのかなと擽《くすぐ》ったくもなった。光栄ある二十七人目の聖人像は、遂に実現に至らなかったけれど、「葡萄の房」の碑の末端に、重量十噸《トン》の

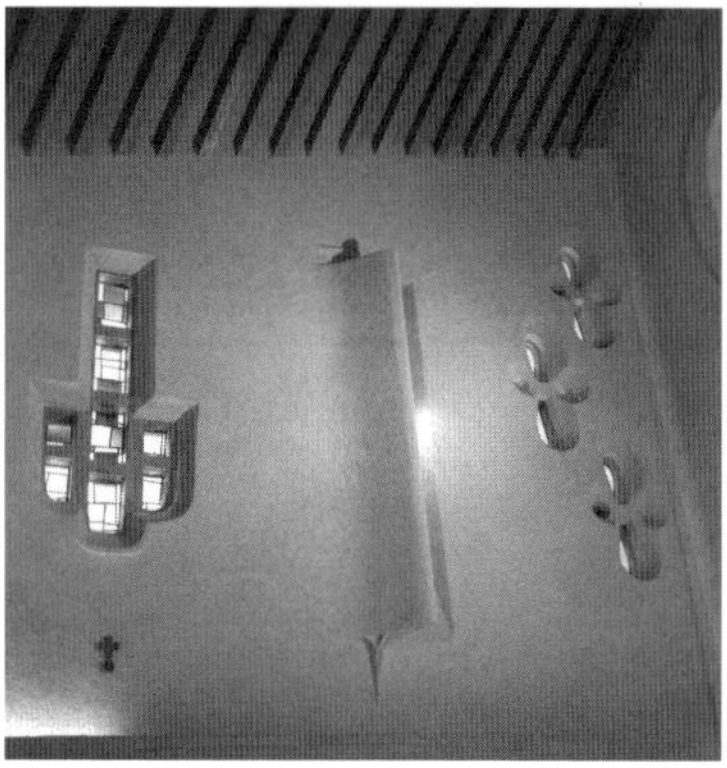
聖堂北側の窓

巨岩が据えられたので、せめてこれが二十七聖人を代表しているかのようになってしまった。

〈一九六二年九月十二日〉

（『早稲田公論』一九六二年十一月号）

秘話随想——長崎・日本二十六聖人記念館の建設

カトリック教会で私が受洗してから今年はちょうど十五年目になるのだが、この受洗のことが私にとって亡妻マリア静子の記念碑のように思われてならない。ミサ聖祭のときでも、また祈祷本の中にでも、「われは思いと言葉と行いとをもって多くの罪を犯せしことを告白し奉る」との祈りの言葉に出遇うごとに、一向それに値しないわが身をなさけなく思うようになったのも、この記念碑のお蔭である。だれでもが日常生活のなかに繰りひろげられるであろう、このような一見平凡と考えられる願望を、実行することのいかに容易ならぬものであるかがわかるとともに、私の身辺の諸事にその万分の一でも叶えられれば、と願う反省がつづくのである。はからずも、日本二十六聖人記念館の設計とその現場仕事とが、私の日頃の建築研究面と芸術造形面との両者を、この祈りの中で多少とも実験し、実行するに役立たせる絶好の機会となった。

この記念館の設計から一応の工事完了までに約五ヶ年の永い歳月が研究室の合間に小さく刻まれていったが、それらの主たる精神的基盤となったものは、言うまでもなくスペイ

資料館「信徳の壁」

ンの建築家アントニオ・ガウディ（一八五二―一九二六）の人間像の追及とそれによって形造られる建築実体の展開を究めることにあった。そして、これらに関する私の記述は既に建築の諸専門誌上で数多くなされているので、ここでは余り肩の凝らない現場秘話の二、三を拾いあげてみることにする。

フェニックス・モザイクの命名

資料館の三壁面に信望愛の三徳に奉献するモザイクを制作し、それにフェニックスPhoenix（不死鳥）・モザイクと私が命名したのはその名称が私のモザイクの意義にふさわしいと考えたからである。長崎の日本二十六聖人記念館の現場がはじまる直前までに、千葉県大多喜町役場、東京の東洋女子短大（藤田組設計）、大阪の東邦商事ビル（日建設計工務設計）と矢継ぎ早に大小壁面のモザイク制作を続行したが、フェニックス・モザイクの名称を附与したはじまりは、東洋女子短大の制作時からであった。

もともと、私に託される建築設計はいつも資金面に極めて乏しい単価のものばかりであるから、芸術面の展開を試みようと欲を出しても到底出来る相談ではない。だが、この高価さを補うただ一つの残された課題といえば、私たち自身がその高価な奉仕を無償のものとして自己の建築を価値あるものにすることだけである。それには、私たちがバタ屋さん以上の行動に出なければその目的は果たされないにきまっている。その上、私は高邁《こうまい》な学理を説く大学に職を持ちながらそれが不得手であり、また好まない方なので、いつもバタ屋臭い庶民や貧者、弱者の味方の虜となってしまい、この世に埋没している不遇な人間像を発掘するのを愉しみにしてしまう。これらは私の体質から来るほかに、少なからず早稲

聖堂の東側

田の野人的要素も加わってのことかも知れない。一方建築制作の造形面に私がモザイクを採用しているのは、大学で建築装飾の講義を担当しながら、絵画彫刻を多少手がけて来たことにより、自ずからその方面に手を染めるようになったのである。

さて、フェニックス・モザイクの命名について語る前に私の処女作である大多喜町役場のモザイクを挙げねばならないと思う。ここでは農民のための役場にふさわしいものとしての希いから、信楽焼《しがらきやき》の火鉢の破片を使用した他に、倉庫内に日の目を見ずに埃のなかに永久に眠りつづけている不遇な陶片を掻き集めたのである。言わば値打なきものをデザインのなかに再生させて素朴な造形芸術の表現を描くことが出来たのであって、生命なき陶片に生命を与えられることのよろこびを私は知ったのであった。そして、私ども人間社会の共同体に於いてもこのような善意の結合現象が、調和と統一のなかに営まれるのではなかろうか。フェニックス・モザイクの名称は、これらの意義をも含めての誕生である。大多喜町役場のモザイク主題は「東の壁」「西の壁」「二双の鶴」など、その郷土の人々の生活のよろこびと希望とを歌い上げていった。

東洋女子短大の場合も大多喜町役場と同じような素材を使用したが、さらに在校生や校友父兄の家庭から不用の茶碗、皿、土瓶などさまざまのものを頂戴して、母校愛の思い出の美しい絆としたのである。東洋女子短大という学園については、私はその存在さえ知らなかったが、この美しい女子教育の花園の発見に私は多くののぞみと勇気とを与えられ、その新校舎の大壁面を借りてフェニックス・モザイクの構想を試みることにした。そして、私がはじめてこの学園のたたずまいからうけた印象のなかに、岩間がくれに咲く菫花《すみれ》に似通うものの流れるのを感じたので、ウィリアム・ワーズワースの一片の詩をその主題として選んだ。それはルーシー詩篇の第二節に歌われている左記のものである。

苔むす岩根に生ひ出でて
人眼を半ば洩《も》る菫、
あれは美はし、ただひとつ
空に輝やく星のごと。

さらに屋上にも「永遠の友情」「芽生へゆく成長のよろこび」「四季の思い出」などの主題を描出して、女子学生への贈りものとして捧げた。これらの陶片には比較的高価なものも挿入されてはいるが、大半は不用のものか安価なものばかりである。それにもかかわらず、個々の陶片がその品質の優劣の格差を越えて、互に全体の造形美のために支えあっているその様相は、あたかも生ける社会の善意の共同体の心をゆさぶり示しているようにさえ思われてならない。大阪の東邦商事ビル屋階のフェニックス・モザイクは彫刻的な立体手法の発展による私の最大のもので、ビルの性格を意図して、「糸車」「羽衣」「天の川」などの象徴を大壁面に投入している。

これらの制作の最後の総決算として生まれた長崎の日本二十六聖人記念館のフェニックス・モザイクには、殉教精神をうたいあげる宗教的象徴の数多くが含まれているので、一層不死鳥の意義をモザイク壁面より読みとることが容易ではなかろうか。なお訪れる人々が、日常使用する陶器やその破片類が聖人たちにゆかりある土地の品々であることを知るならば、その温かい親近感とよろこびに曳かれて去りがたくもなるであろう。そして、フェ

壁面モザイク部分

ニックス・モザイクの名付け親となった私も、この上なく幸せに思うのであるが、それにも増して「色は生命である」と熱心に説きつづけたガウディの心に、改めて私は最大の感謝を捧げてゆかなければならない。

土中の火鉢

火鉢の断片を使うことによって、フェニックス・モザイクが海外のものでは味わい得ない独特の肌合いと色感とを示してくれることを知った。しかし、火鉢そのものは今日では次第にその需要が激減しつつあるので、生産を手控え、または中止したり転業するなりして火鉢の生産地は全く四苦八苦の現状であるが、私はいく度か信楽《しがらき》の火鉢だけはいつも使用することにしていた。長崎の日本二十六聖人記念館に限っては、聖人にゆかりある九州産の有田焼の火鉢もはじめから使うことに腹を決めてかかった。そして一夏、有田火鉢の窯元をいろいろ訪ね探したけれど、簡単に入手出来るものはほとんど無い。たとえあったにしても高価なもので手におえない代物《しろもの》ばかりである。追いつめられた私はとうとう本性を発揮してバタ屋さんになり下ることを決意した。というのは、どうせ火鉢を買ったところで最後はこわして使うのだから、有田火鉢のこわれ物を回収した方が早まわしだったからだ。そこで早速「火鉢のこわれものは御座いませんか」と先方に聞けば、そんなものは棄ててしまうので倉庫などには無いという。バタ屋さんの切なる願望にもかかわらず、先方ではそんな失礼なこわれものは使っていただけるものではない、と私たちに遠慮勝ちのようであった。遂に私の念願が叶えられ、街はずれの火鉢生産を廃業した窯元跡へ案内されることになった。古寺に突き当って右へ細い路地の奥は高い崖になっている。崖上は窯場のあったところだから、この崖下の土中を掘りかえせば有田火鉢の破片が出てくるかも知れぬと案内の者はいう。研究室の池原義郎先生も加わって土中を探すうちに、呉須《ごす》染の期待通りの素晴らしい破片がざくざくと続出した。私たちはよろこび、案内者はあきれているといった有様になってしまった。私の真意を察知した案内者は、何とお安い御用だといわぬばかりの体で、破片の大量を長崎の現場に送り届けることを約してくれたのである。

後日、長崎の現場に行き、これらの破片の他に口径六十センチ以上もある有田の大火鉢の十数個が横たわっている壮観な光景を目撃して、私はモザイク制作の前途に勇気づけられたものである。こうして有田の人々の尽力と協力との友情に応えて、有田火鉢の陶片は記念館のフェニックス・モザイクの随所に精彩を放つことができた。そして、現代彫刻家、辻晋堂*教授の手ねりの陶片、十二代酒井田柿右衛門や唐津の陶工中里氏などの手になる陶片がそれに添えられ、殉教の心をいやが上にも歌いあげていただけたわけである。

塔上のスリル

聖堂の聖母奉献の塔の足場が払われ、右側の聖霊に奉献の塔のみがモザイクの最終修正を急ぐため、未だ足場が残されている頃の出来ごとである。

私の個人助手である若い画家の田中昇君*が、血相変えて私のところに駈け寄って来た。彼は八年以前に多摩美術大学を卒業すると直ぐ私を慕って私の助手となり、建築造形面の勉強を今もなお私の研究室で修得している青年である。絵画・彫刻・モザイクなどの建築芸術方面を多年身につけた彼は、今では私の協力者の秀れた一人に育っていた。石原慎太郎と高校時代同級であったからであろうか、いつもの慎太郎刈りを鉄甲の中にかくして彼

*辻 晋堂（つじ しんどう）
1910-1981 彫刻家。京都市立芸術大学教授。

*田中 昇（たなか のぼる）
1934-1982 多摩美術大学絵画科油画助教授。

聖堂の塔の石膏模型と
今井兼次

は気ぜわしく私に進言するのである。今日中に足場が撤去されてしまうので、聖霊塔の最後の大切な修正箇所を彼はコンクリートのハツリ屋とタイル職と一緒に、一刻でも速く済まそうと熱心にその仕事に参加していた。

「いま突然に塔上部の足場丸太を鳶《とび》職がとりはずしにかかり、その下で働いている私たちは危険でこれ以上作業をつづけられませんので、中止して下りて来ました。このまま足場が取れてしまったら、先生の考え通り二度とモザイクに手を加えることが出来ません。どうにかならないものでしょうか」と。彼の眼にかすかではあるが涙が宿っているので、私は堪えがたくなってしまった。

今すぐ足場がはずされるとは施工者側の監督から私は聞いていなかったし、いわんや聖霊塔のモザイクが未修正のままに終ってしまったら、これまで私たちが双塔のフェニックス・モザイクに傾倒しつくしてきた一切の努力が、水の泡になってしまうことはいうまでもなかった。施工者側が私に無警告でこのような性急な処置に出たことが、不満であり理解できないものであった。わずか後一時間の修正余裕が私にとっては建築の生命感の関ヶ原だから、むざむざと放置しておくわけにはゆかない。まして、この足場撤去がここでわずか一時間位延びたからといって、それがために竣工式に全工事が完成し得なくなるとは毛頭考えられないから。

田中君の言葉を聴きとると、直ちに私は聖霊塔の直下まで単身走っていった。モザイク作業の継続をどんな困難さを排除しても断乎決行させる決意をかためて。田中君が私の後を追って「危ないから足場に登らないで下さい」と叫んでいる時には、私は既にモザイク修正位置の直下に立っていた。「足場を落すなら落して見よ。おまえ達が足場をはずす作業中、私はここから立ち去らないぞ」と心につぶやきながら上方の鳶職たちを睨んだ。彼等は下方の私を眺めて、いかにも困った表情で仕事をためらっている。私と彼等とはお互いに現場で働いたことのある顔なじみの仲であるからだろうか。足場丸太の緊結鉄線を切断する鉄鋏も持てあましの体で、作業をやめて私の様子を上から看守っている。そこで、ハツリ屋さんとタイル職に私は呼びかけた。「足場の上に私が立っている間は、おそらく足場の撤去を彼等はやれないだろう。その間に迅速に作業を完了するように」と。鳶職らは彼等の直下に佇ちつづける私をどうすることもできず、観念したらしく渋々足場を下りはじめていった。そして、私の脚下十数メートル下の地上から、あきれた行動に出た私を仰ぎながら苦笑している。やがて助手の田中君が、施工側の主任監督から一時間半だけのモザイク修正の余裕を得た、と告げに来てくれた。職人衆ら一同は安堵して懸命に作業を果たし、めでたく聖霊塔のモザイクの完了を私たちとお互いによろこびあったのである。

後から考えたことであるが、この場合の私の行為が施工妨害の挙に出たようにも思われはしなかったかと、いささか私の良心がとがめる。だからといって、このモザイクの最終修正をもし犠牲にしてまでも足場の撤去が決行されてしまったならば、どんな結果を生んだであろうか。このような一小些事の努力を惜しむことによって、日本二十六聖人記念館の建築はその全生命感を失い、悔《くい》を永久に残してしまうであろう。

建築現場の仕事というものは、こうした大きいきびしさを持ち、時にはスリルに近いものを味うから、私ども設計者はいつも、現場を戦場だとひと時考えたいものである。何だか肩の凝った秘話になってしまった。

〈一九六二年十二月三十日〉

(『早稲田学報』一九六三年一月号)

聖堂の正面外観

「望徳の壁」の黒い石彫

原爆の地長崎に敬虔と望をあらわす――設計者として

前頁（原文ママ）の写真はキリストの樹と聖体とを象徴した日本二十六聖人記念館の資料館東壁の陶片モザイクの一部詳細であって、対神徳「信、望、愛」の中の「望徳」の意義を心に描いての一断章であります。

主キリストの象徴的文字を刻んだ黒い石彫が、後壁の中に静かに浸透移行して一体化するように願い、そして石彫の裏面にカタコンブ風の「魚」を小さく刻むことをも忘れませんでした。この「望徳」の壁は暁の星を迎える方位に面しているので、しずけさのうちに信仰の輝きをおだやかに写しだそうとしました。「われは葡萄の樹なり、汝らはその枝なり」の聖句もこの壁面から問いかけているのです。

上の写真は聖堂の正面で、双塔の左は聖母マリアに、右は聖霊に捧献の塔、ともに動的表現によって殉教精神の栄光のよろこびを讃えてみました。

（『婦人の友』一九六三年八月号）

大室高原ヘルス・ホテル計画案

1963年
静岡県伊東市大室高原

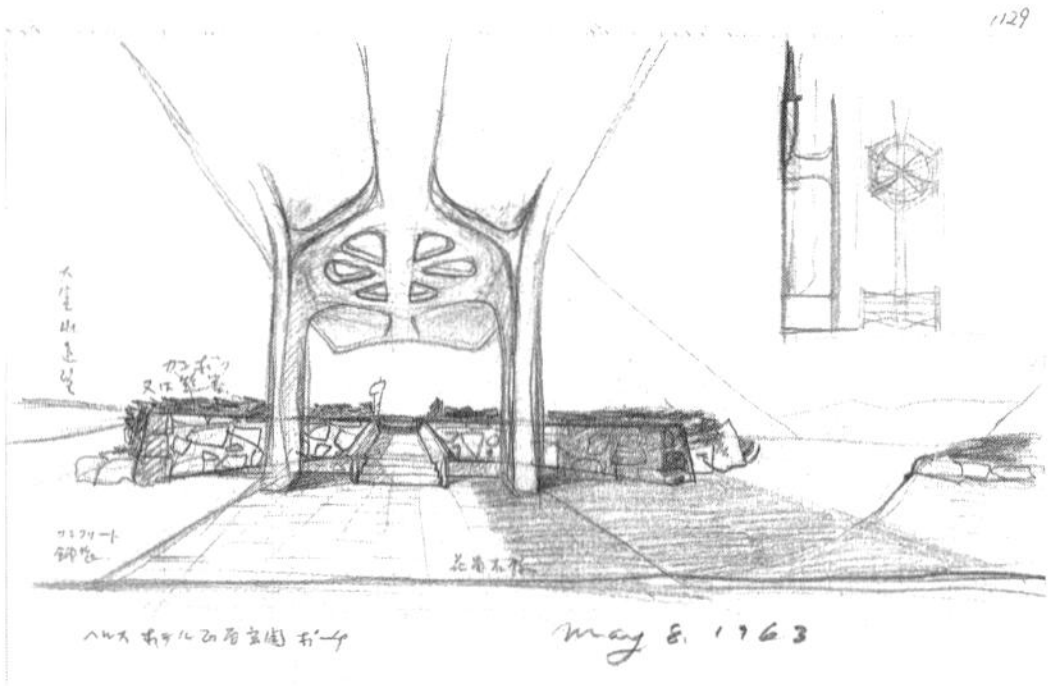

正面玄関ポーチ　1963年5月8日

＊式場隆三郎（しきば りゅうざぶろう）1898-1965　精神病理学者。

大室ヘルス・ホテル計画の思い出

式場隆三郎＊さん達一行に案内されて、伊豆伊東に近い大室台に出かけたのは一九五七年のことであるから、今からかれこれ七年も前のことになる。単純な山容美を誇る大室山を間近にしたサボテン遊園地の一角にピラミッド形の大温室数個を建てはじめていた建築家宍戸まことさんが、フランスのクーシー城の持つムードを表現したヘルス・ホテル計画のスケッチを進めておられた頃であった。この時の同行者の一人であった宍戸さんは、現地でヘルス・ホテルの敷地や規模の状況をいろいろとつぶさに私に説明してくれたが、まことに景観雄大にして間近く伊豆大島三原山を眺め得る快適な高原地としての印象であった。宍戸さんのスケッチは中世のシャトー風のものであったが、ディテールを余程よく取扱わないと粗雑な安ものとなり、重厚な環境との調和を逸する怖れも多分に生じ、またディテールを忠実に写すとなれば、経費にも影響するのでむずかしい仕事ですね、と私が申し上げたことを憶えている。宍戸さんがしばしば私の研究室を熱心に訪問されるごとに、私は自分なりの考えを述べて側面から宍戸さんを支援するという関係に立っていた。その後、宍戸さんの作製したヘルス・ホテルは、厚生省の国立公園関係当局者の意向で高すぎるとか、山の稜線美を妨げるとかでいろいろ苦慮されていることを洩れ聴いていた。

私が、長崎の二十六聖人記念館の竣工する前後であったか、或いはそれ以前のことであったか、今記憶にはっきりしないが、シャトー風のものを御破算にしてもよいから白紙の立

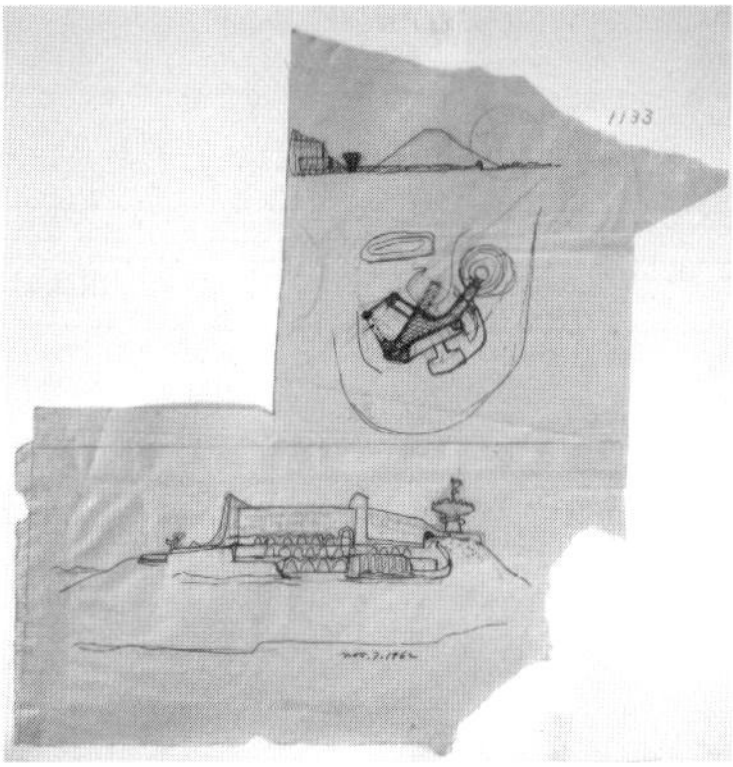

配置・外観スケッチ
1962年11月7日

場から私の意図にある建築観を一度きいたいと式場隆三郎さんたちの懇請で、一夕自分の考えを伝える機会を持ったことがあった。その折、厚生省の人たちも大体私の考えと同意見のようであったと話題が出て、ヘルス・ホテル建設関係者一同は皆よろこんだものである。

そのようなことから、こんどは私がその建築構想を主として立案し、宍戸さんが私に助言して下さるという前とは逆の関係、立場となってここに模型で示すような案が長い年月を経て出来上ったのである。だが、この実施計画も昨年末、厚生省国立公園担当当局の批判の的となり、このまま建設することは相成らないとの見解で葬り去られてしまった。私は当惑裡にこの計画を放棄してしまわなければならなくなってしまったのである。

ここまで来るには随分幾多の曲折を辿ってきたのであるが、昨年末、設計も一応完了したので、厚生省関係の立派な方々四名と現地にまで一緒に同行し、私の設計意図を説明するとともに厚生省の方々の意見も聴き、私の案に納得出来ない点はお互いに話し合って行けば、むずかしい点も理解されるのではないかと思って出かけた。厚生省側には建築家の方も、参加されていたので、容易に理解されるにちがいないと心ひそかによろこんでいた。だが、予想を裏切って私の案はほとんど宍戸案当初の場合と同じように、山の稜線を害《そこ》なうから高さをさらに低くせよとのことであった。

私は、これまでホテル側の要請で客室八十四を収容する四階建てであったのが、厚生省側の高さを減らさねば……とのことで客室を減じ三層建てに圧縮してしまった。しかし現地踏査の結果、まだ高さが高いから許可しがたいという結果になってしまった。

サボテン遊園地と、それと地つづきのヘルス・ホテル建設敷地とを私がはじめて遠笠山ドライブ・ウェイから遠望した時、なんと汚ない山だなと思ったのは、遊園地側の工作物

模型写真

が炭鉱地の施設を見ているような、雑然とした山のプロフィル・ラインを持ち、風景も美もあったものでなく国立公園の美観を査定している標準というものは一体どこで人間がきめるのであろうか、とさえ思ってやや困惑しないではいられなかった。

このように、私は設計のはじめから現存する凡俗なサボテン遊園地施設が国立公園地域内に安易に認められていることに不思議さと抵抗とを感じ、あくまでもこれらの混乱した環境と風景とをヘルス・ホテルの建設によって、その地域の美観を救い、併せて遠望の美とに置きかえたいと乞い願っていたのだが、ついに無惨な抗議に出遇い、廃案とならねばならぬ運命に陥ってしまったことを、かえすがえすも残念に思っている。そしてお役所の見解と命令のもとに黙々と服し、退陣する身柄となってしまった。国立公園と称する環境に、昨今建てられたものをしばしばお見うけしたが、私どもには到底理解し得ない標準のものであった。わずかにそれらと比較して、私は自らを慰めているより他はないと考えている。

廃案の愚痴のようなことばかり述べてしまったけれど、そのことによって今後より健康な建築が国立公園におめみえする動因ともなるなら結構だ、と考えるからである。

さて、私の試案となってしまったヘルス・ホテルは、先に述べたように環境の風景を傷めぬよう、またよりよく風景とともに生き得るよう、地形や地盤関係を考慮しての提案であった。大室山と相対する側にホテル専用道路を設置し、一方遊園地側からの出入口に立てば、大室山の擂鉢形の巨大な肩がいやおうなしに視野に入る。ホテルの軸線が彎曲面を軽く描いているのは、太平洋、ことに伊豆大島の景観を一望に各客室により納めたいがためであった。食堂、グリル等は地形に順応させてやや低位置に併置させ、これらも海洋の

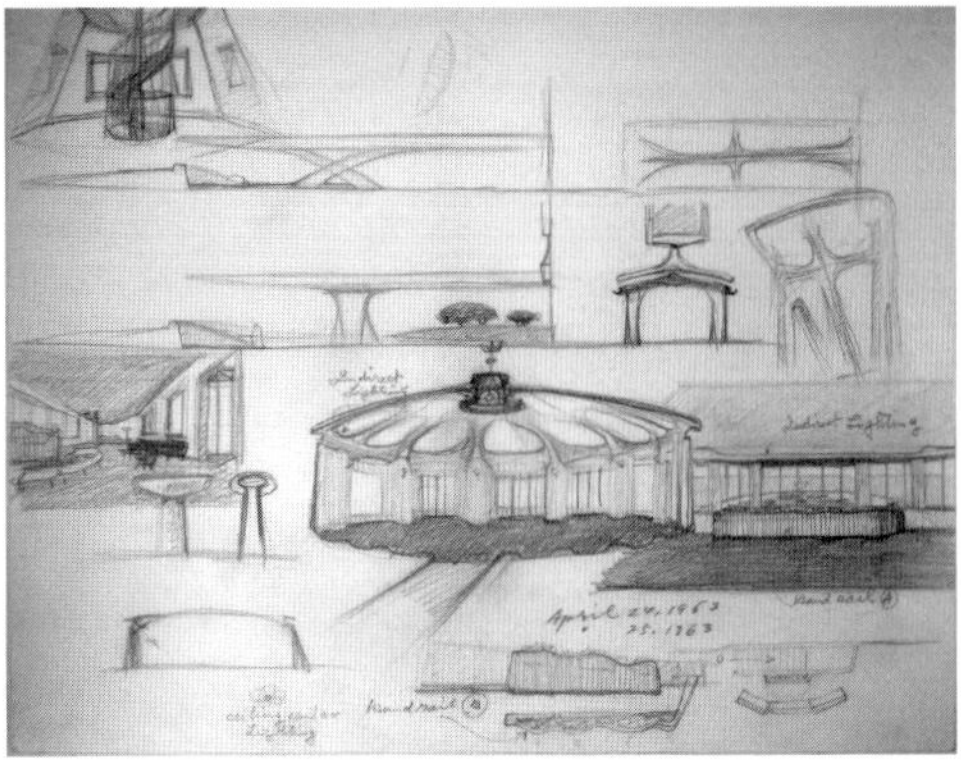

ロビー・スケッチ
1963年4月24・25日

美を愉しませる好適な場所に選んでみた。客室部と連絡したブリッジによって、六面角錐体の展望室に通うことも可能であるから、大室山の勇姿、海洋面をも大観し得るであろう。

展望室と対極的な他端に医務室、浴室、脱衣室、物理療法マッサージ室、サウナ等が設けられ、一般外来客の入浴の便に供されている。なお従業員宿舎は遊園地側の小山を背にして存置させた。

この設計で私の印象の中に濃く残っていることは、あくまで重厚素朴でありながら、生あるやわらかさをその中に包含させたいと念願したことではなかろうか。そしてなお、この地帯の特殊条件は火山礫の堆積で満たされ、想像を絶する季節風の猛威に対しての問題をも、一応この建築設計の配置の中に、いささかではあるが考えていた。

（『近代建築』一九六四年六月号）

訪問童貞会修道院聖堂

現　聖母訪問会修道院聖堂
1965年
神奈川県鎌倉市津

思い出の記

経過

訪問童貞会の修院長ガブリエル鷲山様*から修院と聖堂との設計についてご相談があったのは、私が日本二十六聖人記念館の設計に夢中であった一九六〇年十月のころのことであった。

この修院は女子修道院であって、病院、療養所、養老院、幼稚園など内地の各地において社会事業のために、修道女の方がたが祈りの中に働きつづけているのである。

一九四〇年から四一年にかけて、私の逝き妻が同修院経営の七里ガ浜聖テレジアの療舎で半年ほどお世話になり、「再び主の御胸に抱かれし人生の旅路の幸ある日の思い出」の記を綴ったところ、そして、見舞いがてら当時小学児童であった一子をつれて訪問したり、妻といっしょに聖堂内にぬかづいたこともあった。

一人前になった息子を同伴して、なつかしい松林の山道を辿りながら、腰越津の修院本部に出向いて設計上のお話をうかがうことにした。戦前戦後を通じて、私どもの家庭がお世話いただいたシスター・テレザ衛藤様*、シスター・ベアトリス吉田様*も同席され、なつかしい会談となったが、初対面の修院長様の思いがけないお話から修院長様がシスターとなられたころ、娘時代の妻が大森のカトリック教会のミサに通ってこられ、よく存じているとのことをはじめて知り、こんど修院と聖堂との設計を私が托されたのはご縁の深いつ

＊シスター・ガブリエル　鷲山さが（わしやま　さが）　1906-1996　聖母訪問会会員。

＊シスター・テレザ　衛藤キリ（えとうきり）1897-1996　聖母訪問会会員。

＊シスター・ベアトリス　吉田　幸（よしだこう）1913-　聖母訪問会会員。

正門よりみる全景

初期スケッチ
日付なし

ながりであることを思い、よろこんでお引きうけしたのであった。

当初、私の意図した設計は修院延約千三百二十平方メートル、三階建、聖堂は三百八十平方メートルで一九六一年六月に設計を完了したが、資金関係で聖堂の着工をあとまわしにして修院の建築のみを着工し、翌年一九六二年十月竣工した。ちょうど日本二十六聖人記念館の竣工五ヶ月後のことであり、私どもは相当忙しい時期をすごしたわけである。その後、修院側より聖堂の起工を進めたいとの話があったが、原設計について教区司教様からの意見として「修院付属聖堂ゆえ、きわめて平凡な、そしてどこにでも見うけられるようなもので、よそからあまり目立たぬものにするように」とのことで、すでに着工寸前の準備がなされていた原設計を、私は破棄しなければならない立場となってしまった。しかし、その内に司教様の考えが変わり、原案を理解していただけるのではなかろうかと思い、第二案の作成を差し控えがちとなったばかりか、私の海外旅行などにて第二案を考える余裕さえもなく時を過してしまった。海外からもどったのは一九六三年、その年の末、修院長様から再度司教様のご意図のように聖堂を設計していただきたいとの申し出であった。修院所属の外人司祭も修道院長様も、ともに原案を否定はされないけれども、最終の決定権は司教様にあることゆえ、原案での着工はもはや望みがたいものとなってしまった。私も途方にくれた心境が約一ヶ月もつづいてしまい、修院側の要望にこたえなくては、とついに思いを翻して、第二案作成に踏みきったのである。

そう決意したものの、私のようなものには、平凡にしてより立派な良い聖堂を設計するということは至難な業であると考え、凡作ながらも私なりの特異な、ただひとつのことだけをこの聖堂に捧げてみようと、案の構想にとりかかったのは一九六四年一月にはいって

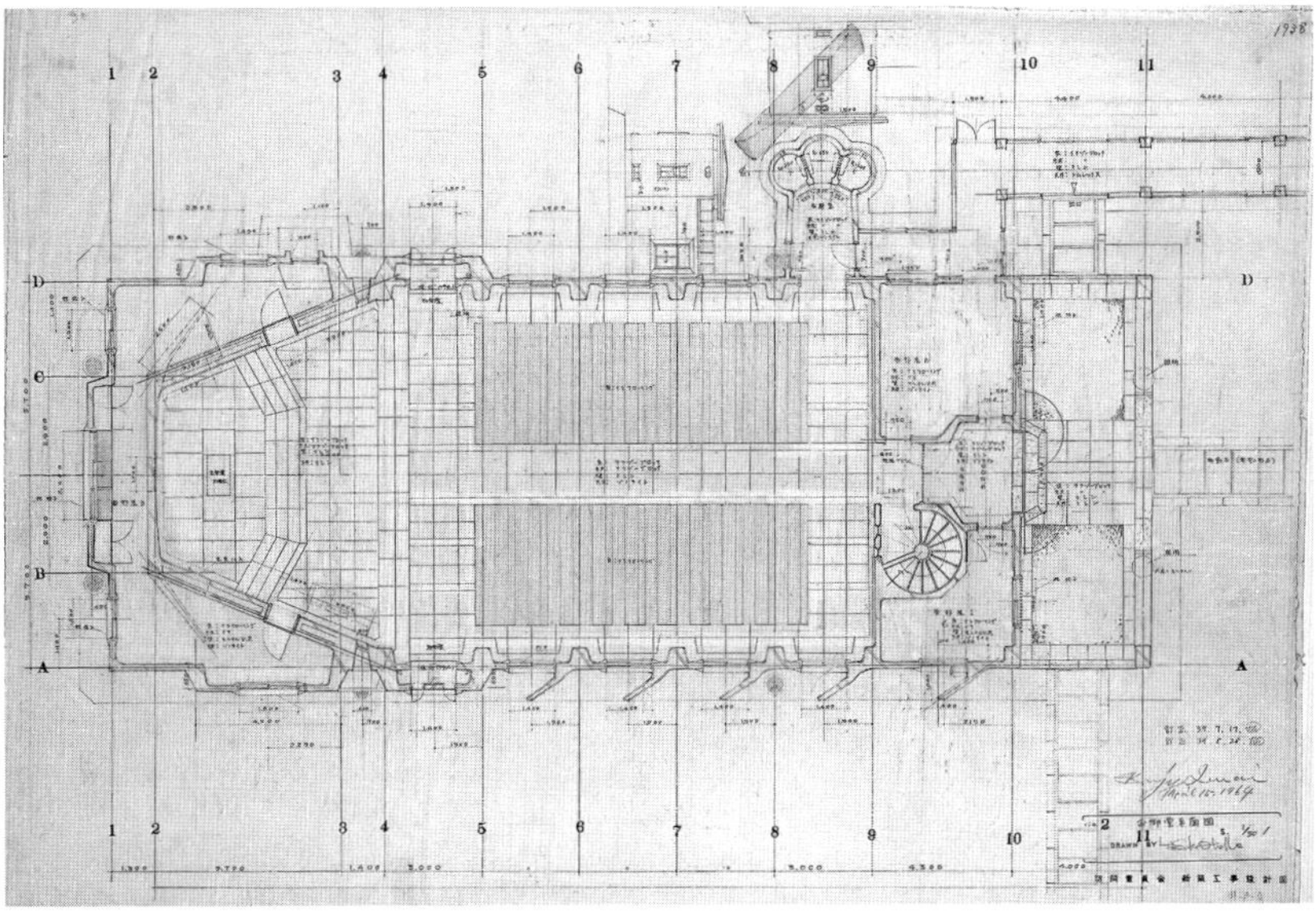

平面図　1964年4月15日

聖堂正面モザイク

からである。ただひとつのこととは、祭壇部に色光の豊かさを投入するという願いだけであった。この計画は私にとってはじめての試みでもあるから、いかなる成果が生まれるか心配であったが、愉しみでもあった。第二案は修院側の要望どおり、きわめて平凡な聖堂となり、修院と聖堂を結ぶ廻廊の増設などによって面積は原案より大きく約四百九十五平方メートルとなった。そして、昨年六月着工し、本年三月二十三日竣工、祝別式がとり行なわれた。

現場の宿泊作業

修院の聖堂建設中、私の研究室のベテランである池原先生は、長崎西坂の聖堂や特別展示室の内装指導と皇居内の皇后陛下御還暦記念ホールの基本設計ならびにその実施指導などを私といっしょに課せられているので、こまかい問題にふたりの手が十分まわりかね、施工側との作業上の連絡が思うようにゆかず、意に満たないまま工事は進んでしまう。このような私の苦悩とながい間の東奔西走との疲労が手伝い、健康もしだいに下り坂を辿りはじめた。現場作業たけなわなころには、胃痛のため慶大病院に通いつづけなければならない、という焦慮の段階となってしまった。しかし私が聖堂の仕事をすこしでも推進させてゆくのには、病院通いを中止してわずかに医薬だけにたよっていくより他なく、それにしても聖堂の出来栄えが終始気がかりのうちに進行してしまうのである。東京から腰越の現場通いも冬の最中足しげくなるにつれ、往復時間の空費が惜しまれるし、あわせて胃痛の襲撃も連日やってくるから仕事にはならない。

それにしても、修院長様はじめシスターの方々の心使いで、この修院の創設者であられ

*アルベルト・ブルトン
Albert Breton, 1882-1954 パリ外国宣教会司教、聖母訪問会創立者。

聖堂背面

たブルトン司教様*が生前起居されておられた閑静な一室が、私のために提供されたばかりか、なお湯たんぽ入りのベッドやストーブまで準備され、そして消化のよい食事を用意下さるなど、まったく家人も及ばぬほどに、孤独な私の心がよろこびでゆさぶられるのであった。

ある日、修院長様はいたましそうな私を見かねてか「東京通いは大変ですから修院にお泊りして、身体を休めながら働いてはいかがですか」と懇切な言葉をかけて下さったが、「やもめ暮しの家庭でありますので、夜、家をあけるわけにはゆきません」とご返事しないではいられなかった。献堂式も間近い二月末から三月にかけて、未決定な詳細部、聖櫃や十字架、祭壇照明器具などの現寸指導のために働きつづけることで昼夜が過ぎゆくのである。

三月にはいって私ども研究室員四、五名のものがとうとう修院に宿泊を申し出て、二室をいただいて、祭壇後壁に打ち込む陶片モザイクの作業を開始しなければならなくなってしまった。そのモザイクの意匠は訪問童貞会という名称にふさわしいものにと思い、聖母の聖エリザベートご訪問のことを表徴して、聖母と聖エリザベートとのご着衣の色の陶片を、たがいに組み合わせたふたつの環状中心部に象嵌し、なおその環状に沿う楕円形窓にも、同色濃淡の色ガラスを配したものである。

色光の投入

色光の投入については女子修院の聖堂であることを思い、設計のはじめからぜひ私が試みたいと念願していた。研究室で試作した小模型の、正面入口から祭壇後壁をのぞいて、どのような色光投映がなされるか、と色ガラス窓の頂側光ならびに側光の配置を吟味

聖堂内部

し、かすかな安心感を得ることができた。そして、入手の限られた色ガラスの中から適当色を選び、その序列や太陽の位置移動による色光面のささやかな変化をも加えてみたいと考え、頂側光の窓面直角に仕切る適当数のコンクリート壁を深く配した。それには大小さまざまな孔がうがたれていて、太陽の移動によりその小孔を通し、斜めに色光が通過するようになっている。その色光はほんのわずかな点を投映するにすぎないものだが、祈りを捧げるシスターの方々には、この色光の点在がかすかに気付かれるであろうし、この祈りの場に無限な精神的空間を導入する成果も大きいと私は考えたのである。このような一見無駄とも思われる発想を、私はいつもデザインの中に愛してゆくのであった。

献堂式が三月二十三日と決定しているのに、色ガラスがなかなか所定の窓に挿嵌されないので、その成果を懸念していたが、やがて色ガラスが挿入された由を知り、早速現場に出かけたのはちょうど正午ごろであった。聖堂の開放された扉の位置にたちどまって奥の祭壇部を眺めると、私が予期した青紫色がより濃いのに一時はちょっと驚くほどであった。そのひとつの理由として、前述のように色ガラスの濃度の適切なものがえられなかったからかもしれないし、また正午という特定の時限にもよるからでもあったろう。

聖堂祝別式の日、私は聖堂内に席を与えられ、正午を境とした前後約一時間ほど式とミサ進行につれ、祭壇壁とその周辺に投映される神秘な深奥な色光に限りない生のよろこびと満足さをとりもどすことができた。そして、聖堂という精神的空間の焦点にゆらぐかのような深青紫色は、私がまだかつて出遇ったこともないものであり、その中ににじむ他色光のひそかな沈潜とその歩みにわれながら参ってしまったのである。その後、シスターの方々から聖堂の色光についてすばらしい言葉がしばしば洩れ聞かれるそのたびごとに、こ

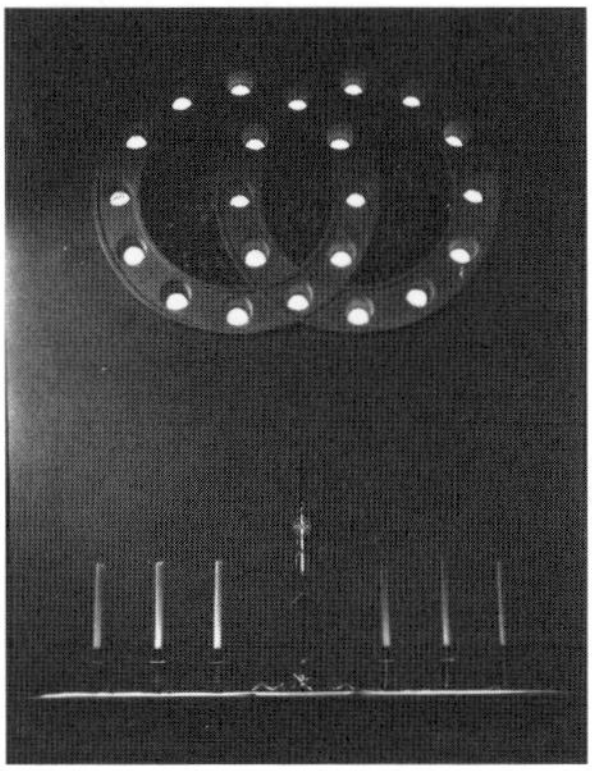
「色光の祭壇」

の試みが良いものであったとうれしく思っている。私の最近の海外の旅行で体験した現代聖堂内の色光に、このような出遇いはなかったし、また中世聖堂のステンド・グラスの美しい色光感とは異質な別の世界、あるいは現代が生んだ美しさといえるものかもしれない。かかる色光が私にとってゆかりのある訪問童貞会の聖堂に捧げられたよろこびは、あわせて私の古稀記念の思い出にもなったようである。

そして「色は建築の生命である」といわれたアントニオ・ガウディの言葉を、ささやかでごく平凡な姿に生まれた、この聖堂に捧げられたこともまた私の無上のよろこびでもある。この聖堂の色光は未明から日没まで刻々と変化し、また四季それぞれの時限や気象状況下で変化していくので、「祈る人びとの霊的世界が、人知れず、かた時も休むことのない、新たなる色彩空間の中に存在することが可能であって、良いことです」と一修道女の方が私に語られたことを貴い思い出としている。そしてまた、夜間、修院の対話の自由時間には、おたがいに皆それぞれ聖堂で体験された霊的色光ともいうべき話題が、かならずといってよいほど提起されるということである。私も修院長様がすすめられるよう、未明のころから日没までの太陽のいとなみによる色光の変化を、ぜひ体験する時を持ちたいと思っている。

「照明をともさない聖堂内の月光下の透過光のもとで、お祈りをするならばひときわ冷厳な清らかさを誘うに十分でありましょう」とシスターのひとりの方も私に話されたが、もしこのような条件下の聖堂内にて、聖《きよ》い御方とシスターたちが心静かに対話をかわされるならば、いっそう強いお祈りが生まれてくることであろう。

先日、竣工後の聖堂内の色光写真が旭ガラス機関誌『ガラス』四月号に掲載されたのを見たが、編集子は「光のあしおと」と題した名文をそれに添えている。この編集子は終日聖堂内の色光を追いつつある間に、この祈りの空間がかもしだす色光の推移をとらえ、その切実な実感を歌いあげたものにちがいない。

この小誌をごらんになられたフランス文学の山内義雄*先生から讃辞をたまわったが、「写真の各葉に撮影時の時刻をさらに記録してもらえたならば……」と惜しまれ、ご伝言が添えられて私のところまできた。

＊山内義雄（やまのうち よしお）1894-1973　フランス文学者。代表作『チボー家の人々』（翻訳）

後記

最後にこの聖堂の仕事にたずさわっての一、二の所感を追記しておきたい。その一つは私が先に設計した長崎の日本二十六聖人記念館と訪問童貞会修院の聖堂との対比である。

前者の建設資金はほとんど海外の資金のみとなり、私ども日本の人びとからのものは失礼ながら零といってもよかった。これに反して、後者の建設資金はついに外国の資金一切なしで、すべてこの修院の日本人シスターの女手の働きによる、貴い資金だけの独力建設である。「私どもがながい年月営々と蟻のように働きつづけてきた貴い資金の賜によるものです」とのことを聞き、なんだか、長崎のはずかしさを鎌倉でそそぐことができたように思えてうれしかった。

今ひとつの印象は、シスター一同の現場作業への献身的協力であった。重量ものの運搬など、とうてい私ども研究室員でも骨が折れる労働を心たやすく引き受けられ、頭の下る思いがする。ほんの一例ではあるが、修院内の庭木の移動のお願いをすれば、即座に修院長様の指図によって樹木を根回しし、さらに丸太を井桁に組んで十数人のシスター方が笑みを浮べて遠距離からになってこられたのである。今日急に依頼して、いますぐに仕事をしてくれる植木職はいないこの世の中に、シスターたちは一気に私の目前でなしとげてしまった。

このような労働力は、一体どこから生まれてくるのであろうか、と考えさせられてしまう。おそらく「わたくしたちは神の住み給う御家を造りたいのです」と各自の心に話しかけておられるからかもしれない。そして、この修院の人びとは勤労の父なる聖ヨゼフ様のおとりつぎを、ことのほか感謝しているからでもあろう。

〈一九六五年七月三日〉

(『新建築』一九六五年八月号)

聖堂外観

反省の記

鎌倉の女子修道院訪問童貞会の聖堂設計にたずさわった私は、これが竣工した昨今、ある感懐に思いを馳せないではいられない。それというのは、私の心の中に蓄積しつづけていた設計過程のある動揺について、反省と誤謬とを再認識させられたからである。

私が設計当初、その諸条件を計算に入れて計画したはずのこの聖堂原案が、実施寸前にいたって教区司教さまの指示により根本的に中断し、さらに第二次案を構想しなければならない羽目に陥って、私は困惑のショックに打たれたのであった。司教さまの意見は、こ

西側窓

の聖堂が「ごく目立たない極めて平凡なものであって欲しい」との配慮のように洩れ聞いていた。私ども専門の立場のものから思えば、原案はそのような人目を惹くものではない、と考えていたけれども、多少私が現代を意識して計画している面がないでもなかった。それで、司教さまには見慣れぬ異質の聖堂とお思いになられたのではなかろうか、と私なりに考えていた。このような見解の相違点は、必ずしも聖堂だけに限られたことではなく、その他の一般建築においても、しばしば建築主と建築家との間に出遇う問題点でもある。だが、女子修道院附属の聖堂という特殊な建築については、確かにより最善の注意力が、さらに設計上の想意の中に払われなければならないものがあったであろう。

　私は着工期の時間的なことなどを考えると、第二次案の作製には相当無理押しをする困難さも伴うので、やはり原案固執に傾きがちであった。しかし、遂に意をひるがえして司教さまの要望に応えようと努め、ようやく第二次案の聖堂の完工を終って安堵し、併せて自己の誤謬、反省といったものが今、私の心中につきまといはじめているのである。そして、平凡な聖堂建築になってしまったが、それで良いのだと自問自答してもいる。

　なぜ私が司教さまの要望をもっと早く率直にうけ入れられなかったのかと、今更ながら恥ずかしく思う。かつて、次のような意味のことが記述されていたことを私が強く思い出したからである。「日夜祈りの生活を目立つことなく営む修道女には、人類の平和と幸福のために全世界をゆり動かす巨大な力が存在している……」と。このように、修道女の方々が祈りの生活を捧げる霊的行為の聖なる場の聖堂は「目立たぬものが望ましい」という言葉に一致するであろう。そして、それはとりもなおさずこの世に現れたキリストが目立たない、隠れた御生活のなかですごされた沈黙と謙遜の道にも通じるものである。今にいたって自己の愚かさを知り、また司教さまの懇切な言葉を玩味《がんみ》して、この平凡な聖堂がよく批判に耐え得るものとなるであろうと、私も心のうちに少しばかり平安さをとり戻している。それればかりではない。聖堂建築の計画のなかで最も重要視されねばならない祭壇部の解決に、色光の豊かさを導入するという、小さい念願が叶えられたことは、私の満足感を多少でも価値あるものにしてくれたようである。そして、いつの日のことか、この聖堂祭壇部の前に佇まれた司教さまが、しばし立ち去りがたい様子であったと聞いて、私の反省は無駄ではなかったような思いがする。なお修院長さまはじめ、修道女の方々も色光の豊かさに、ことのほか関心を深めていられるようである。最後になったが、聖堂設計のむずかしさをつくづく知りはじめたことを付記しよう。

(『ジャパンインテリア』一九六五年十月号)

色光の空間

三月末、日曜の夜、東急渋谷行の車両に禿頭白髪の老詩人が乗り合せた。「みんなきょうだい！　お互いに大空のよう」と墨書した空色襷《たすき》と雑嚢《ざつのう》とを十字に肩にかけ、マンドリンをかかえた私たちの大空詩人である。なんの屈託もなく、ガリ版刷の古びた綴じ本を一心に読み耽るその姿から、「空」についての命題が連想されるのである。その一つは、先年鎌倉の腰越に完工した聖母訪問会修院聖堂内の神秘な色光と、そのゆるやかな移行のことである。それは太陽の営みにより、遥かなる大いなる御方の存在を思わせ、或いは宇宙的空間に静中動のおとずれを心に描いたものである。ある人は「光のあしおと」と評してくれた。いま一つは、若き頃より心惹かれ、昨今では私の座右のものとなっている画聖エル・グレコ*の「雷鳴の中のトレド」の大判スペイン複製画である。すさまじい雷雲と稲妻のなかに、かいま見る極小な青空から、神の摂理による人生の試練、啓示に似た、はげましをいつも享けているからである。日頃建築にかかわる私の仕事を、側面より内的に支える貴重さの故にとくに心に残る。

（『芸術新潮』一九六八年五月号）

*エル・グレコ
El Greco, 1514-1614　スペインの画家。一五七七年よりトレドに定住。代表作「受胎告知」

沈黙の空間

数年前、私は鎌倉腰越の聖母訪問会修院聖堂を設計したことがある。そして、その内部空間に神の幕屋としての精神性を生かしたいと念願しながら、神秘的な色光による沈黙の空間をつくりだしてみた。太陽のうごきにつれ、日の出から昼、日没へと色光が無言のまま、一日中変化移行してゆくのである。一訪問者はこの空間を「光のあしおと」、あるいは「あるはるかなるものの存在を思わせる……」と評してくれたが、ここに掲げた写真はその人

祭壇

の撮影によるものである。私はこの聖堂のほかに、長崎の日本二十六聖人殉教記念館の設計にも当たったが、宗教建築は精神的な空間をもち、ヒューマンな精神を人々に与える所産でなければならないと考えている。

聖堂以外の世俗的な一般建築やそれら環境に、いささかでも沈黙に価する精神的空間が投入されるならば、現代の饒舌過剰とも思われる都市建築像は、より健康な人間性の姿をとりもどせるのではなかろうか。

（『読売新聞』一九六八年十二月二十二日）

桃華楽堂

香淳皇后御還暦記念音楽ホール
1966年
東京都千代田区皇居東御苑内

皇后陛下御還暦記念ホールのタイリング・パターンについて

この記念音楽堂の基本設計を、私が拝受申し上げることにしました当時は、実は、私はこの仕事で、私の全生涯が終わるのではないかと、弱体の身をかばいながら、貧しい力をこの尊い仕事に打ち込むことにいたしました。

現在私のおかれている生活環境のぎりぎりを考えると、これが私の精一杯のことだと考えたからかも知れません。

出来ばえの良否は別にいたしましても、この基本設計の開始から竣工までの満二年間を、この建築とともに暮らし続けました私の思い出を顧みますと、数限りないもろもろのことが浮かんできますが、ここでは、内外のタイリング・パターンの構想について書きしるしてみようと思います。

建築それ自身の目的が、皇后様の御還暦を記念して、国が皇后様にお祝い申し上げる建物でありますから、発想の始めにあって私の胸中を去来するものは、自然、皇后様のさまざまな過去、現在の事柄を、私の乏しい知識の中で、畏れ多いながら御推察申し上げるように、お許しいただくほかにないと思いました。

そして、それらの願いを総合して、この記念音楽堂の建築の中に、どのように御還暦記念を表現申し上げたら良いかを考えました。

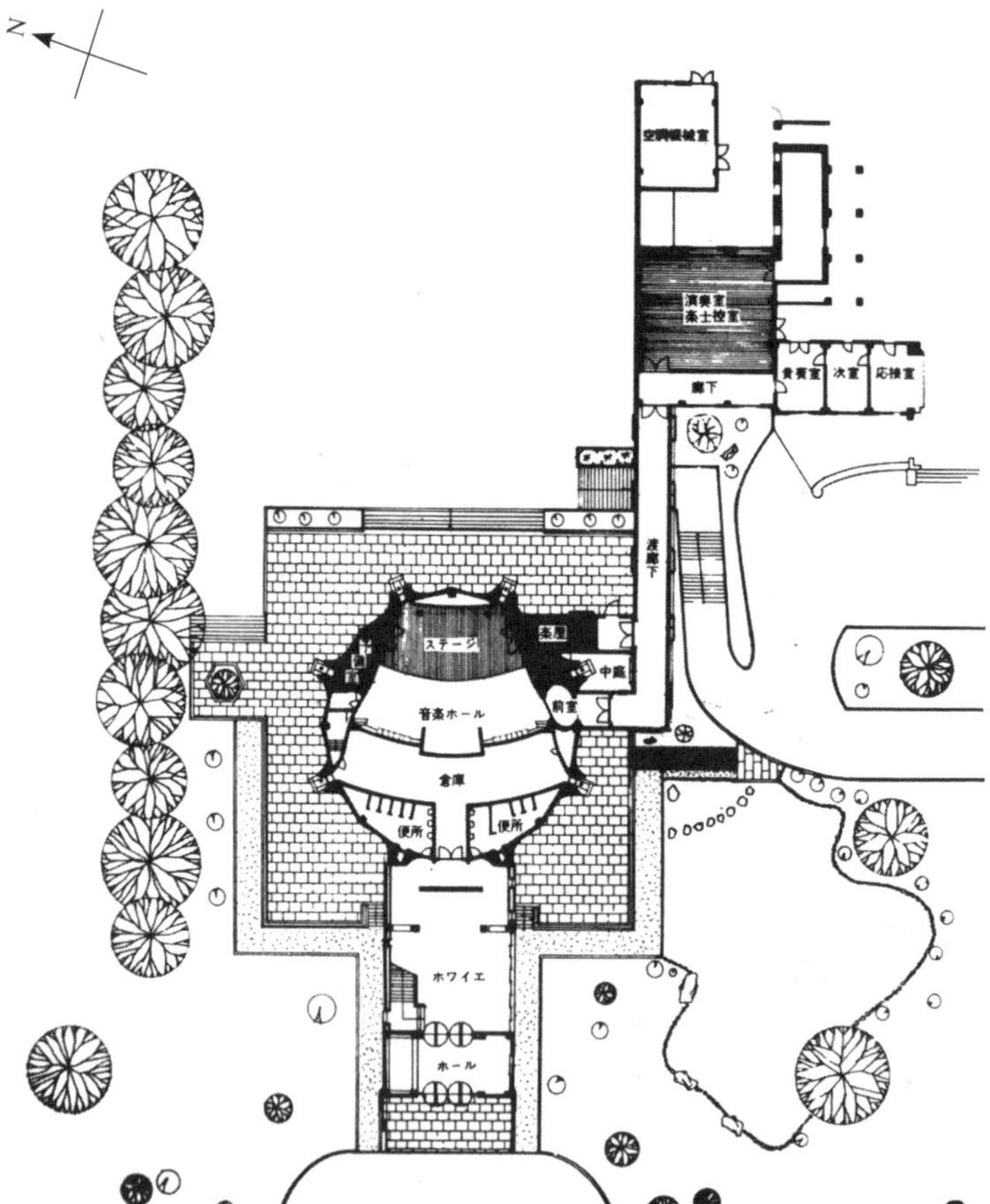
N
空調機械室
演奏室
楽士控室
廊下
貴賓室
次室
応接室
渡廊下
楽屋
ステージ
中庭
前室
音楽ホール
倉庫
便所
便所
ホワイエ
ホール

1階配置平面図

「雪月花」と「鶴亀」の壁面

所詮、私なりに皇后様御自身の御事が、この仕事の全過程を貫いて、いろいろ終始してしまった、と申しても良いのではないでしょうか。

皇后様の記念の建物ゆえに、少しでも清純さが漂うよう、白亜のような、ほんのりと色どりを添えまして、日本の女性の理想像というものを、お与えしたいと考え、その上、皇后様が天皇とともに、こよなく自然を愛せられ、国民とともに、お国のため、世界のために、お心を砕いてまいられた御生活のほどをも拝察せずには、この仕事の成就は果せられないと思ったのでありました。

豊かさ、広さ、繊細さ、それに寛容さなどのことが、私の脳裏を去来していたことも、このような次第でお許し願えるでしょう。

それにしても、この外壁壁面は、高さ十六メートル、幅九メートル大のもの七面の、高さ十・五メートルと、幅九メートルの一面、それにロビーの床面を流れる梁形の部分七十五センチメートル幅、長さ約十七・五メートルのもの二面と、ホールの内装部、舞台面を含む左右側壁、投光壁などを加えますと、タイリングをします面積は、ほぼ千五百五十平方メートル以上にもなりますので、短期間で工事をするには、よほど簡単なデザインを考えてゆかねばならないという制約に、まずつきあたったのであります。

そこで、各壁面の大部分は普通のタイルの色ボカシ張りを主体として、それにフェニックス・モザイク・パターンを挿嵌させてゆく方法を採用し、それらの仕上げに十ヶ月有余を費やすものとし、一面を仕上げるのに二十日程度の速度で進まなければならず、それに修正の時間を加えると、完工期までに間に合わないということになり、私ども関係者は、その点に関し非常に苦労をしたのであります。

2階ロビーに
上がる階段

一九六四年夏、私が制作したタイリングの画稿を持参して窯元巡礼に赴いたのは、その年の秋のことでした。

常滑、瀬戸、京都、信楽、備前、有田などで、画稿に従い、必要なタイルの色や数量、そしてフェニックス・モザイク用の陶片などを収集することに十日間を費しました。

有田の酒井田柿右衛門さんを訪ね、絵皿の破片を見出したときは、もうこれで良いと、安心感さえ出て、うれしい限りでありました。

普通のタイル張りには、私がそこに黄褐色から深いブルーへと、下から上へとぼかしておりましたので、それらのぼかしの段階を六通りぐらいに焼いてもらうので、その最小限度の色彩変化に、そうとう骨も折れました。

それも時間的に一ヶ所の製品では無理だと思いましたので、信楽、常滑、有田の三ヶ所の製品を、内外壁に使用したのであります。外壁の錦茶（下部）は有田、上部の空色は信楽、中央の白鳥は常滑です。

外壁は、一九六五年初頭には、コンクリート打ち工事でありましたので、ロビーの二階梁部分のみにフェニックス・モザイク張りを開始して、女性らしい裂地調の色彩を描写することに努めましたが、最初のこととて、比較的手間取りましたが、一応私の期待しておりましたものに近いものとなり、また、これからとりかかる大壁面の陶片モザイク張りの訓練が、職方にも呑み込められて良かったと思います。

ホール外壁の仕上げには、コンクリート打ちの終わらないうちから、打ち終わった下から始められました。竣工期のことを考えまして、まずフェニックス・パターンの部分だけ後に残し、それらのバックの地色だけを先行して着手にかかったのが、昨年の夏頃であり

*坪井善昭（つぼい よしあき）
1939- 構造家。東京藝術大学教授。
*竹内成志（たけうち しげし）
1932- 多摩美術大学教授。

正面外観

ました。

ホールの現場と本丸天守閣跡との間に、相当広い舗装面が出来上がりましたのを幸いにして、この広場の一部を使用することを許可していただいて、コンクリートの仮枠を全面に敷きつめ、その上にタイルの目地幅とパターンを描いて、各立面タイルのぼかしの配列を検討吟味することにいたしました。

それに、天守閣跡の台地の上から俯瞰し得る申し分のない好適な場所であって、大変役にたちました。

研究室員も少ないこととて、坪井善昭*、内田要三、甘粕哲、中島ミラ君らが、研究の余暇をみて、夏の休暇を中心に長いことたち働き、声援してくれた、すさまじい協力ぶりに、まったく頭の下がるほかないと思っております。

それればかりか、窯元巡礼の最初から昨年まで、ほとんど一年間私とともにタイル仕上げの実施に職人たちと一緒に働かれた多摩美大の竹内成志*先生の活動も最大の賜物と感謝しております。

この記念音楽堂の正面は、西に本丸の天守閣跡の巨大な石積みの重量感と相対し、はるかに陛下の御住いである吹上御苑の方を向いております。

この西の壁面から南、東、北へと巡る八つの壁面に「日月星辰」「松竹梅」「楽の音」「雪月花」「鶴亀」「春夏秋冬」「風水火」「衣食住」のテーマを主題とするフェニックス・モザイクの構想が、地色タイルの張り付けが終わるごとに、後を追って漸次実施投入されてきました。

正面西側の壁面は、ロビーの屋根に接触していて、他の壁面より下部がけずられ、面坪

「松竹梅」

も約半分ぐらいのものとなり、ここに「日月星辰」の自然形象を与えました。

もちろん各八面ごとに、はばたく鳥の象徴的な白い大パターンが共通要素として生かされているのですが、その中央部に信楽訪問の折発見した、直径九十センチメートルの大型水鉢の色に私は眩惑され、それを分割、八方に広げて、日輪の表現を可能にし、なお月は、近江化学の奥田さんのところで焼いていただきました。

星は金色のタイル張りに霞を数条流し、なおその壁面をかすめ飛ぶ五羽の鳥がかすかに律動感を示しています。

現場付近の皇居内上空を必ずと言って良いほど、日々群れなす鳥の去来を仰ぐのを今さらなつかしく思っております。

また、日没の太陽が爛々として大きく吹上御苑のかなたの森へ傾くころ、この西壁はひときわ黄金色のかがやきを強めます。

しかし、真の太陽に相対しては、陶片の日輪など所詮人間の仕事だけの存在価値となって、ちょっとさびしい実感が伴いますが、それでもその迫力感に満足しています。

第二面は、松竹梅を下から上への序列で配し、竹の葉と梅の花はともに信楽で焼いたものであります。

この「松竹梅」は、南庭の中に工事中建てられた私どもの仮詰所二階の窓から、陶片の挿入施工が見やすかったので、特にこの部分は私の気に入った仕事の一つとなりました。

歌碑「遠くなり、近くなるみの浜千鳥、なく音に潮の満ちひきぞ知る」の位置は、皇居内の汐見坂に近いところでもありますので、その方向に設けられました。はるかこの壁面の上方に六角の形象が、白く浮かんでおりますのは、御還暦のことを考えての徴とでも言

「雪月花」の壁面

「楽の音」詳細

えるでありましょう。

次の第三面の南西の壁「楽の音」は、記念音楽堂としての要素を暗示したく思い選んだもので、鼓、琴の駒、舞扇など、ほとんど目立たぬように描出し、それらへ霞を流し、上方に楽を奏する天女二体を表わしました。

しかし、天女の形象はスケッチのように素材の施工が思うようにいかず、半具象か抽象にしようかと、かなり迷った末、ついにこのようなものとなってしまいました。

淡い色調に整えたので庭の樟《くす》の大樹の木の間隠れを通してながめれば、いささか救われたようでもあります。

壁には紫色のエンドレスの紐模様と、千鳥と波の陶片を配しました。

この壁面は陛下が記念ホールへお通りになる回廊部に位置し、なお回廊からもこの壁面の下部が坪庭の一部からながめられます。

なお、この坪庭には「九天の楽」の文字が自然石碑として刻まれ、宮中の楽堂の意にささげてみました。

私の願いは、坪庭から上方へと「九天の星」を象徴的に配在させて、宮中の楽堂の意義を高めてみたいと思いましたが、時間的にやむなく割愛し、単に私の心覚えとしてのみの九つの陶片素材だけの投入となってしまい、少々心残りがしないでもありません。

坪庭には、宮内庁側の御好意により呉竹寮の跡の業平竹をその碑の背後にお植えいただき、その葉蔭から蘭の花模様のある陶壁をのぞきみることが出来ましょう。

第四面、雪月花の壁は松竹梅の壁同様に、下部に雪の結晶体模様、さらにその上に三日月と満月を組み合せたもの、そのかたわらに「雪」の文字を染めた小片など。そして最上

「鶴亀」の壁面部詳細

「関雎」の盃

部には桜花満開の一大円形を描き、皇后さま御誕生の春の季節を讃え申し上げようとする私の心構えでもありました。

第三面の「楽の音」と、第四面の「雪月花」との壁面は、玄関の車寄せより真近にながめられますので、皇后さまの行啓の折に、皇后さまの御目にふれやすいところでもありましょう。

第五の東側の壁面は、「鶴亀」を組み合せて表し、皇后さま御還暦と御長寿を寿《ことほ》ぎ申し上げたいと思い、特に亀の甲の部分の色調に意を注ぐことが出来たように思います。

亀甲部の左側に、やや数多い陶片が散在しがちで、複雑な表現をしていますが、これは施工中、宮内庁側の御意図に従わんがため、このような変化を来たしたことを、ここでおことわりしておこうと思います。

しかし、この部分にこそ私が大切に考えております一個の盃が投入されているのを、お気付きになられるかも知れません。

両陛下お若き頃の師杉浦重剛先生が天皇御成年の折、倫理の御進講を申し上げた時の「関雎《かんしょ》」についてのゆかりある盃であり、両陛下御成婚の喜びを先生の胸中に託したものの一つでありますから、雎鳩《みさご》の二羽の水鳥を盃の中に染め、裏の袴の中に「関雎」の文字を記して、先生の弟子達と両陛下の御成婚をお祝い申し上げげし折の品であります。「寿扇」と「無限大」（インフィニティブ）も、そのほのかなよろこびの交錦の記念といたしたつもりでございます。

雪の結晶体を描く「雪月花」の壁と、この「鶴亀」の壁との中間部の石畳のテラス上に、大伴家持の「春のその紅にほふ桃の花、したてる道にいてたつ乙女」の歌碑が置かれてあ

「春夏秋冬」の壁面

「風水火」の壁面

りましょう。

この歌中の「春苑桃花」の文字の中に皇后さまの御雅号、「桃苑」が含まれておりますことと合わせて、皇后さまの御豊かな御姿を拝察申し上げてのあまり、こよなく家持のこの歌に私は心を引かれたからでありました。

そして後庭の桃林に花咲く年々を迎えるごとに、皇后さまの御長寿を、この地を訪ねる方々が心からお祝い申し上げることでありましょう。

次の第六面は、「春夏秋冬」の壁であります。

この表現は、私の誠に稚拙な技ですが、訪ねる方々のどなたにもお解りいただける平凡さだけが、この壁面の呼びかけと言えましょう。

下部に並ぶ四個のパターンは、それぞれ信楽の火鉢の砕片の中から四季を示す染絵を探し出し、春夏秋冬、春の花、河川風景、栗、木枯などを挿入してあり、また、各所にそれぞれの季節にちなんだ形象も配列されております。

例えば小鹿、ぶどうの房などであります。

第七面「風水火」には、流れる雲によって風、流れの中の大魚を取り扱って水とし、最下部に篝火《かがり》を添えての画面構成となっております。

ここの瓢《ひさご》は、私が即興的にお祝いのしるしとして現場で添えたものです。

なお、この部分の歌碑には、長寿の意が歌われておりましょう。

第八面は「衣食住」であります。

女性としての形象の数々、簪《かんざし》、鏡、糸巻、鋏、ボタン、布地、あるいはナイフ、フォーク、茶器、そして皇后さまのお好みになられる洋楽器などがちりばめてありましょう。

「衣食住」の壁面

なお、これらの中に三個の鬼瓦に気付かれるでありましょう。

これは私が備前岡山の窯元に参り、同家のものを型取ったものであります。

下方の菱形の色どりは、桃の節句の時の菱餅の思い出でもあります。

この部分の歌碑には、皇居の環境の風景の思いを合せてから選ばせていただきました。

つたない私の記述が長く続いて申し訳ありませんが、記念ホール内壁パターンに移りたいと思います。


舞台を含む左右両壁は渋い黄褐色をしておりますが、私としては金泥のような地色を望んで、それに断雲を大きく白く浮かせてみたのでありますが、大きい壁面であり、施工中の足場などの障害物に遮ぎられて、思うようには実現出来ませんでした。この壁地のタイルは信楽、白雲は常滑（日本陶窯）、左右投光壁はスケッチに従い最初から黒みの濃紺のぼかしの中に、花を浮かばせ、裂地の考えで春と秋の季節を生かしてみたいと思いましたが、内装の時間制約などに押されて、一応のところで打ち切りましたが、建築意匠の難かしさとでも言えるのではないでしょうか。

舞台面に向い投光壁の斜め前方壁間の中に二羽の鳥を極めて淡く描出し、ホール内を旋回させるよう配置し、合わせて旋律の感をホールの中に少しばかり与えることが出来たと思っております。

天井面の角形木部の簀《す》の子配列はＮＨＫの音響担当者の意見に従いましたが、天空のようなムードを出したいと思い、淡い空色に、これまた淡い霞を流しましたが、足場に遮られて塗装指導の困難さがあったにもかかわらず、数日の期間内で終了することが出来ました。

ホール内部全景

終りに竣工を間近にした昨今、記念ホールの前庭に立って棟の上に日月形象が輝くのを仰ぎ見ては、「日月双懸、乾坤《けんこん》を照らす＊」の句を思い浮べずにはおられないことを付記してこの稿を閉じることにします。

（『近代建築』一九六六年四月号）

＊日月双懸、乾坤を照らす
杉浦重剛「時事偶感」の最後の句。

ホールのスケッチ
1964年2月19日

回想の記

このたびの皇后さま御還暦記念ホールの設計は、長崎の日本二十六聖人記念館につづいて私に課せられた重要な仕事の一つであったことは申すまでもありません。思えば、建築設計面の教育指導に四十七年間の長きにわたって没頭しつづけてきました私には、ようやく六十世代の年令に達してからの最後の十年間が、建築家らしい仕事はじめとなったようであります。その中にこの記念ホールが、私の古稀記念作品でもあるかのように含まれているのですから、私にとって感概深いものとなりました。

さて、このたびの栄えある建築の基本設計委嘱の内意が宮内庁側から私に伝えられましたのは今からちょうど満二年前のことであり、私が停年で学園をその一年後には去るという気忙しい時でありました。そのような状況下にあって私の研究室員もなんとなく落ちつきと気力を失いはじめ、一人、二人と離散してゆき、研究室は名ばかりの存在となりかね

模型

ない自然消滅寸前のように案ぜられている時でした。それだからといって、私一人だけが気負い立ったところでこのような記念性の大業を拝受しても推進してゆくことはとうてい至難と思い、一時は拝受を御遠慮申すべきであるとさえ私は考えたのであります。その年の末頃まで私の許に残存してくれるというチーフスタッフの池原義郎氏に計り、研究室の数名の諸氏がこの光栄ある仕事のために極力協力されるならば、私が拝受してもよいという意向を洩した末、その基本設計なるものが数ヶ月後に完成されたのであります。その期間中に私ども研究室員の手で造園計画を含む縮尺二百分の一の模型が製作されましたが、記念ホールが竣工した先頃、宮内庁側の懇望により寄贈して私たちの唯一の記念となったことは、この上ない幸だと思っております。

皇后さまの御還暦を記念する建物の中に、かもし出したいと希《ねが》う造形美の構想をどのように私なりに追及すればよいかに心を砕きました。畏れ多いことではありましたが、皇后さまの御人柄を御想像申し上げ、日本女性美の優雅にしておおらかな理想像を心に描きながら、造形を通じて滲み出るそれらの構想を基調といたしたいと念願して着手したのであります。つまり、気品豊かな花のような印象のものにいたしたいと考えたのであります。花弁を思い合わせるような屋根、色彩についてもできる限り日本婦人の伝統的な裂地の思い出を胸中に秘しながら表現してゆくことにした壁面など、その思考の中から生まれたと申してもよいでありましょう。屋根の形状は、はじめから「てっせん」の花のような軽快な印象のものに考えましたが、構造上の関係でいささか重くなったように思われます。記念ホール自体の外壁は八辺形とし、壁体をあまり重厚すぎぬよう細い縦長のガラス面によって分截して、石畳のテラス上に浮御堂のごとく載せるようにいたしました。そして、

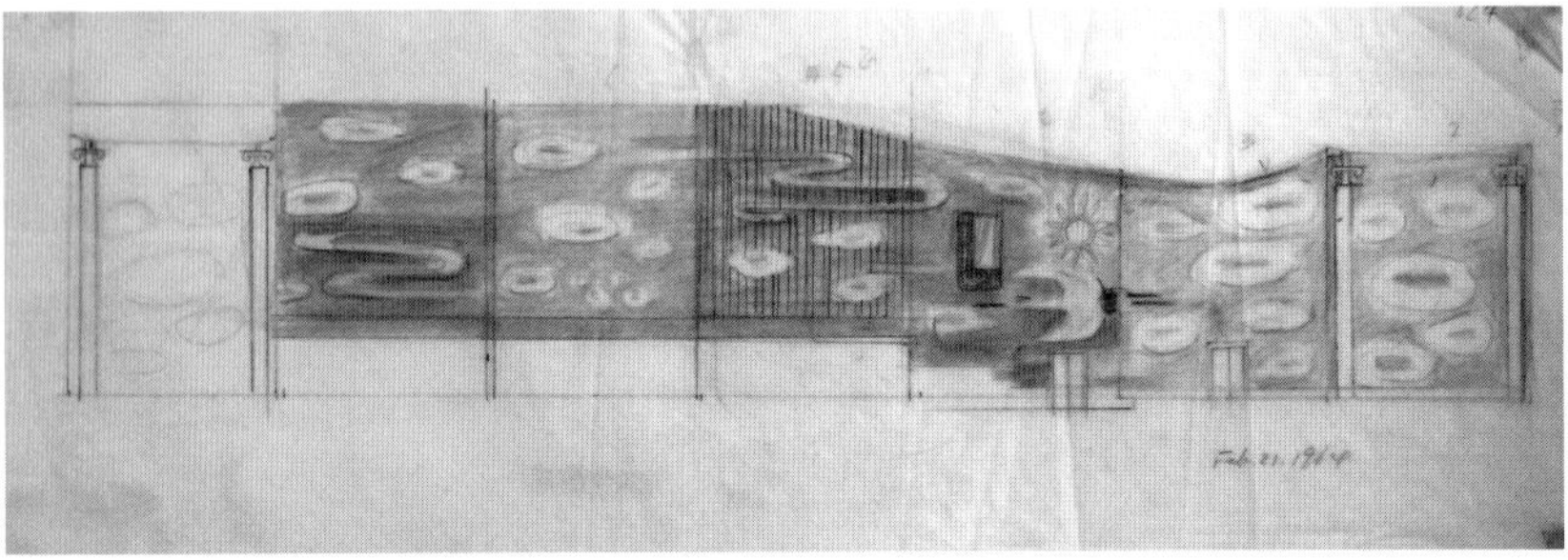

ホール内壁の画稿　1964 年 2 月 21 日

正面に向って長く流れる低層のロビーと併せて、建物全体からなにか白鳥のような清純さのムードが描出されるように、とも愚考いたしました。

八面の壁には、皇后さまがおよろこび下されるであろうように、と淡い彩りのボカシのタイル張り仕上げとし、その中に陶片フェニックス・モザイクのパターンを織り込み、皇后さまの御還暦を言祝《ことほ》ぎ申し上げたいと念願いたしました。そして、それらの中央には大きくはばたく鳥を象徴的に白く浮きたたせ、なおそれらに日月星辰・松竹梅・楽の音・雪月花・鶴亀・春夏秋冬・風水火・衣食住のパターンを添え、御奉祝の意義をいささかでも高めるように努めました。

また、ホール内装も、舞台面の壁とそれに連続する左右両壁には、浅く渋い黄味を帯びたタイル地の中に白味のタイルを使って断雲を大きく点在させて主体部を構成し、左右投光壁面は濃紺のタイル地に草花など明るく染め出したような陶片フェニックス・モザイク仕上げとしましたから、ホール内のアクセントとして役立たせることができたように思います。これらのスケッチの草稿、縮尺二十分の一の八枚の下図と、五十分の一の室内展開図二枚との作成時の苦労の体験を今でも私は忘れられぬ思いがいたします。

一昨年八月初旬、基本設計が終って間もない頃、酷暑の研究室にただひとり立てこもって想を練った作品であったがゆえであります。もしこの下絵が作成されていなかったならば、窯元へ赴き、タイルの発注や絵皿、その他の陶片蒐集に大きい支障をきたしたことでありましょうから。

天井面の小型木材の配列はＮＨＫの方々の音響効果の意図にしたがいましたが、それらの色彩仕上げには淡い天空色のなかに霞を目立たぬように流してみました。

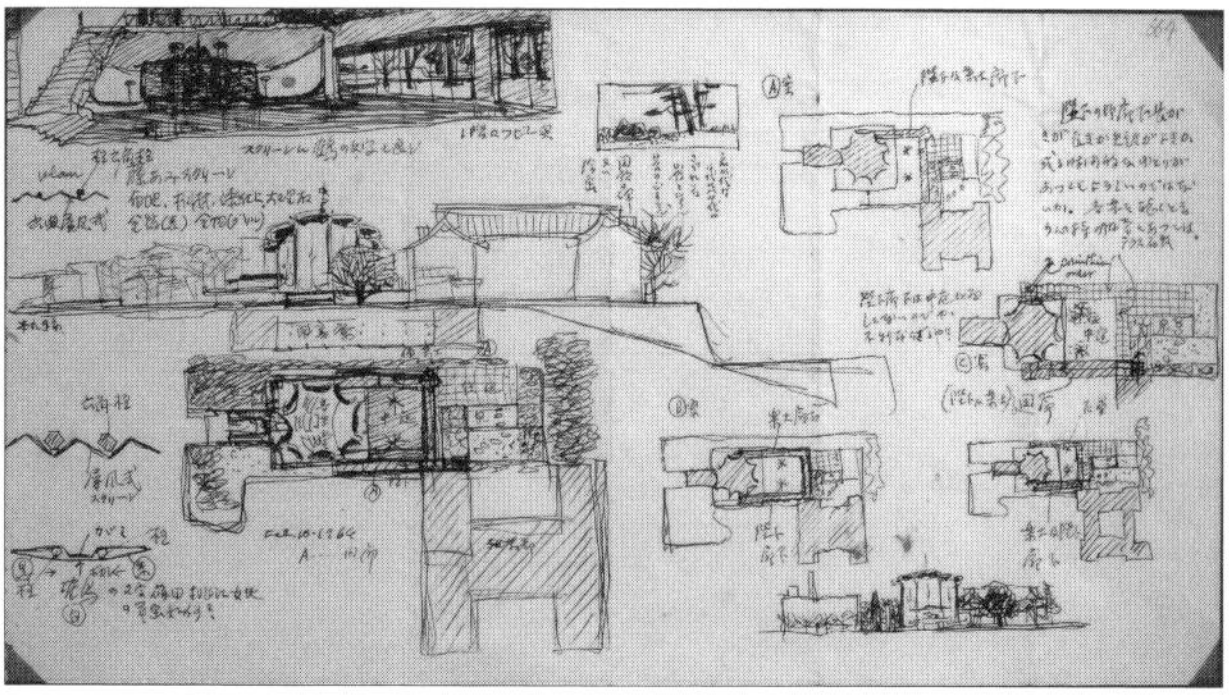

スケッチ
1964年2月16日

ホール外部の八辺形壁体の隅々には、両陛下に御ゆかりありと思われます、春の季を主題とする古歌を刻んだ五基の歌碑を配置させていただきました。それははじめの構想においてすでに私が決意しておりましたことで、どうしてもこの建物にその生命感とも申すべきものを打ち込んで歌いあげたい、との考えでおりましただけによろこびの限りであります。ロビー正面唐破風先端には、皇后さま御誕生の季節の思い出にと考え、黄金色雛人形一対を棟瓦に納めましたこと、そして、西陣の帯地張りにてロビー内の階段手摺下二面をかこみ、皇后さまの御還暦の唯一の記念にお捧げ申し上げたき、私の一念を叶えさせていただきました。それら献納者の方々のありがたい御支援の賜を心に深く刻んで、末長く感謝しないではおられません。

後庭の仕上げは予算の都合で後日に回されましたが、紅白のしだれ梅・短冊形の泉池や囲い塀などが完成いたしたならば、一段と気品に富んだ空間が誕生するのではなかろうか、と愉しみにしております。その泉池の一端に北欧のロダンと称せられたスウェーデンの彫刻家カール・ミレスの作品、「楽人」の小ブロンズ噴水像が、いつの日にか設置されますように、と私は願望してやみません（カール・ミレスはその在世中私と親しい間柄でもありました）。また、宮内庁側の御厚意にて皇后さまのお好きな樹木、泰山木・五葉の松・桃・お茶の木などをお庭にお植えくださることとなりましたので、この上ない記念樹として皇后さまにおよろこび願えるのではないでしょうか。

この記念ホールの実施面の指導まで担当いたしました私が、その貧弱な肉体と精神面の限界を越えて、よく御奉仕に耐え得られましたことは、私の心の絆のなかに何らかの因縁が作用していたからのようにも考えております。それと申しますのは、両陛下が未だ御若き頃の大正のはじめ頃、両陛下に倫理の御進講を申し上げられた杉浦重剛先生が私の中学時代の恩師であられたこと、そしてまた、私の父の伯母にあたるものの主人（私の名付親）が明治・大正を通じ長く主猟官として奉仕し、その縁で私の父も一時宮内省勤めをいたした当時の、私の子供心のなつかしい追憶がありましたので、私のような拙い身分でこのような御奉仕がつとめられたのではないかと思われてなりません。

（『建築文化』一九六六年四月号）

ホール内観パース
1964年6月18日

回想寸描——皇后陛下御還暦記念楽部音楽堂について

回　想

ここ二十年間は、私の身体がマラソン・コースの最終ゴールを力走しているような感じがしてならない。千葉県大多喜町役場からはじまり、フェニックス・モザイク制作のために東洋女子短大（藤田組設計）、大阪東邦商事ビル（日建設計工務設計）の屋階大壁面など、と矢継ぎ早に対決・勉強してから長崎の日本二十六聖人記念館を仕上げ、まもなくバルセロナのガウディ友の会の招きで欧州に旅立つ。帰れば直ちに、欧旅素描個展を東京、大阪での開催準備に忙殺され、併せて伊豆大室高原のヘルス・ホテル（廃案）、塩原のリバーサイド・ホテル（廃案）、鎌倉の訪問童貞会修院聖堂、大隈老侯生誕地記念館などの設計が待ちかまえていた。学園生活のかたわらの働き仕事であっただけに、私自身が新幹線を休むことなく突走っているようにも回想されるのである。そして、その終着駅ともいえるものが、この楽部音楽堂になるのかもしれない、と考えてみたことがある。

満三ヶ年間にわたるこの設計と現場指導の疲れのせいか、私の健康が急傾斜してゆくのを、竣工を間近かに控えた今年に入って自覚しはじめた。二月はじめころには、皇居現場の詰所の畳の上に、わが身を横たえねばならぬ破目にまでなってしまった。私の人生の終着駅ともなりかねないといった予感が、このようにしのびこんでくるのである。折りも折り、全日空機で知友、建築家である美術出版社の大下正男*さんが遭難されたこともニュースで知り、身体の痛みのなかにさらに心のいたみを宿しての日々が続いてゆく。東京新聞夕刊紙上に「もう、かえらない大下正男さん」と題した今泉篤男*さんの追憶の記事が、悲しい活字となって満されていたことが思い出されてくる。その記事の末尾に「いつも全力をつくして生きていた大下さんは、最近ではいつ死んでもいい、などよくもらしていた。……」と、大下さんの生前の立派な平安な心境が、私の昨今の胸に貴い余韻となって響くのである。

私がこの楽部音楽堂の基本設計を拝受する思いをかためた時、私に課せられたこの仕事が成就されたなら、私の生涯はあるいはこれで終るのではないかしら、とうつらうつら考えることがないでもなかった。

鶴の形象

基本設計の進行につれ、数々の構想が雑描きとなって手もとに残ってはゆくが、音楽堂

＊大下正男（おおした　まさお）
1900-1966　美術出版社社長。『美術手帖』『国際建築』『美術批評』を刊行。
＊今泉篤男（いまいずみ　あつお）
1902-1984　美術評論家。京都国立近代美術館館長。

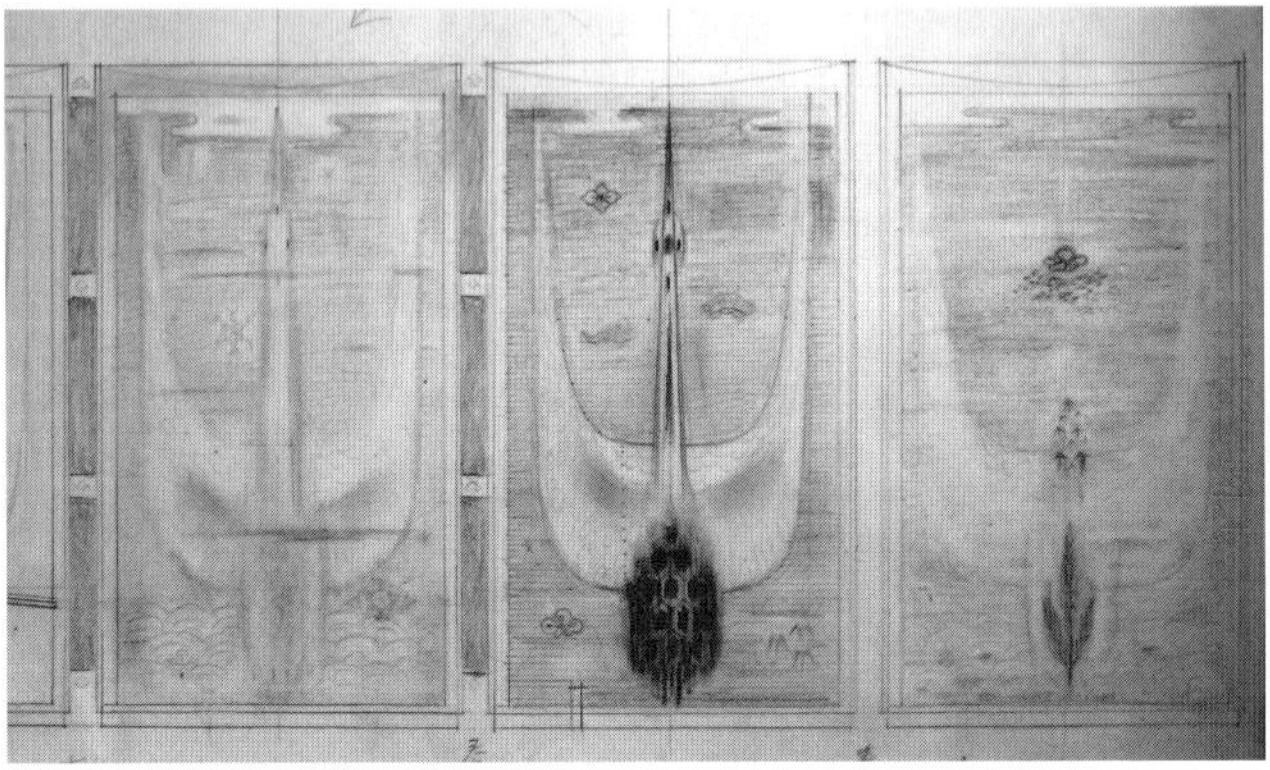

外壁「鶴の形象」
スケッチ
1964年6月5日

内外パースの正確な描写を行う余裕はなく過ぎ去っていった。たまたま、宮内庁側より音楽堂設計の内外構想のパースを両陛下に御内覧に供したいから、至急提示して貰いたい、との内意がにわかに私に伝達されたので、縮尺二百分の一の模型ではとお伺いいたしたところ、着彩のものが望ましいとのことであった。私は早速そまつではあったが内外の景観図を描き、なお夜間、彩色を施して二枚の絵額に納めて使者にお渡しした。その時、夜間着彩した故、音楽堂内部の色調が強すぎたが、一応このようなムードのものを考えていると私は申しそえたのであった。

その後になって、両陛下御内覧後のごようすを宮内庁側の方から私は洩れうけ給りましたが、皇后さまは、外壁に描かれている鳥の形象は鶴でしょうか、と側近の方にご下問があられたという。おそらく設計者は鶴と考えての形象でありましょう。しかし、鶴は皇太子の象徴でございますゆえ採用しがたいと存じます、との意味を含めて側近の方から皇后さまに申しあげた、と私は仄聞《そくぶん》している。なお、皇后さまは、そのような点については皆さんのご意図におまかせいたします、とのお言葉があったように私は拝聞いたしたのであった。

天皇陛下におかせられては、内部の色が強いようだが、とのお言葉がありし由、私はその後改めて、陛下のお言葉にしたがい、色調の淡さを求めてゆくよう努めつづけていったことは申すまでもなかった。

鶴の形象の扱いに関しては、私が宮中の文献や考証知識にうとい不心得を深くお詫び申し上げねばならない結果となってしまった。もともと、皇后さまのご還暦を言祝《ことほ》ぎ奉りたいとの私の世俗的習慣にしたがう常識意図の発想が、この場合もっとも適わしい意義を持

北面

つものと信じたことに誤りがあったようである。それ以後、はばたく鶴の形象を、はばたく白鳥として、記念性の意を高めるように思いを寄せていったことはもちろんである。

歌碑

音楽堂の外壁に沿って、五首の歌碑を配在させてある。いずれも皇后さまにゆかりあるものの中より、お誕生月の春を讃へ、あるいはご長寿を言祝《ことほ》ぎ奉る古歌を選び刻まれ、皇后さまの御還暦を記念する音楽堂の造形に一段と生命感を寄せたいとの私の願いから生まれたものである。これらの五首中、大伴家持の一首

はるのそのくれなゐにほふもゝの花　したてるみちにいてたつをとめ

がそえられてあり、畏れ多いことでしたが、皇后さまの御雅号「桃苑」がその歌言葉の中に含まれおることに心惹かれ、併せて皇后さまの御豊かなご容姿などととけ合うものを、私なりに拝察申しての末、この古歌を加えさせていただいた次第である。後庭の桃林の移植にもささやかながら、私の思いを描かせていただいたつもりである。

関雎《かんしょ》の盃

音楽堂背後の外壁「鶴亀」の陶片モザイク形象の左視点に近く、小盃一個が挿嵌されているのに気づかれるかもしれない。この盃は、天皇陛下ご成年をお迎え遊ばされた御年若き頃、倫理の進講をうけさせられました課程の中の一節「関雎」に関連するもので、盃中に水鳥雎鳩《みさご》の二羽の雌雄が絵付してあり、盃の袴底には関雎の文字が染め付けられてある。

かつて倫理御進講の杉浦重剛先生が、両陛下ご成婚の日を迎えられ、弟子たちとともに

関雎の盃

この盃をかかげてそのおよろこびをお祝い申し上げた当時の記念の品の一つでもある。そして、関雎の盃の手近かに挿嵌された陶片の寿扇に無限のよろこびを讃えられる師のおもかげを心に刻んで、皇后さまのご還暦の記念にお捧げ申し上げさせていただいた幸を私は限りない光栄と思っている。

（『新建築』一九六六年四月号）

桃華楽堂の陶片モザイク（ホール側壁）

「美術と建築との協力」について、私は建築家の卵のような時代から魅惑されていたので、おそまきながら、ここ十年間建築家としての私の領域内で爆発的に連続自作してみた。これはその中の一例である。

皇后陛下のご還暦を言祝《ことほ》ぎ奉るさまざまな想念のもとに構想し、これが実現まで約十ヶ月余の現場指導が建築指導面と並行し続けられ、私の力の限界でもあった。外部の八大壁面には〝日月星辰〟〝松竹梅〟〝楽の音〟〝雪月花〟〝衣食住〟など、ホール内壁は白雲の点在する中を施回する瑞鳥二羽と、春秋の季節を描出した投光壁などが主題となっている。

記念性の建築には、とくに、建築家自身の思考がその表現の中に徹することが大切と思う。美術家との協力においても建築家の理念を理解尊重してもらい、建築家が意図する詩

内部投光壁

感が建築体、あるいはそれらの空間から対話してくるように希みたい。それには、原案作制者が建築家とともに現場指導の陣頭に立つ勇気と忍耐、努力とを覚悟していただけたら、と愚考するのだが……。

（『建築東京』一九六八年十月号）

日本二十六聖人記念館と皇后陛下御還暦記念ホールとについての感慨雑記

私が最近設計に関与した記念建築がはからずも西と東に存在することになったが、それは長崎の日本二十六聖人記念館と皇居内に建設を終えたばかりの皇后陛下御還暦記念ホールである。一つは歴史の中にて殉教して行かれた人々のために捧げられ、他の一つは現在される私どもの国母陛下への御還暦記念に捧げられたものとしての差異こそあれ、前者は激しい苦悩にたえて信仰に殉じた歓喜の表れの記念物であり、後者はもの静かな御還暦までの人生の年輪を刻む長寿を言祝《ことほ》ぎ奉ろうとする国家からの贈りものである。一つは男性的動、そして他は女性美の静の世界の象徴的記念ともいえるであろう。従って両者の建築表現の中に自らきびしさと静謐さが記念として捧げられる、男性と女性という表現の上からも率直にちがいの生じることも当然なことでなければならない。

前者は私の六十世代の時、後者は七十世代を迎えての作品として一連のものであるが、

ホール出入口スケッチ
1964年8月4日

そこには時代的なちがいも多少表れているかも知れない。前者は信仰の建築家ガウディの俤《おもかげ》を私の建築思潮の中に激しく追究したものであったとはいえ、後者についてはいささかではあるが、ガウディ的な精神も私の意図の中に蔵してもいると考えている。それのみか、近代建築上に今日その人、その名も埋もれているルドルフ・シュタイナーの精神的作品であるゲーテアヌムの建築に今もなお生きつづけている建築理念、愛の表現と精神的空間をも念頭に刻んで、構想の中に私ははげましを与えられてきたのである。そして、室内ホールのムードの中には北欧スウェーデンの建築家エストベリからうけた何ものかが私の心に永く尾を引き、その新古典調とも称する感能に魅惑、吸引させられてきたことも事実であろう。このように私の享受し得たと思われる数々のすぐれた作家の建築作品が、永い年月心の底に滲んでいて、それらが再生して私のこのたびの拙い設計の中に影響を与えていることもいなむことが出来ないようである。しかし皇后さま記念ホールの場合には日本の国母陛下の御祝の記念としてのこの建築の中に、日本の伝統的なイメージを拙い私の才能を駆使していったことはもちろんのこと、畏れ多い次第ではあるが皇后さまの御事を私なりに御拝察申し上げ、限られた私の力をお注ぎ申し上げてみたいと考えたのである。それはこの記念ホールに打ち込まれている数々の諸形象が、私の心を伝えてくれているともいえるのではなかろうか。単なる造形表現上に、皇后さまの心を御謳い申し上げたいとの私の一念がそこに漂うよう、願いに願ってのことであった。かつて昨年末のことか読売新聞紙上にて「建物全体が皇后さまのように、にこやかにほほえんでいる感じ」と報道されている記事を皇居現場で読んだ折の、その時の私の満足感とよろこびはまさに忘れがたいものであった。皇后さま御奉祝の形象のさまざまなものの中に、先ず建築全体に花のよう

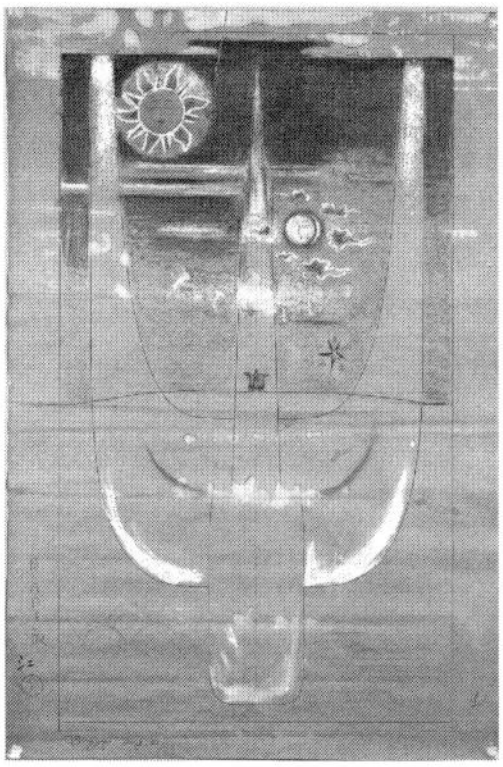

日月星辰　スケッチ
1964年8月13日

な印象をとどめたいと願い、銅葺の屋根は「てっせん」のような花びらを念頭に置いてのデザインからはじまり、白鳥のような白亜の中に淡い女性美の色調で染め出したいと考えた。従って日本調の新古典風のものが基調となって念頭から離れなかった。そして個々の諸形象をそれら綜合の中に私は打ち込みたいと思っていたのである。例えば正面唐破風上の先端にある黄金色雛人形一対、ホール外壁の「自然と人間とのいとなみ」を心に描きながらの構想などによって皇后さまの御還暦を言祝《ことほ》ぎ奉りたいと考えたこと、両陛下に御ゆかり深いと思う歌碑五首を刻んで点在させたこと、寿扇と関雎《かんしょ》の盃とのかすかなよろこびの対話が象嵌されたこと、皇后さまがお好きである桃、泰山木、五葉の松、お茶などが周辺の庭に植樹されたことなど、その他数限りない形象を挙げることができよう。またロビー室内には、西陣の帯地を数本張りめぐらして皇后さまへのこの上ないお祝いの御品として御捧げ申し上げられたことなど、私の思いは終始皇后さまのことで精一杯であったようである。これらの諸形象は日本二十六聖人記念館の場合とは異なり、人間としての御やさしき皇后さまへの国民からの贈物であり、長崎の方はあくまでも神を讃えた殉教者のきびしい精神が漂うようにと考えたが故に、両者からうける印象に自らへだたる表現がもたらされたことも当然といえる。

この記念ホールの仕事に二ヶ年間の歳月をともにした私は、両者の仕事からうけた私自身の重荷の軽重を今、考えさせられずにはいられない。私はつねづね思うのであるが、長崎の場合には私の周辺にあって多くの協力者が援助を惜しまなかったので、限られた私の全力を惜しみなく注ぐことが叶えられた。そして竣工期に近づけば近づく程協力者の旺溢した力が倍加していったからである。建築の仕事というものはとくに竣工に近い最後の段

「光の窓」（内部）

階が大切であることはいうまでもないことであって、あらゆる意匠上の些細なことも設計者が意図している総合の精神ともいうべきものが、その時はじめて誕生し、最後の生命感が躍動すると考えるからである。大切な陣痛期ともいえよう。その意味から私は竣工期に近づけば近づくほどこのような苦慮と戦っていかなければならなかったのであった。然しこの記念ホールの場合には、基本設計だけでは私は済まされない事情に立ち至り、最後まで面倒をみることになった。そして、長崎の時の場合とは全く逆の立場となってしまった。私の協力者が終わりになればなる程漸減し、内外装のタイル仕上げが終了せぬ以前から協力者は各自の研究目的やその他の事情で参加不可能となってしまい、ほとんど私ひとりでこの重要な最後の生命感の打ちこみのために右往左往して立ち働き、あらゆる現場指導を押し進めていかなければならなくなってしまった。この点について、私自身の心労は長崎の日本二十六聖人記念館の場合と比較して全く雲泥の差ともいうべき重荷であった。顧みて建築の仕事というものは、最後のどたん場を放棄するや否やの問題が大きく響いていくので、設計者にとっていつもいかに重いものであるかを肝に命じたのである。この仕事はこの意味で私には貴い体験となった。

記念ホール北側書寮部に近く接したところの石畳上に一羽の鳩瓦を柱上に頂かせてある。これは三十七年前に奈良の瓦匠吉田某に依頼して私が作ってもらった大和造民家に使われている鳩の棟瓦である。その一羽をこのたび自宅から取りはずして私のサイン代りの記念としてここに添えたのであるが、遥かに両陛下御住いの吹上御所の方を拝させてある。

終わりに施工一切を担当せられた前田建設が最初から既に限られた予算面に苦慮しながら、なお私の基本設計によるおびただしい出血にもかかわらず、私以上に健闘していただいたことを付記しておきたい。

〈一九六六年二月九日〉
（生原稿）

大隈記念館

1966年
佐賀県佐賀市水ヶ江

佐賀大隈記念館竣工

大隈重信*老侯の生誕百二十五年を記念して建設が計画された「大隈記念館」が、昨年十一月、佐賀市に完成した。昭和三十九年四月に発足した建設委員会によって、全国の校友および各界から基金が集められ、竣工をみたものだが、設計施工にあたっては筆者をはじめとする学園関係の諸氏のなみなみならぬ努力があった。

序　感

佐賀市の大隈記念館の設計から竣工までの仕事が大浜信泉*前総長と阿部賢一*現総長との二代の期間にまたがり、また、私の停年期間前後を貫いての働きでもあったので、思い出もことさら濃いものがある。

さて、大隈老侯の記念館設計をはじめて託されたとき、学園の生い立ちを私は真っ先に考えないではおられなかった。そして、それが私どもの人生と同じ波瀾に富んだものであることに気付くのであった。大正八年卒業の私だが、多かれ少なかれ学生時代を通じて今日までの学園生活に、平静なときと浪高きときとを交互して身近に感じているからであろう。まことに静と動との葛藤、浮沈の転移こそ学園の相貌ともいえるのかもしれない。

大隈記念館の設計に従事し、竣工に至るわずか四年間の短い期間中でさえ、学園内の激動がわが身をゆすぶってやまなかったし、この異状な容相のなかにあって私自身もまた無

＊大隈重信（おおくま しげのぶ）
1838-1922　政治家、教育者、第十七代総理大臣、早稲田大学創立者。

＊大浜信泉（おおはま のぶもと）
1891-1976　法学者、早稲田大学総長。

＊阿部賢一（あべ けんいち）
1890-1983　経済学者、早稲田大学総長。

正面（北側）全景

関心ではありえなかった。それだけに、老侯生誕地にて記念館の建設に従事しえることの意義を一層強く捕える好機ともなった思いがする。老侯が学園創立当時、提唱していた「久遠《くおん》の理想」のもとにあって、学園の共同体は希望に満ち溢れた一大家族の結集の感を呈していたことを想うとき、私は私なりに学園の激動期にいかに対処すべきかを心に描かずにはおられなかった。その捌け口が、はからずも佐賀の大隈記念館の設計と工事指導のなかに、その活路を見出し得たと考えるのである。そのようなことから、この記念館の竣工が私にとって働き甲斐ある学園への最後の奉仕となり、この上なきよろこびとしている。

母校愛の二つの綾

家庭愛、母校愛、祖国愛、人類愛は愛の一環であり連鎖であるから、母校愛は単に孤立のものでなしに、すべての愛にその生命をつなぐものでなければならないと私は考える。私は中学時代に杉浦重剛先生から教えをうけ、また、早稲田で大隈老侯の教えのなかで育てられたので、杉浦先生の膝下に集まり、先生の人となりを敬慕し、またその教えのなかに心を注がれた早大関係出身の数々の人々に、ことさら親近感を寄せるのは至極自然なことであろう。私の出身中学の前身である東京英語学校時代の杉浦先生門下生に、大隈信常*前名誉総長や塩沢昌貞*先生などがおられ、また、杉浦先生の小石川茗荷谷における称好塾*生として、風見章*氏、その僚友中野正剛*、緒方竹虎、河野一郎*、河野謙三*氏などが、反骨精神の人間形成に、杉浦先生の風格に傾倒、これに努めた人々である。これらの人士を早稲田大学関係者のなかに持つ私が、二つの母校へのより親和の情を濃いものにしてゆくのはいうまでもないであろう。

*大隈信常（おおくま　のぶつね）
1871-1947　大隈重信の養子、早稲田大学名誉総長。

*塩沢昌貞（しおざわ　まささだ）
1870-1945　経済学者、早稲田大学総長。

*称好塾
明治十六年、小石川に開かれた杉浦重剛の私塾。

*風見　章（かざみ　あきら）
1886-1961　第二次近衛内閣司法相。

*中野正剛（なかの　せいごう）
1886-1943　大正、昭和の政治家。

*河野一郎（こうの　いちろう）
1898-1965　鳩山内閣農林相。

*河野謙三（こうの　けんぞう）
1901-1983　政治家、参議院議長。

だが、杉浦重剛先生と大隈老侯とは、かつて互いに政敵の間柄のこともあった。当時三十五歳であった杉浦重剛先生が黒田内閣（明治二十二年）の外相大隈重信の条約改正を中止させ、黒田内閣を打倒したことが思い出されるからである。晩年のことであるが、杉浦重剛先生が大隈老侯と面接のおりの話、それは大正の頃のある一夕、上野精養軒で全国中学校長会議が開かれたとき、大隈老侯（当時伯爵）も招待されて出席し、数多い中学校長のなかで特異の存在であった杉浦先生は、席上推されて次のテーブル・スピーチを試みられている。

「私共が昔開成学校の学生であった頃、伯爵は参議大隈卿として声望隆々たるものであられた。従って神田あたりの店頭には伯爵閣下の写真が沢山出ていましたのを、私の親友小村寿太郎が一枚買ってきてその裏に To Mr.Komura from his friend と書いた。つまり閣下を友人とする抱負であったのです。その小村は果して立派にその抱負を実現して、閣下の友人になりすましました。その後これも私の親友増島六一郎君の結婚媒酌人が閣下でありましたので、その式の席上始めて閣下にお目にかかりました。それから後に条約改正問題について、私共は日本主義を唱えて猛烈に閣下に反対しました。あのころ閣下は、杉浦や千頭など気狂いのような男どもと仰せられたそうですが、さて近頃閣下も『新日本』という本を発行されて頻りに日本主義を鼓吹されているようです。私は身体虚弱でとても長くは働けまいと思いますが、閣下は御高齢にもかかわらず百二十五歳まで生きると申して居られますから、どうか今後私共の日本主義を継いで大に御活動せられんことを希望いたします」（藤本尚則著『国師杉浦重剛先生』より）

これらのことが、私の二つの母校愛の綾となって、大隈記念館の設計意中を流れていた

南側全景

といってもよいであろう。

設計当時の回想

もともと私の建築家としての出発点の仕事が内藤多仲先生のご支援により母校図書館にはじまり、演劇博物館、大隈記念室を経て最後に佐賀の大隈記念館で終わりを告げたことは私にとってまことに感慨深いものがある。日本二十六聖人記念館が長崎に完成した翌年の昭和三十八年六月、時の総長大浜信泉先生から佐賀の老侯生誕地の記念館設計の指名依頼をうけたが、ちょうど私の渡欧直前のこととて同年九月帰国早々設計構想に着手し、その大綱を決定した。そして、その翌年の三十九年六月頃、皇后さまのご還暦記念桃華楽堂の基本設計が終わるとともに、佐賀の記念館設計も一応の目鼻がついた。幸いに、その着工期がのびのびとなっていたので、桃華楽堂の建築指導に極力専念する幸運にも恵まれたわけである。

想えば、この両者の建築設計が私の停年期の昭和四十年を境にして互いに並行しながら後先となって進行し、気ぜわしいその時期を夢中ですごしてしまった。もともと桃華楽堂より先に設計しはじめていた大隈記念館が、意外にも桃華楽堂の後に竣工するという結果となり、なお、停年後の二年間にわたって引きつづき学園創立者の仕事に奉仕し得たことは、私にとって限りない人生だと思っている。

設計を依頼されたとき、わずか延面積三百二十平方メートルたらずの小規模なものに、どうしたら人間大隈老侯の巨大なスケールを描出することができるであろうかと苦慮し、至難な業なる哉、と嘆息しないではおられなかった。しかし、そのような至難な道を貫き

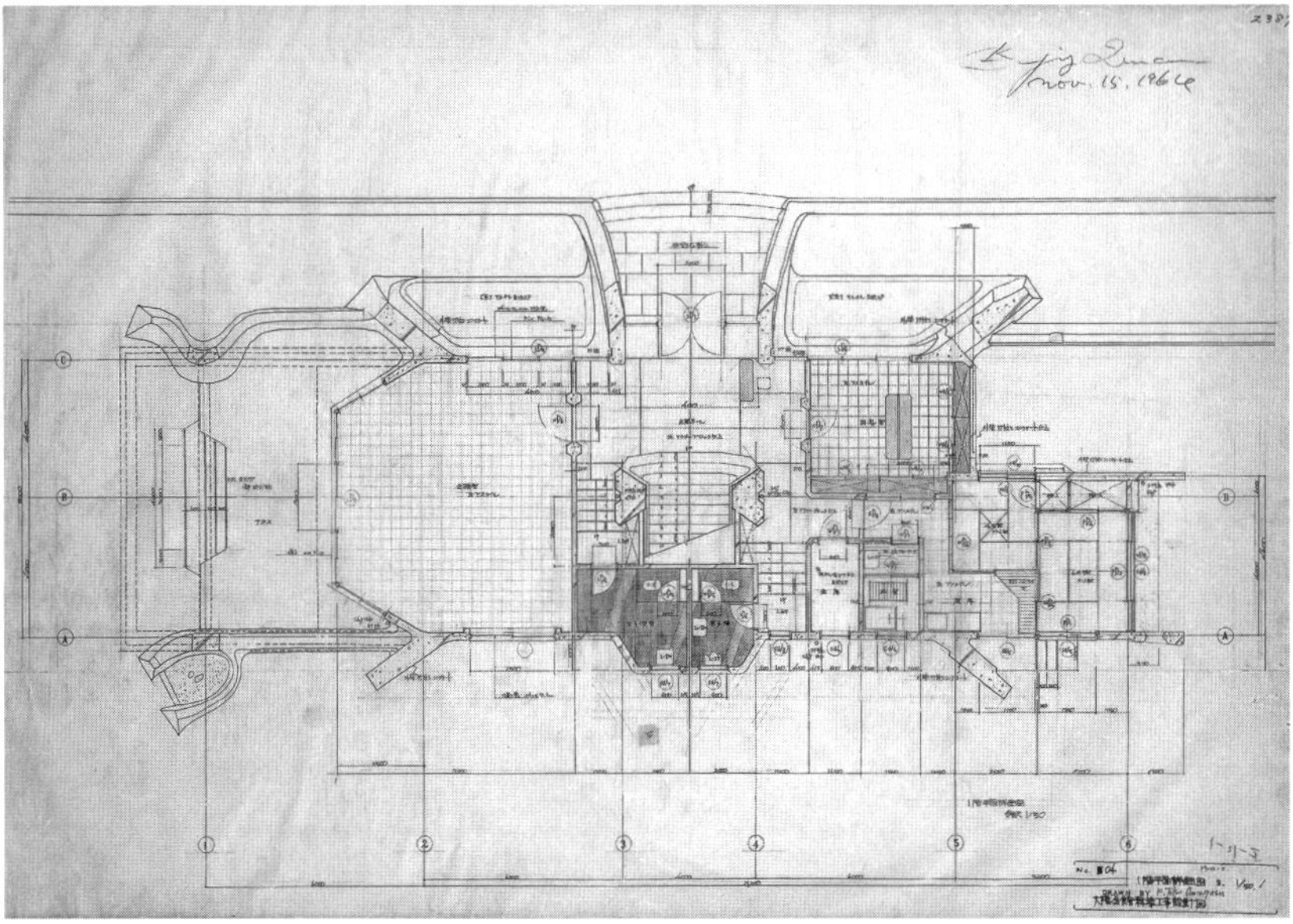

1 階平面詳細図　1964 年 11 月 15 日

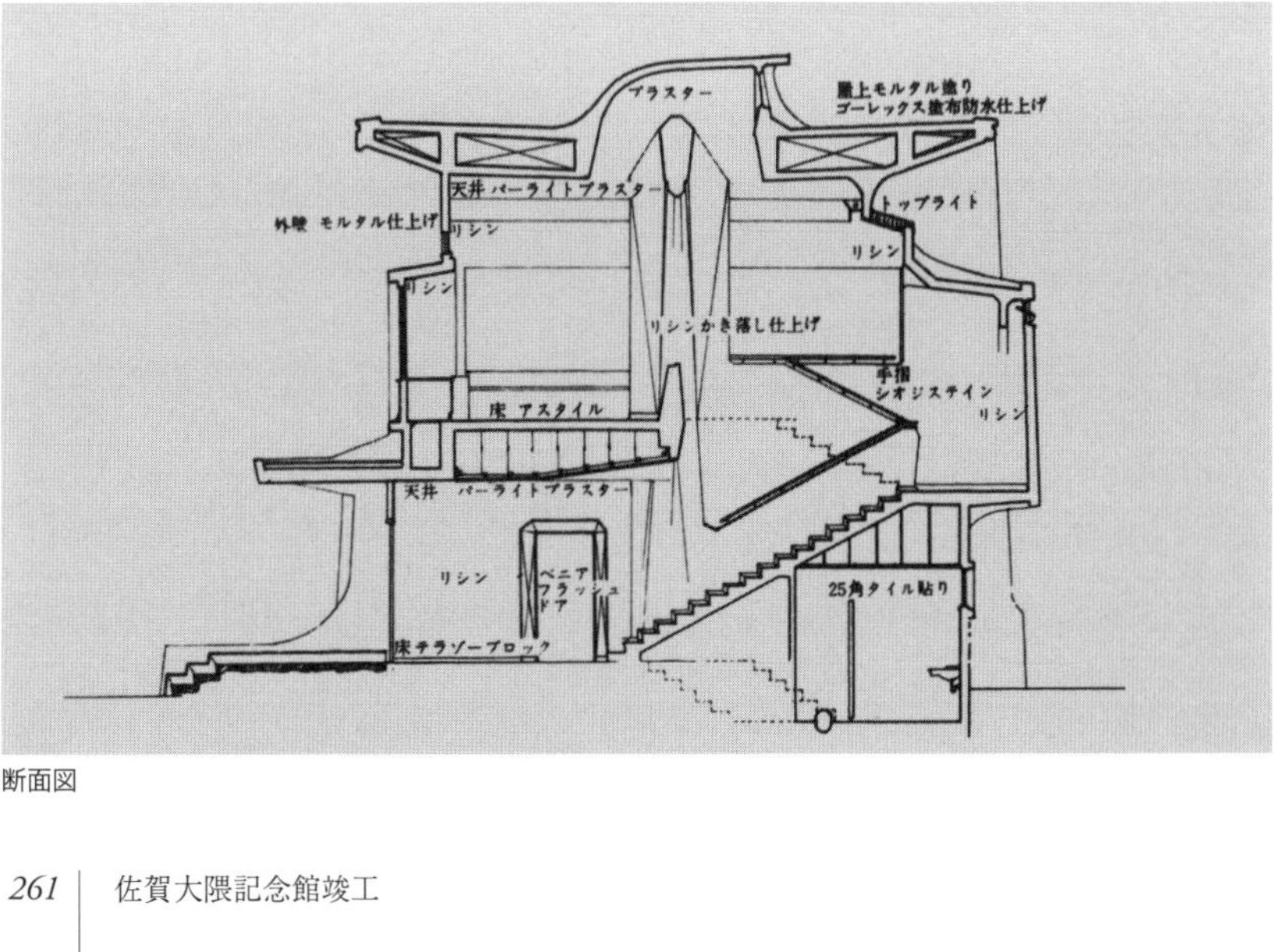

断面図

スケッチ
1964年2月16日

突破するということが、むしろ、巨人大隈老侯の精神に通ずる好適な私への課題であり、使命であると考え、私なりに老侯の俤《おもかげ》をしのびながら設計構想に時を費やすのであった。そのような私の野心過剰のゆえに、おぼつかない設計となりかねないかも知れないが、もしそうであったとしても老侯のような大人物は、私のふてぎわを咎めもせずに、看過していただけるのではないかと負け惜しみも湧くのであった。

想念の投入

記念館の設計のはじめにあって、私の胸中を去来した数々の想念ともいうべきものをここに挙げるならば、大体次のようなものであった。

一、私の学生時代学園の諸式典に参加し、まのあたりに接した老侯、すなわち慈父そのものとしての感懐
二、東西文明調和の提唱者
三、人間大隈老侯、巨人大隈老侯
四、庶民とともにありし老侯

これらの思いを多少なりとも記念館の設計構想のなかに役立たせ、大隈老侯らしいものを打ち出せればとねがった。そのようなことから、私はその空間構成の基本ともいえる中心部の一対の巨柱から放射する架構を設定してみた。これは、日ごろ老侯が抱負とし理想とされておられた東西文明の調和という理念を、記念館の建築のなかに投入したいと考えていたからである。中央階段をはさむ一対の主体柱から四隅の柱へ流れる架構体は、四方に放射展開する姿勢であり、それらが示す外部空間が老侯の前進する巨大性の象徴とも

北側玄関

なってくれるであろうかと。そしてまた、老侯在世中、「世界の道は早稲田に通ず」とよくいわれた大名句もこの空間解決のなかに、いくらか秘しめられた思いがする。深い陰の軒面、人体のような壁面部の変容、彫刻的な凸凹を示す動的な表現などは、老侯の極大な許容力を描写しようとした私の欲念かもしれない。なお、巨岩、山塊、大樹のごとき躍動感が、手近い各所にうかがえればとがんばるのであった。このように、従来の箱型形式をつとめて脱したのも、ひとえに老侯の巨大な人間像を追求しようとした私の拙い老婆心からである。細部には、平凡な業ではあったが、老侯の家紋を刻んだ出入口押手やその軒下端の蝶型ネクタイ風とも思われる小さい形象などが、放物線形を組み合わせて無限感を蔵した壁間部とともに、正面玄関を散策しているのを見られるであろう。

内部意匠

現在、記念館の建築内外と庭園とは仕上がっているが、館内はまだ公開する段階に至っていない。しかし、展示品や展示形式の内容、その他については、目下、早大校史資料室の高野善一氏と協力して準備中であるから、老侯生誕の家（昭和四十年六月、文部省重要文化財に指定）が修築完工される今秋までには開館のはこびとなるであろう。内部の意匠で私が考慮した二、三の点を挙げるならば、階段室の頂光と展示室正面側の真紅の窓、そして、小松の庭をながめる西側バルコニー出入口かたわらにあるユーモラスなコンクリート小柱であろう。前者には、老侯母上の恩愛の慈光とも申すべきものを、中央階段室に降り注ぐ色とりどりの頂光に託し、真紅の色ガラス窓は私ども学生時代の心にやきつけられている老侯在世中のガウンの色、また、後者の小柱は庶民を愛し愛せられた老侯と和する人々の

入口ホール

バルコニー出入口
と小柱

「大隈音頭」を唄う歌声の主であるかもしれない。

たまたま、この添え柱の小柱を同行の池原義郎先生といっしょに現場で原寸図を描いていたころ、一夜、佐賀の宿にて小学生のようなおぼつかなさで「大隈音頭」らしいものを自作して老侯となにか対話するような小柱ができてくれればと考えたことがあったが、お笑い草にその一節を記してみることにする。

おいが佐賀に生まれた大隈さんは
早稲田田圃に種まく御人《ごじん》
庶民を愛し愛せられ
東西文明調和の御主《おぬし》
アア　アルンデアルヨ
　アルンデアル

なんとか、このアルンデアル調子のおかげで、小柱に「こけし」柱のようなおどけた姿が見えはじめ、思わず私は微笑してしまった。柱頭にあたる部分に、佐賀にて買い求めた茶器の陶片をW字に象嵌し、なお、Wの各先端に彩りも豊かな花模様の絵付の陶片を松の紋様形に刻んで点綴《てんてい》したら、踊り唄う扇の乱舞のようなものが、そこに浮かんできた。

竣工を一ヶ月後に控えた昨年十月下旬、大隈会館でのある祝賀宴に同席されていた学園の大先輩磯部愉一郎先生に、それとなく「大隈音頭のようなものが欲しいですネ」と申しあげたところ、先生曰く「大ありですよ」とのこと。それからまもなく、先生より自筆で

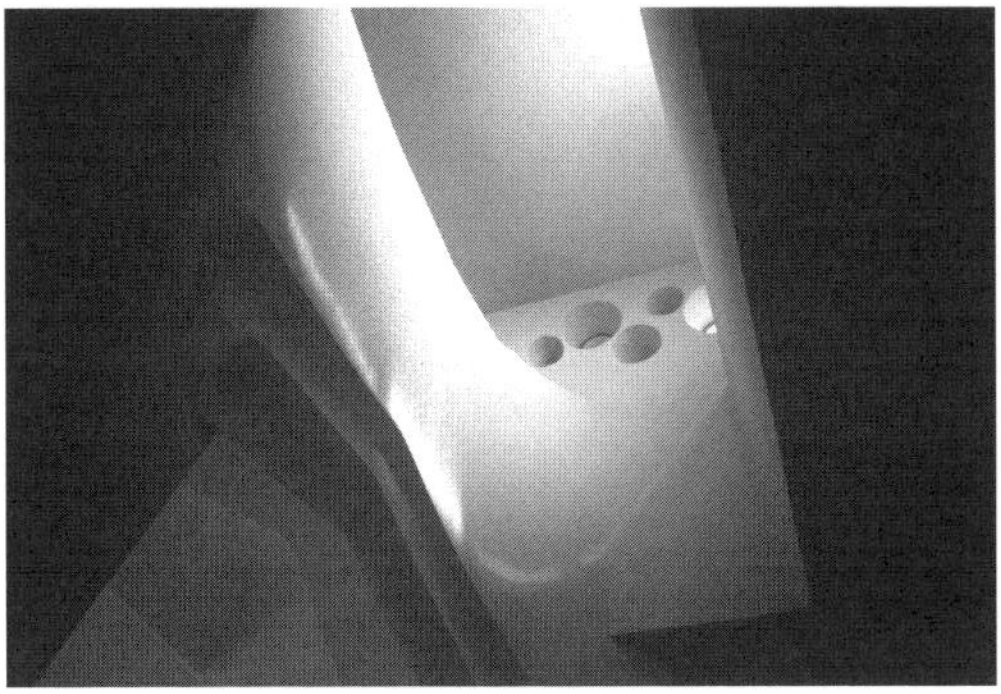
階段ホール
吹き抜け見上げ

＊西条八十（さいじょう やそ）
1892-1970 詩人。代表作「かなりや」

「大隈重信生誕百二十五年記念祭典歌西条八十氏作詞」＊『でっかいぞ大隈』を拙宅へお送りいただき、あらためて私のうかつさに恥じ入った次第であった。大隈記念館の開館をよい機会として、佐賀はもちろん日本全地を大隈精神昂揚の場にしてこの作歌を人々に親しんでもらったらどんなものであろうか。

昨年のことであった。私が日本芸術院賞の受賞の栄に浴した翌日、皇居に召されて「建築相撲」という軽いお話を陛下に申しあげたが、大隈記念館の仕事にもそのような大相撲の体験を味わうのであった。私の建築相手が大隈老侯であるからなおさらのことで、私が負けるのははじめからわかりきっていたが、あえて全力を傾けて相撲を取ってしまった。前述のように曲壁面の多い記念館の模型を縮尺二百分の一から、五十分の一、さらに二十分の一へと拡大検討していったものを、実施に際して忠実に原寸に写しとって、巨大な彫刻を制作するといういまだ試みてみたことのない難工事であるから、まったく無理な設計注文であって私も不安がないではなかった。壁面の仕上がりが荒っぽい表現になってもしかたないと覚悟していたのだが、施工担当者の熱意により予期以上のものとなり、いささか建築相撲に勝てたようで感謝している。

竣工後の記録写真を撮影に佐賀を訪ねた『新建築』誌の記者は、記念館の建築について「早稲田大学創立者大隈重信の生家と隣接して建てられた大隈記念館は皇居の桃華楽堂と前後しながら設計が進められたもので、特異なたたずまいをみせている。それは図面だけでは表現できない建築の領域に立ち入っているものといえるであろう。内部はトップライトからの光と、横の真紅の窓ガラスからの光によって、白い仕上げの壁面に光のドラマを演じている」と記してくれた。

後記諸感

敷地の東北端に移築された「大隈重信侯生誕之地」の記念碑かたわらの正門を入り、記念館をかすめて小松の庭の生家を遠望する景観を私はこよなく愛している。また、記念館の設計に際して、若きころから私が畏敬してやまない建築芸術家、哲学面に多彩な才能を持つルドルフ・シュタイナー（一八六一―一九二五）の建築思想に背後から励まされたことを付記しなければならない。ゲーテの自然科学に基づく人智学を創始した彼が、スイス・バーゼル市の近郊ドルナッハの地に自らの手で設計建設した「ゲーテアヌム」の人智学研究所の建築に打ち込まれた「建築の人間化」なる彼の詩感、「現世の闘争する激動のなかから変化し生まれる調和の世界と人類愛の実現」という彼の高い願望とに、私が大きく影響されているからである。

最後は大隈記念館がつつがなく完成したことは、同建築委員会の諸氏の熱意による支援のたまものであり、ことに終始世話の限りを尽くされた副会長池田駒氏（商議員・校友会佐賀県支部長）の厚意に感謝を表わし、また難工事を引きうけられた松尾建設社長松尾文雄氏（商議員）をはじめ、その督励下で誠心誠意現場担当に精励された人々に、絶大な敬意を捧げるであろう。なお、設計面にて、直接協力された諸先生および研究室員の氏名を掲げて、その労に報いたいと思う。

設計担当

早大助教授　池原義郎（昭二十六建築）

東海大学助教授　谷田義久*（昭三十二建築）

*谷田義久（たにだ よしひさ）
1933- 建築家。東海大学教授。

入口ホールから階段をみる

＊竹内盛雄（たけうち　もりお）
1911-1997　構造家。早稲田大学教授。
＊古藤田喜久雄（ごとうだ　きくお）
1924-1990　構造家。早稲田大学教授。
＊田中弥寿雄（たなか　やすお）
1929-　構造家。早稲田大学教授。

丹下健三研究室（在米研究中）　甘粕哲（昭三十九建築）
東京芸大助手　坪井善昭（昭三十九建築）
自営　内田要三（昭三十九建築）

構造担当

早大教授　竹内盛雄＊（昭十一建築）
早大理工研教授　古藤田喜久雄＊（昭二十二建築）
早大助教授　田中弥寿雄＊（昭二十七建築）

大隈記念館が開館するまで、展示関係の仕事をなお今しばらくつづけてゆかねばならないが、それにしても思い出の旧研究室に二十数年間もの永い年月掲げられていた老侯の肖像画が、西大久保の新校舎池原義郎研究室内にうけつがれてゆくのがなつかしく回想されてくる。この老侯肖像画には由来がある。ちょうど、太平洋戦争の終末に近い昭和二十年二月十一日のこと、当時石間工務店設計課長であった社寺建築方面の有能な青年井出憙助君より私が寄贈をうけた逸品である。ガウン姿の老侯がすぐれた肉筆にて精巧に描写されていた。「手もとに置いても、いずれ戦禍によって焼失の運命になってしまうからお手もとに譲る」といって、それ以来私の研究室の主となり所蔵されてきた。そして、私どもにいつも大隈精神の導きとなってくれたこの肖像額のもとで幾多の設計と研究がなされ、大隈記念館の最後の設計にも情熱を傾けることができたのである。

（『早稲田学報』一九六七年六月号）

万博・教会の家

1968年4月22日
計画案

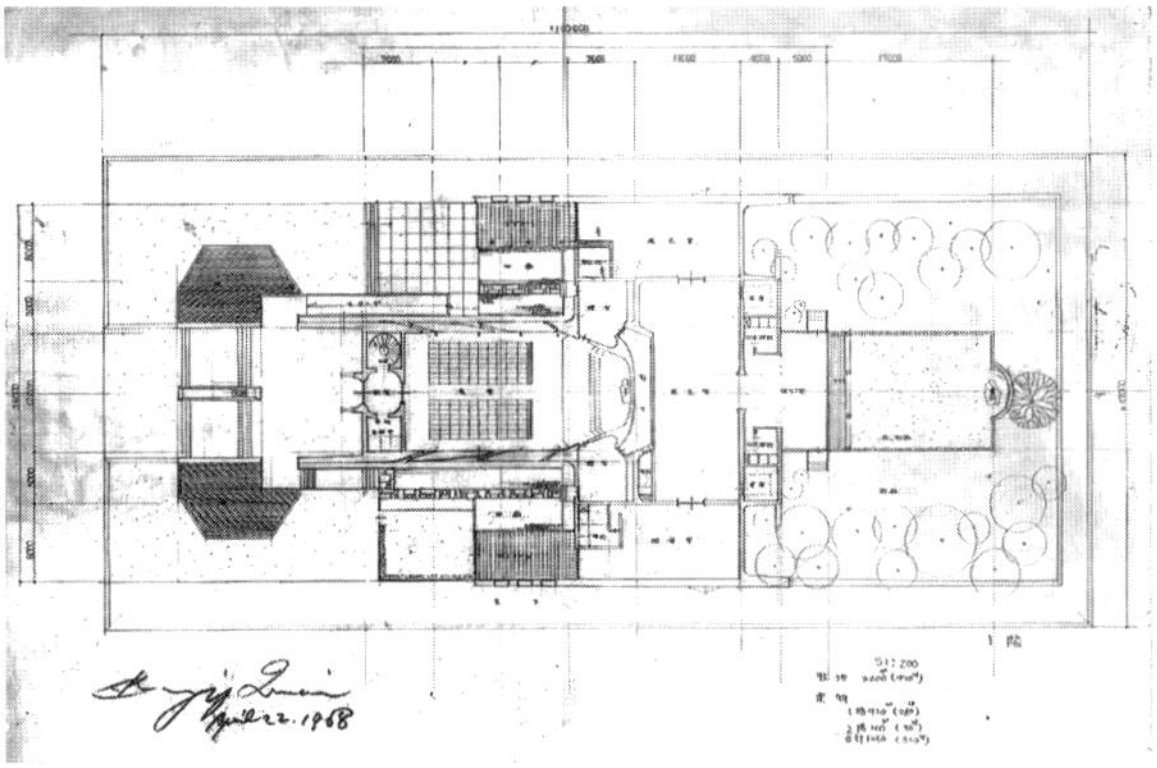

1 階平面図
1968 年 4 月 22 日

無　題

私の拙い構想には次のような想念が宿してあります。

御生誕より御受難、御死去を通じて御復活・御昇天、天上の神の御光栄へと人々の心が高められますような建築体。それには馬槽の御子キリスト、茨の冠、十字架、御復活御昇天の流れを持つ高塔、高塔の頂部にはキリストの象徴である麦の穂、葡萄づる、乱舞する聖霊鳩群などを配し、神の御光栄の王冠で終わりたいと存じております。茨の冠は玄関前の正面入口前に巨大な傘のようにかかげております。なお、高塔は楽管のような役割を果たさせ聖歌隊席後方のパイプオルガンや、聖歌隊の合唱が強められながらその管内を上昇して高塔部から静かに万博会場内に流れるようとの仕組で御座いますが、これには音楽家（御出席であられた野村先生のような）や音響学者の協力がなければ困難な仕事と思っております。

堂内部の構想は、色想は、色光から求められます宗教的雰囲気をかもし出すこと、そしてそれらの色光は太陽の恵みと人工照明とによって昼夜の効果を描出するよう工夫だけはいたしたいと存じましたが、なかなかむずかしいようでもありますが、この方は実現可能であり、極めて日本的な情調を生かし得るのではないかと思われます。そして礼拝堂内の色光が樹林の枝葉の上から洩れ来るようにされましたなら人々の祈りの場に、そしてまた心のやすらぎを得る空間ともなるように思われますが。

断面図　1968年4月22日

展示室は、展示作品や陳列品が良い採光のもとに見られるよう出来るだけ機能的にデザインされた方が経済的でもあり、礼拝堂との対比の点からも好結果が得られるようにも思われます。展示室は礼拝堂を背後から左右にかこむよう配置し、その背後に休憩室、後庭などを配して見ました。

　このキリスト教館の周辺は出来るだけ敷地の樹林帯に沿うて設置されますれば申し分ないと存じます。そして建物の周辺に適当な宗教的な彫刻、例えば天使像、四福音史家の表徴的な彫刻、聖母子像、その他世界各国からの代表的聖人像（近代・現代作のもの）などが配列されましたなら、万博の名に適わしいことではないでしょうか。また「生命の泉」と称する泉池も考えられましょう。

　私のイメージの中には懇談会の節に一寸お話しいたしたように建物は小さいながらも、そしてまた人目に立たぬ樹林内に高塔のみが眺められ、その位置から森を越えて流れ来る宗教音楽のメロディーを、会場内の人々がその音楽の奏でる主はいったい何処から来るのであろうか、と思うのでよいように思われます。音楽の主の方向に人々は歩みを進め、森の中のキリスト教館の空間に誘いこまれ、礼拝堂内の色光にひと時或いは長い時間座して喧騒な万博会場内と全く対比の世界に沈潜することが可能であれば、と私は下手な考えに目下追いやられている次第です。

〈一九六八年二月九日〉
（プリント）

遠山美術館

現　遠山記念館
1970年
埼玉県比企郡川島町

一粒の生命を求めて——遠山美術館の設計に寄せて

新旧大小を問わず心ひく建築は貴いと思う。ささやくような美しい感動が、どこからともなく伝わってくるからである。私が若いころから建築のなかに物語めいた詩情ともいうべきものを、心に描きたいと考えたのもそのようなことからであった。今から四十六年も昔のことになるが、ロンドンの古書店で『詩の中の建築』という小冊子を買い求めたことがあった。建築制作の折に、日ごろ私が抱いているその思いを満たそうとした一念からかも知れない。その中にはウィリアム・ワーズワース、ウィリアム・モリス、ヴィオレ・ル・デュク*などの詩の断片が含まれていたのがうれしかった。また、ロマネスク期のル・トロネ修道院を先年プロヴァンスに訪ねた時にうけた感動に、神を讃えるダヴィデの美しい詩編の祈りが、すでに設計の全過程のなかに秘められているのではなかろうか。フランク・ロイド・ライトの諸作品にしても音律的な無限感が、そのなかに投入されているといえないであろうか、など考えるのであった。とかく味気なく冷たく黙して、堅い表現を与えがちな今日の建築に、もし一片の詩情の投入が許されたならば、内なる生命が静かに建築の内奥に芽生え、さらに息吹ともなって私どもに語りかけ、対話の感動となるのではなかろうか。

そのような私の貧しい思考を胸にして、小規模ながら遠山美術館の構想に愚かにも挑みかけたのである。そして、遠山元一*先生なる人間像を通して一粒ほどの生命感を宿してゆきたいと望んだのであった。それは、私にとって祈りのような願いでもあったと思う。美

*ウジェーヌ・ヴィオレ・ル・デュク Eugène Viollet-le-Duc, 1814-1879 フランスの建築家。ゴシック教会の修復に活躍。

*遠山元一（とおやま げんいち）1890-1972 実業家。日興証券の創業者、同初代会長。

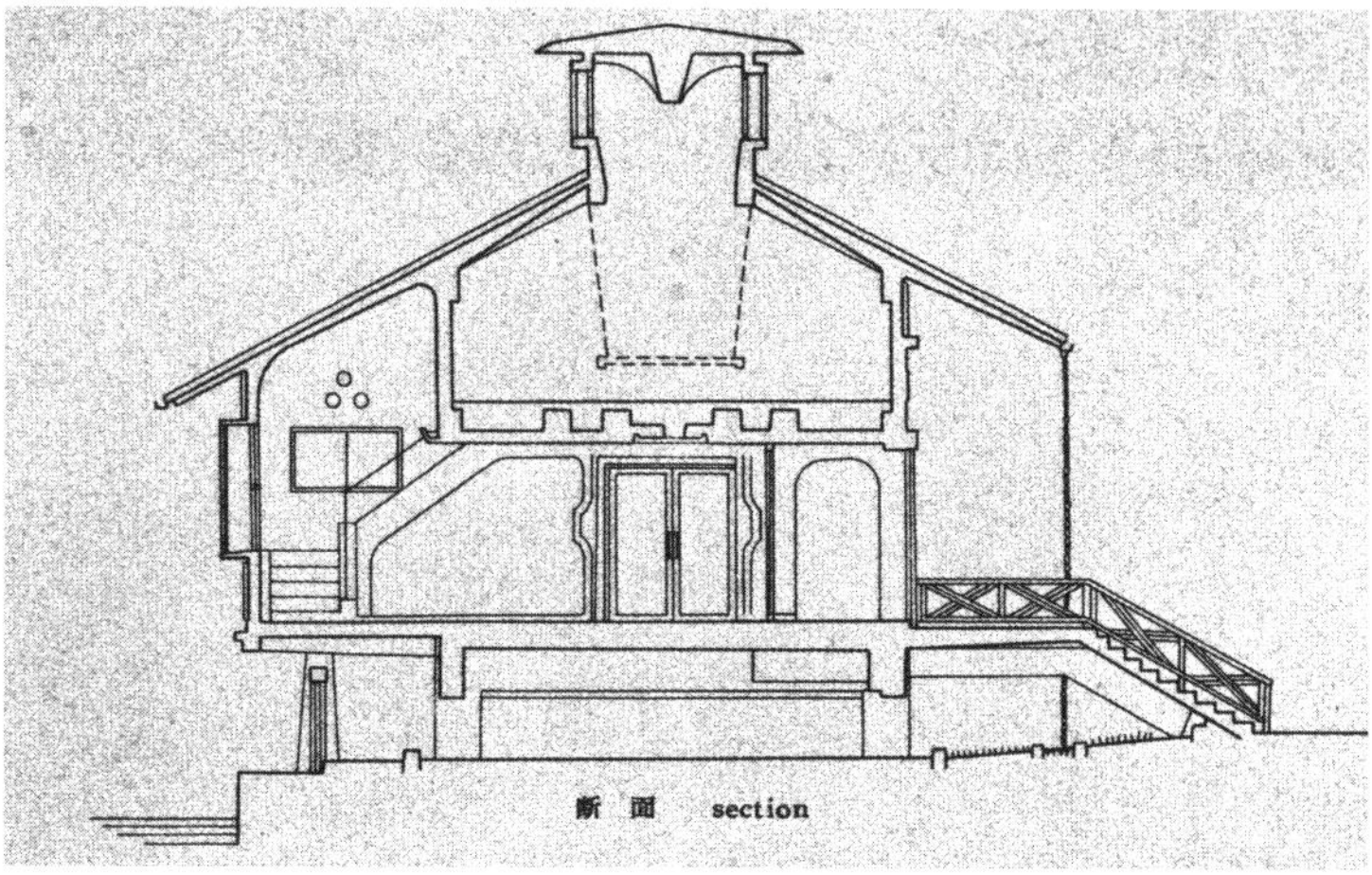

断面図

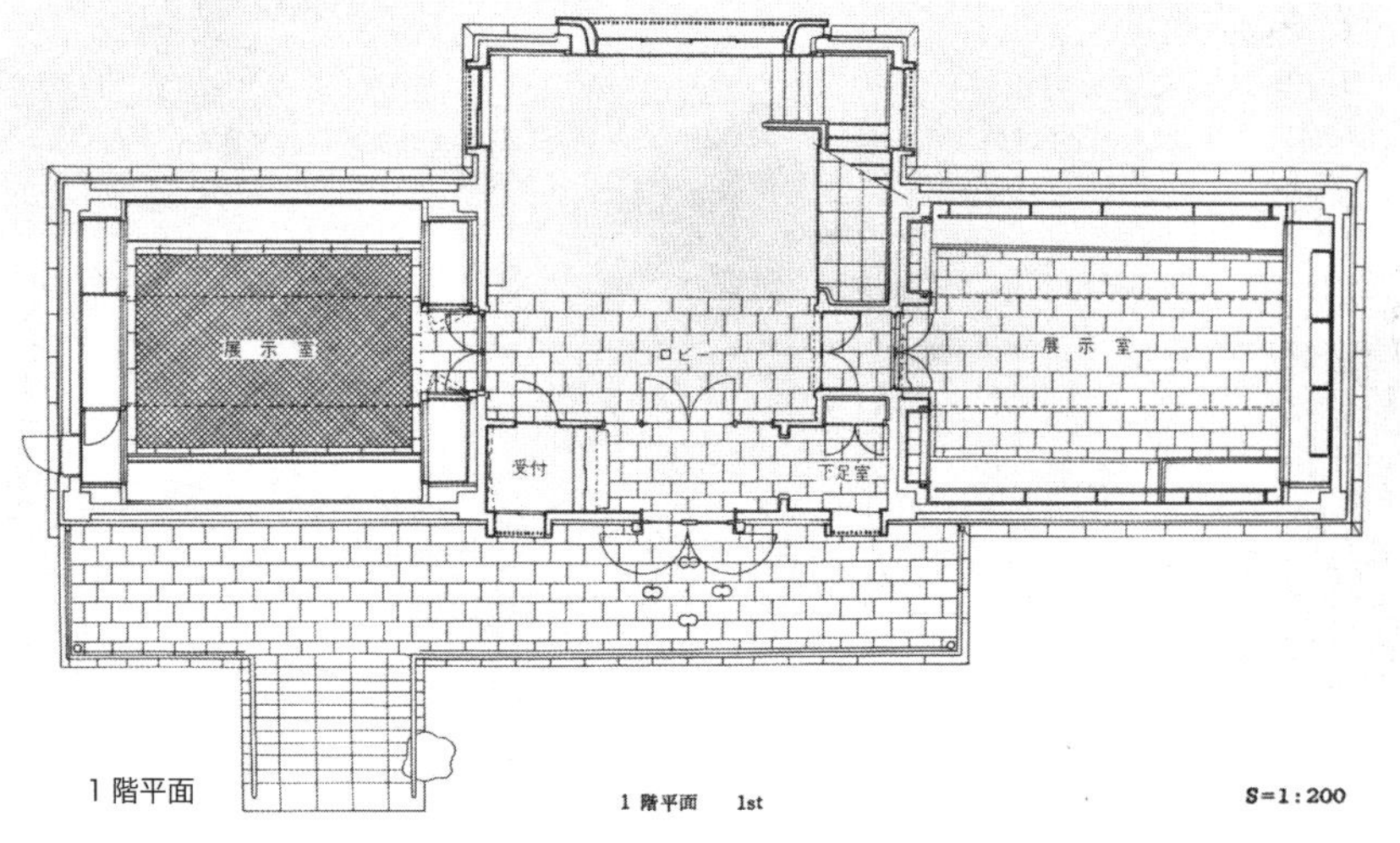

1 階平面

日本美術展示室

ロビー

術館の諸機能を満足させることは建築家の当然の責務ではあるが、さらにこれを乗り越え、ひたすら建築に内なる詩情を浸透させたいと思いめぐらすのであった。その貴い導き手となってくれたものは、遠山先生の著書『母の面影』であることは申すまでもない。私は謹んでそのことを、ここに付記しておかなければならない。

もともと美術館の姿態が、一見平凡なこの近隣地域の農村に見られる風土的表現を示しているが、それには、それなりの私の理由があるからである。濠をめぐらす正面の豪快な長屋門を入るとまず視野に映ずるのは、前庭をかすめて、その奥に姿を見せる関東風の重厚にして柔らかい曲線美をともなう茅葺の正面玄関であり、美術館敷地内の重要な核的存在なのである。これに付属の美術館が重圧を加えることにもなれば、既存の遠山記念館の主屋をもあわせて、私は環境調和の破壊の現行犯でなければならない。いわば、〝個と全体〟とのヒューマンな相互関係の建築精神の鉄則を守り抜きたかったからである。

視覚上の問題は一応このように素直なものとして残したとしても、私は別の情感、遠山先生が母君に寄せられる恩愛『母の面影』の詩情を漂わせることのみにより、美術館に清純さとその生命感をわずかでも宿してゆきたいと乞い願ったのである。それ故に、美術館の女性的な静けさのうちにたくましいものを感ずるところがあるとすれば、それは御母堂とともに信仰を貫かれた先生の堅固な心との交錯である、といえるかも知れないが、あるいは単なる私の片思いだけでこれは終わっているかもしれない。

最後にほんの一つの挿話のようなものを添えて、この稿をとじることにする。それは、美術館の南端に〝もみじ谷〟と私が名付ける小庭が残存したことである。ここは、あまり人びとが気づかぬところであって、御母堂自作の和歌と文字を刻む定礎が柱脚部の自然石上に据えられており、秋草の乱れ咲くころの彩りなどを考えたりしたところ。現場指導の日ごと、必ずこの場所で私は、巨石に身を憩わせつつ何か思いにふける遠山元一先生の姿を幻のように追い求めたものである。私の詩情をかきたてた空間であり、建築制作への得がたい思い出の泉とでもいえるところとしている。

(『建築文化』一九七一年二月号)

東側外観部分

構　想――遠山美術館の設計について

四季を通じての川島村の物静かな田園風土を、私は今なつかしい思い出としている。秩父の山系を西に望む川島村は遠山元一先生の郷土であり、戦前御堂母安住の地として先生が母君に捧げられた邸宅がある。外郭に濠をめぐらし、重厚と瀟洒とを織りまぜての和風主屋が棟をつらねてみごとな景観を示している。

庭園を含めてのこの宏壮な構えは、御令弟が設計と工事一切を指揮されての所産であり、現在は記念館として使われている。ことに、関東風の茅葺玄関が豪快な長屋門を通して異彩な美観を呈しているのは圧巻である。おそらく先生の胸中に秘せられている御母堂への恩愛がそこに執念となって漂うからであろう。なにか先生の心魂の化身でもあるかのような響きをいつも私はうけるのである。

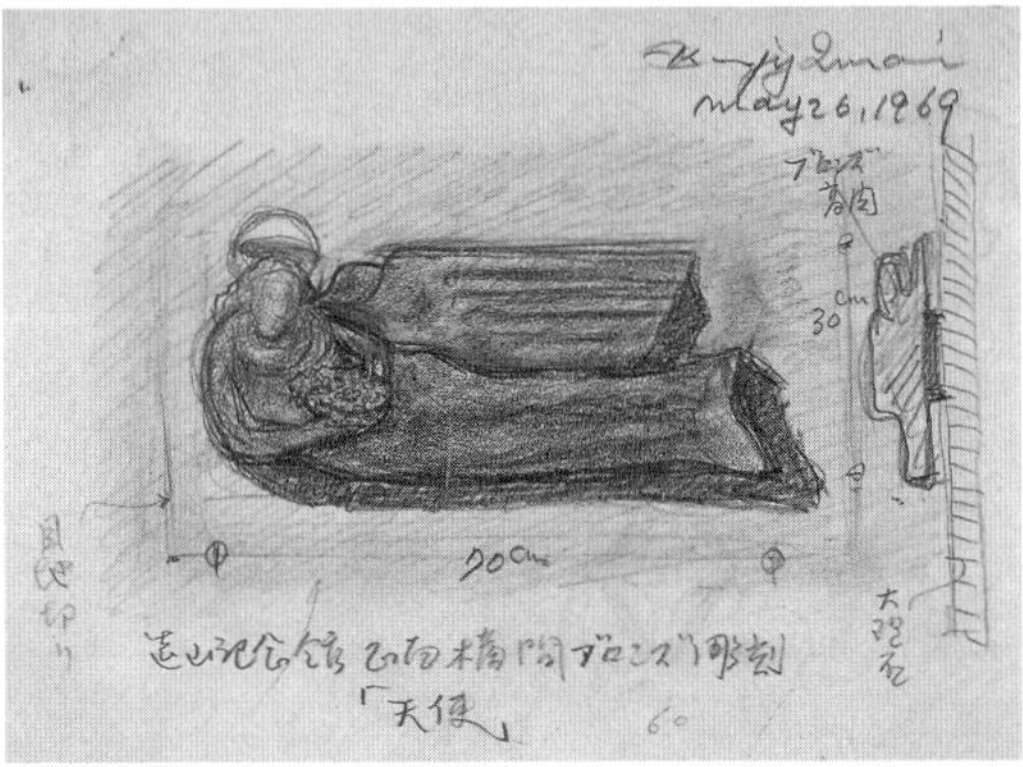

正面欄間ブロンズ彫刻
「天使」草案スケッチ
1969年5月26日

私は近隣地域の農村の香りを感じながら、記念館との環境の調和を大切にしなければならないと思い、玄関東側に沿って南北を軸とし、美術館の機能を基とした高床土蔵風の素朴な表現構想を真先に企画したのであった。展示室は中近東と日本のものとの二室であり、前者はコプト裂地やタペストリ類の出展を主とするため、極力乾式形式を旨とし、南の位置に配されている。また原物そのままの色彩鑑賞が可能であるよう考慮して、自然光のトップ・サイド・ライティング方式による腰屋根を採択したが、予期以上の成果にいささか満足な思いがする。設計のはじめから私の心境の中で大きい比重となっていたものは、先生御母堂の面影をこの建物に一粒でもかげに打ち込んでゆきたいとの願いであった。それは、また遠山先生の心の姿でもあると考えたからである。御母堂、御令妹とともにプロテスタントとして清らかに信仰を貫かれる先生の御人柄、あるいはその心象とも申される数々をごく控え目がちではあるが、美術館の造形面に生かすよう現場作業の指導に従事したことは、忘れがたい貴い体験であった。

私の設計思念を形成する数々の落穂をもし拾うならば、次のようなものが挙げられると思う。御母堂直筆の和歌「みめぐみの露はあまねし　むさし野の　野末にさける　おみなへしかも」、ならびに扇面上の「天恩」の文字をあわせ刻む定礎石、明治期の女性像や往時この場所が「梅屋敷」と呼ばれしことなどに因み、梅花の簪《かんざし》をかたどったテラス上の手摺子、ブロンズ扉面の瑞雲浮彫りと天使の散華像、夢のような淡さで御家族を象徴的に描写しようとしたロビー天井面のフレスコ画、しかし技法のむずかしさで色彩がつよまったのが惜しまれる。さらに同室の正面大窓をはさむ左右一対の色光壁内に、目立つことなしにあるかなしやの風情で下垂させた十字形銀製モビール、これは御母堂と先生のお心に捧

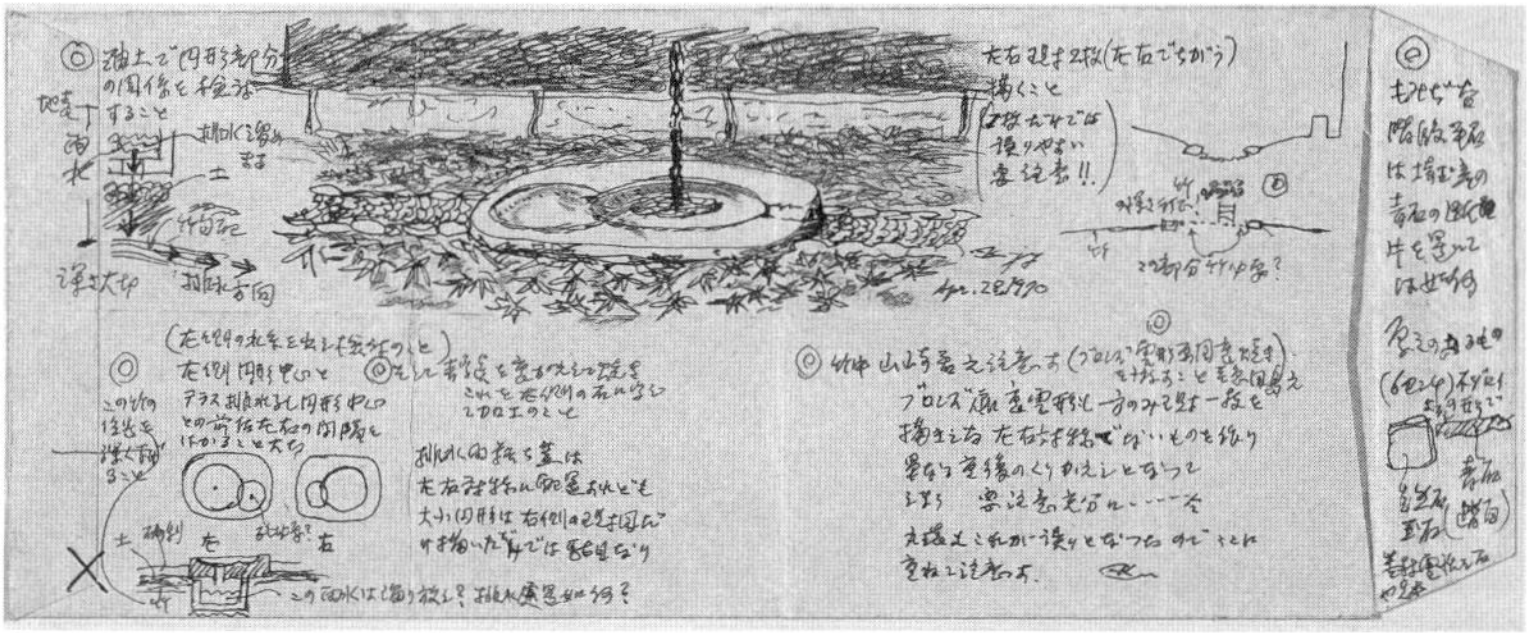

雨受けスケッチ　1970年4月28日

げたいと考えぬいたもの、その他「不死鳥」のメダイユ型レリーフにより遠山美術館の永遠性を描出したいと思った。

これらが、果して私の詩感を少しでも統一育成して、対話のかすかなひびきを伝えるきっかけとなるならば、建築へのささやかな精神性の投入は意義あるように思われもするが……。このようなことは、私の単なる思い過ぎに終らぬように、と祈る気持ちを持続させているのである。最後に、設計途上の私のいたらぬミスを黙過しくださった遠山先生の寛大さと、企画面に手厚い協力を惜しまれなかった知友笹村草家人氏、並に関係各位に感謝申し上げるとともに、私の設計上の手足となってくれた竹中工務店設計部員の竣工に至るまでの強靭な支援を讃え、かつ感謝しなければならない。

また、現場担当者には例の私の職場意識が爆発するという不手際により、多々迷惑をかけつづけたことを謝し、お互いに完工のよろこびをここに分ち合いたく思う。

（『新建築』一九七一年二月号）

遠山美術館についての私の構想　追加分

一、内外階段部のメタル円形浮彫り

不死鳥（フェニックス）

左より、ブロンズ扉面のシンボル・マーク、小窓の中心金具（花十字）、階段部のメタル円形浮き彫り

スペイン、カタロニアの初期ロマネスク壁画より取材
遠山美術館の永遠性を意図させました。

二、**正面出入口左右小窓の中心金具**

左側（向って）紐《ひも》十字

エンドレス紐模様といちょう樹の葉とを心に描きながらの十字形。秋のいろづいた頃の季節感に併せて先生御母堂の「永遠の生命」とも申すべきものを含ませました。

右側（向って）花十字

二つとも御信仰の徴しとして扱いました。

三、**ブロンズ扉正面の「瑞雲」**（陰刻部のもののみ）

正倉院御物の名刀からこれを模刻いたしました。

四、**ブロンズ扉面のシンボル・マーク**

遠山家の紋章を中心にした太陽
斜光の中に槲《かしわ》の葉が十字に秘せられています。槲の葉は、誠実、勇気、忍耐などの象徴です。遠山美術館の不朽性と繁栄を意味付けております。

五、**ロビー入口硝子扉のサッシ構想**

「昇る朝日」

ガラス扉を通して雲間からのぼる朝日を念頭に入れてのデザインです。

左右に月と日の小片彫刻が添えてあります。

六、**ロビー北側ステンド・グラス**

「心の結び」

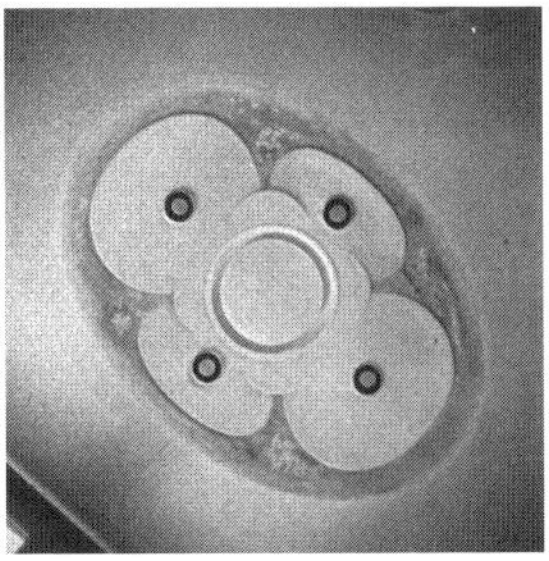
ロビー内天井フレスコ画

ロビー正面左右の色光壁

「心の交じわり」とも申すべきか……。

七、ロビー正面左右の色光壁

「光のあしおと」と名付けたきもの

太陽の移動によるいとなみによっての神秘な色光を追求いたしました。

八、ロビー階段下端の浮彫り

「天国への階段」とも申すべきか……。

かすかに十字形象が示されています。

九、天井フレスコ（六点）

(1) 正面玄関部のもの「先生を象徴」

先生が御母堂、御家族の想いを抱いて出入りなされる心象を点描いたしました。

(2) ロビー内、照明器具を中心にした十字花をかこむ楕円形の大形のもの「御母堂を象徴」

四季の花々をかすみの中に淡く点在す。

(3) 和式展示室側のもの「先生の奥さまを象徴」

白バラの花が添えられています。全体にやや紫色を帯びています。

(4) ステンド・グラス側のもの「御令妹を象徴」

菊花が添えられています。

(5) 御母堂の象徴フレスコに近い小円のもの「先生の御子さま四人を象徴」

朱色の一葉が交じえられているクローバー紋様。

(6) 階段部に最も近いもの「先生御令弟御二人の象徴」

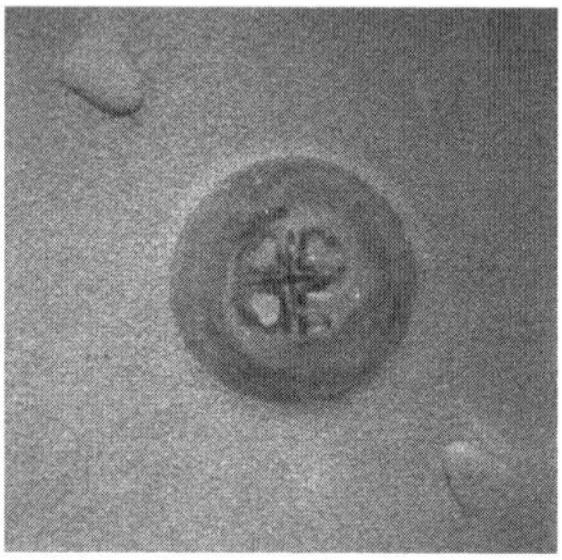

階段部に最も近い天井フレスコ画

定礎

互に寄りそう星、それに二羽の飛鳥が小さく添えてあります。

十、ロビー吹抜け天井部の波形

「先生の人生逢路を象徴」

これは左官仕事です。不成功でしたが御許し乞う。

十一、中近東展示室扉押手

「象徴的な人物像」

十二、中近東展示室出入口額ブチ面左右の浮彫り

中近東のコプト織紋様より取材。

十三、

床下のかくれた梁の南端部ではあるが、そのようなところに造形を与え清浄感を求めるように努めました。単なる床下と考えぬようにと……。

十四、

館の北側後庭の記念館主屋境の生垣の傍に先生奥さまが御生前中愛用せられておられた茶木が植えられ、主屋座敷に供えられた奥さまの写真像が日々眺められるよう配樹されてあります。

十五、ロビー階段踊場上の三個の丸型窓（南側）

「三位一体」と考えてもよろしいでしょう。

ご参考までに以上。

〈一九七一年二月四日〉

（生原稿）

メダルのデザイン

早苗会賞メダル　1941年
早稲田大学体育賞メダル　1959年
今和次郎賞メダル　1976年

早苗会賞メダル裏面
（前ページ扉写真がメダル表面）

早苗会賞々牌制作後記

多年の懸案であった早苗会会賞が着々制作の途上にあるのでその経過をここに述べることにします。実はこの制作後記を記載するには未だ時期が早すぎるのではないかと思いましたが、余り長年月を費やしてしまったので、その怠慢に対するお詫びを併せて申し上げます。

早苗会を通じて教室から賞牌の意匠をやって欲しいと依頼をうけたのは、今から三年前の昭和十一年の三月頃であったと記憶しております。何しろ日支事変勃発以前のことですから私には一昔のように思われるのです。

当賞牌は建築学科昭和十一年度卒業生より卒業論文最優位のものに授与するものでありますので、その意匠だけは今和次郎*先生の御協力を得てやってみようと御引きうけした次第でした。そのうちに油土による原型制作迄私の手で行うようになり一寸困ってしまいました。然し建築家のための賞牌を建築家としての立場から意匠を試みるという課題が楽しみであったことと、また学生時代以来武石弘三郎*先生の御指導をうけた一人として建築彫刻に対する自分の考え方を少しでも素直に表現する機会が得られるならば幸いだと思い、大いに張り切ってそのスケッチにとりかかりました。いろいろのスケッチの中から第一回スケッチとして「バベルの塔」を主題として図形を牌の中央部に配し、建設の意を図案的に表徴してみようとしました。而して其の周囲に日本はもちろんのこと東西の代表的

***今和次郎**（こん　わじろう）
1888-1973　建築学者。早稲田大学教授。考現学を提唱。

***武石弘三郎**（たけいし　こうざぶろう）
1877-1963　彫刻家。代表作「森鷗外像」早稲田大学理工科講師として彫塑を教える。

建築様式の各装飾的モチーフを六個幾何学的に配列し、やや体形を整えてみたのです。「バベルの塔」の構図は独乙《ドイツ》書建築辞典（ヴァスムート・レキシコン）の中に掲載されているE. Unger氏の復原図を精確に拡大してみたのでしたが日本感が強調されていないので再度想を練ることにしました。

辰野賞の方は辰野金吾*先生の作品、日本銀行のエ・レヴェーションが主題となって刻まれているから、早苗会賞の方はある程度迄異なった意匠と手法を施すがよいと考え、暫く考案を練るつもりで筆を捨てておりました。その間一ヶ年を経過して再び早苗会総会が近づき、会の常任幹事桐山さんがたびたび教室に顔を出すのです。その度に早苗会賞々牌の催促ではないか、と頭を掻かざるを得ないのでした。

再度の考案に努めたのが第二年目の昭和十二年の五月中頃でした。私は大体最初の案を生かしながら、「バベルの塔」を法隆寺五重塔の「水煙」に改め、賞牌の主題とし、多分に日本的雰囲気を横溢せしむるとともに、向上或いは高きに赴く心持ちを宿すことが出来たような気がしました。なおその周囲にラテン語「SANAEKAI PRETIUM ARCHITECTURAE UNIVERSITAS WASEDA」（早苗会賞、早稲田大学建築学科）及び早苗会賞の文字を賞牌の周囲に環状に配列装飾化するにつとめました。

牌の裏面の方は早苗会創立以来のマーク「翼を持つスカラブ*」を採用して鍵をデザインし、これを中央に鋭く浮彫化してみることにしました。このスカラブは埃及《エジプト》時代に創造、生命、信仰等のシンボルに用いられておりましたので、創造の扉を開く意を巧みにこの鍵の中に秘しめることが出来たように思いました。なおその周辺には結晶体形のごとくクラシックの表徴としてアイオニック柱冠、ゴシックのファィニアル*、ロマネスクのアーチ・

*辰野金吾（たつの きんご）
1854-1919 建築家。代表作「日本銀行本店」「東京駅」

*スカラブ
古代エジプトの甲虫形の護符

*ファイニアル
ゴシックの頂華。finial.

フリーズ、サラセン紋様、及び支那の双喜図案、*並びに「賞」の一字を冠してみました。私はこれを最後案として油土による原形制作にかかることに決めました。

其の後、武石先生はわざわざ牌の直径の三倍大の円形平板を油土で造られ、大学の私の室に迄御持参下さいましたから、早速これを下地としてスケッチに従い、油土原形の制作にかかりました。ちょうど昭和十二年の六月頃と記憶しております。これも暇々に大体の粗付だけを終わったのですが、早くも一ヶ年を経て、十三年の総会には間に合わずにしてしまいました。また、北支にも出かけたりして、この夏の制作も不可能となり、今年に入ってどうにかして作り上げたいと思い、漸く今年の総会には油土制作原形を写真に縮写（原寸大）して御覧に入れる程度に進み、やや責任が軽くなったような気楽さを感じました。多少のタッチをその後加えまして只今、武石先生のアトリエで種々の御修正をいただき、鋼板原型に御移し願えるよう御頼みしてあります。来年の総会には私の拙い仕事がどんな作品となって会員の方々にまみゆるか、少々心苦しい次第ですが、一面多少のよろこびをも感じないではありません。

この牌を立案してから足かけ四年振りという長期間を経てしまったことは余り立派な話ではないのですが、これもやむを得ざりしこととして会員諸君のお許しを得たいと存じます。また、制作中は武石先生の御指導をいただいたばかりではなく、日本文のラテン語翻訳についても早速御奔走下され、厚く御礼申し上げる次第です。

牌の仕上げは出来るだけ粗いタッチと深い影を持たせたいと思い、かつて外遊の節、瑞典《スウェーデン》作家カール・ミレス氏より寄贈された同氏の賞牌の手法をより多く採り入れることにつとめております。

（『早苗会時報』一九三九年十月号）

＊双喜図案
中国に由来する二重の喜びの図案。

体育賞メダル表面（右）、裏面（左）

作者の言葉　早稲田大学「体育賞」

若人の人間性とスポーツ精神とのすこやかな交錯を心に描きながら、私の拙い手でこのメダイユの原型を制作しました。

表の構図は半具象のものとし、主題には群を抜いた進取の大鵬翼と勝利の栄冠、それをめざし競う群鳥と瑞雲を配しました。

まわりのラテン語が学園名と「体育賞」を示しております。

裏面中央の樹は誠実、勇気、力の象徴であり、学園の伝統精神をこれによって歌い挙げました。

〈一九五九年三月二十九日〉

説　明

この体育賞は学園の体育局よりの依頼によって一九五九年三月末に製作完了したもので、各スポーツ競技に抜群の記録を更新した学生に授与されている。

なお裏面浮彫りの左右には授賞者の氏名と年度が、その都度刻まれることになっております。〈大きさ　直径七センチ　材質　銅に金メッキ仕上〉

（『稲門建築会年誌』一九五七年第三号）

「乳母車」の図案に寄せて――今和次郎賞メダル・デザインの思い出

一昨年の暮れも押しつまった寒さ一段と厳しい夜、川添登*先生の来訪をうけました。その用件は、日本生活学会から贈与せられる「今和次郎賞」のメダル・デザインについての依頼でありました。メダルの大きさ、材質などを一応確認させて貰う他に、生活学会報創刊号の昭和四十九年九月刊、十一月刊および昭和五十年四月刊の三冊分をいただき、学会の主旨、内容などを参考にされるようにとのことでした。

今先生と私との出会いの最初は、大正五年私が早稲田の学窓にて教えをうけたのにはじまり、さらに、教室生活の仲間入りを永い年月させていただきし私自身、先生の御恩に何に一つむくいることなくして、先生御他界遊ばされるまで、六十年近い御指導と御交誼を賜りつづけたわが身を顧みまして、このたび学会より与えられた私の仕事が、今先生への報恩の一粒になれかしと願いつつ、よろこんで引きうけさせていただいた次第です。まことに私にとって二度とない貴い御恵みだったと考えております。

一九七六年の新しい年を迎えた昨年二月はじめ、メダル・デザインの構想について考えはじめている頃、たまたま東京藝大の親しい彫刻家淀井敏夫*先生から、同大学生卒業制作展の案内状をうけ、その開期中の一日、都美術館を終日訪ね、さらに二日置いた最終日の二月二十二日午後うかがった「卒業制作の流れ」校内展の催しには、明治二十年の創立以来九十年間におよぶ卒業制作の一部が展示され、彫刻では高村光太郎*先生の「獅子吼」の

***川添　登**（かわぞえ　のぼる）
1926-　建築評論家。日本生活学会創設。代表作『民と神の住まい』

***淀井敏夫**（よどい　としお）
1911-2005　彫刻家。東京藝術大学美術学部長。代表作「ローマの公園」

***高村光太郎**（たかむら　こうたろう）
1883-1956　彫刻家、詩人。代表作「手」『智恵子抄』

***長谷川路可**（はせがわ　ろか）
1897-1967　フレスコ画家。代表作「日本二十六聖人殉教図」イタリア・チヴィタヴェッキア

***小絲源太郎**（こいと　げんたろう）
1887-1978　洋画家。東京藝術大学教授。代表作「春雪」

今和次郎賞メダル　表面

裏面

＊日唐傘
貴人の外出の際、供の者が後ろから差しかける柄の長い大きな日傘。

前に佇立《ちょうりつ》してしばし離れず、日本画の大観、観山両巨匠のものはもとより、わが友なりし長谷川路可＊氏の流さるる教徒「流人」などに心惹かれ、油絵の展示中、中学の先輩であった牧野虎雄画伯の「自画像」に視線が集中してしまい、彫金の出品中に小絲源太郎＊先生の名が冠せられているのに出遇い、驚くなど。なお、鍛金、鋳金、漆芸など著名作家諸先生の卒業制作に目を奪われ、いよいよ待望のデザイン展示室に歩みを運び、幸運にも真先に今先生のはじめて接する作品に直面した私は、先生のうつし身に御会いしているような錯覚衝動に駆られました。そして、先生の学的背景をいろどる生活の諸相とも考えられるものが、しばし私の胸底を流れゆくのを覚えるのでした。

大正元年の卒業期に先生が提出されたこの作品には、「装飾図案十八　今和次郎」と自筆の標題と署名が墨書され、第一図は、一瞬アントニオ・ガウディの作風を思わせる自由奔放なメタル線駆使のグリル扉図案にはじまり、植物図案、屋台車に店張るひなびた明治期風情を刺繍した楕円形を中央にかこむ軽妙綾なすレース図案、その外縁輪郭に四四体の人物姿態が連鎖状にたのしく面白く描かれていて、先生の服装研究への関心がここに発露されているよう。せんさいな野草や木の葉図案の裂地を描いたものがこれに続き、素朴な牧歌の世界をうたいあげておられるかと思えば、小山の背後の鎮守の森かに見ゆる幟《のぼり》風景の反復図案は、先生が心に描く郷愁の滴りでもあろうか。さらに、人頭獣脚像、パネル装飾、色硝子断片、洋酒壜の頭部立体図、日唐傘《ひがらかさ》＊を手に散策する和装女性群の園遊会風景、着彩もあざやかに燃えたつサラセン唐草の大構図など、それら上野の母校にての貴重な収獲を展開しつつ、最終図案として劇的な「乳母車」を登場させ、これに愛の情感を惜しみなく投入しておられる。このように語りかけるこれら図案のすべてに、先生独自の生活大系の片鱗が、すでに培われていたといえるのではないでしょうか。

乳母車のデザインについての感懐を叙するとすれば、精巧さと清らかな心の動きを示すものと述べたいのです。曲線ゆたかな籐編み籠の側面中央に、大きく扇面形を編み出した籠を、鉄製の大小二対の車輪の上にたかだかと軽く浮かばせている、手押しハンドル付の軽快絶妙な意匠。その透視作図には驚くほどの正確さが認められるばかりか、幼な子の健やかな成長を願うかのように、乳母車の背後点景に一株の茂りゆく逞しい若木を配し、なお、後輪のかたわらの数本の春草、菜の花香に飛びかう蜜蜂の小さき群れが添加され、先生のロマンの香りがそこに托されてもいるよう。そして、この乳母車の図を凝視しつづけるならば、幼き先生と御母堂との姿が母子像のように重なり合ってしまうのです。

大正の中頃、見晴らしのよい富士見町時代の高台のお住いにはじめてうかがい、御母堂さまの清らかな美しい御人柄に打たれた思い出について、晩年の先生に「聖母のようなお母さまでした」とお伝えしたところ、先生はひとこと「ありがとう!」とうなずきの笑みをたたえて、心の底から追慕の情に満ちているやさしい先生であったのを覚えております。私には、わが師としての距たりはあるにしても、温い親しみが優先する先生であられたので、メダル面の肖像には可能な限りそのようにと願わずにはおられませんでした。幸にも、私の若き友、竹内成志先生の努力の賜ものにより、その目的が見事に果せて欣快《きんかい》に思っております。もともと、同先生に制作方をお願いした油土レリーフの大きさは、メダルの三倍大、表面に今先生の肖像、裏面に先生の心の象徴《シンボル》「乳母車」を刻んでいただいたもの。

この油土レリーフが、竹内先生の手によって完成する頃、早大池原義郎研所蔵の海外誌の中にて、たまたま私は前衛画家ピカソの逝去を悼んで自作したミュンヘンの彫刻家オットー・カレンバッハのメダル・デザインに共感をうけたので、今和次郎賞メダルとの対比私見を寸記してみたいと思います。それは、ピカソ*特有の鋭い眼光を呈する精悍な彼の面貌と、今先生の淡々とした人なつこい温和なプロフィールとの対比。一方、母国スペインを追想させる闘牛の場面が、荒々しい大胆な手法で表現されているのに対し、乳母車の秘密を無言に語りかけているものとの、まさに動と静との対比が、互に競演し合っているかのよう。

また、先生には数えきれぬほど多くの秀れた愛弟子がおられますが、建築家大熊喜英さんもその一人。同氏の立派な著書『民家との対話』の「あとがき」の最後に「昭和四九年九月著者しるす。この本を恩師今和次郎先生に捧げる」とつつましやかに付記され、恩師への慕情と感謝とがありありと思い浮かぶのでした。

拙稿の終わりに際しまして、今和次郎先生がその卒業期に、心をこめて描かれた愛の図案「乳母車」との奇しき出会いに、私を導いて下さった淀井敏夫先生から賜りました数々の御配慮に深謝するとともに、貴重な肖像写真を貸与下さいました今先生御家族の方々に、また、制作中の油土レリーフについて、吉阪隆正*、川添登両先生から有益な御指示を頂戴するなど、併せてここに厚く御礼申し上げます。ことに竹内成志先生には、長期間のレリーフ制作に終始懸命な御精進を願い、有終な成果が得られともどもによろこびといたしております。

（『生活学会報』一九七七年三月号）

***パブロ・ピカソ**
Pablo Picaso, 1881-1973　スペインの画家。キュービズム。代表作「アヴィニョンの女たち」

***吉阪隆正**（よしざか　たかまさ）
1917-1980　建築家。早稲田大学教授。代表作「日仏会館」

対談

古稀を迎え『旅路』の出版をされた今井兼次先生に聞く

今井兼次

徳永正三

今井先生の印象は物やさしい先生として私の心の中にあった。しかし心の底には強い意志と、情熱をたたえておられるかにお見受けした。余り出来のよい学生でなかった私をも、先生はわけへだてなく指導して下さった古い思い出があるが、大阪に勤めてからはそれほどお目にかかる機会もなかった。新築間もない事務所に来られたとき、（昭和三十八年頃）もっとよごれたら本式になるんだね——とのお言葉は忘れられない。

それでも何かの折の会合や、卒業二十五周年や三十周年の謝恩会の席上では、学生時代と同じような気持でお話しを伺った。

二十六聖人の建築を頂点として、今井先生は私どもの行く手に灯をかかげて下さった。いつまでもこの灯はわれわれの進路を照らすことに間違いはない、と私は信じて疑わない。その灯の底辺にある先生のお心について語っていただいたのが、この対談の記録である。

未だ暑さの残る九月の始め、丸の内ホテルの一隅で、先生は色々な資料を用意されて、夜の過ぎるのも忘れられたかのごとくお話はつきることをしらなかった。青年建築家、今井兼次の面目躍如たるものといえよう。

（一九六八年九月五日　聞き手　徳永正三氏*）

生い立ちから早大建築学科教授まで

徳永　今井先生は去る七月に、『旅路』（彰国社）の出版記念会を大隈会館で盛大に催されたと伺っておりますが、先生は長いあいだ早稲田大学で教鞭を執られ、現在名誉教授となられたわけですが、ほんとうに還暦を迎えられて以後からが、先生の建築家としての生活がはじまったように思われますが、本日は特に若い建築士や、いろいろな職域で働いている技術者のために、ぜひ先生の長い経験を通してのお話を伺わせていただきたいと思います。

　今井先生は建築家であり、また教授ですね。専門に教える先生はおられますが、先生のように、自分が建築家でその体験を通じ、体を投げ込んで、また身をもって学生指導された先生は数少ないと思います。そんなところで、まず先生が建築家を志望なされたことについてお伺いしたいのですが。

今井　建築家をなぜ志望したかといわれても、なかなかはっきりした答えがないんですよ。ただ私が生まれたところは、いま明治神宮外苑の、昔は青山の陸軍練兵場に近い権田原町で、その一部は東宮御所に含まれています。私の幼いころの生活はいつも軍人の姿が目の前を流れていました。小学校に入学していたころが日露戦争で、祖国を守るための将兵の姿が毎日眼前に見えるわけです。そんな生活環境の中ではどうしても自分は軍人になりたいな、と思うのもやむを得なかったと思います。たまたま私の兄も幼年学校を志願したものですから、私は夢にも建築家になるなどとは思っていなかったですね。それから私の中学時代は、兄が蔵前の応用化学に在学していたので、私も応用化学科に入ろう、とのかすかな希望もないではなかったのです。だが、いよいよ中学を出て上級に進学するときになると、いちおう軍人の世界は考えていたのだから、士官学校を志望したのですが、元来体が細いので、「きみは来年身体を鍛えてからやってきたまえ」とお払い箱（笑）。立派にだめでした。そのうちに、近所の人から絵が好きなようだから、美術学校はどうだといわれました。けれども私どものような家庭では美術学校などへゆくことは許されないので、一日も早く社会人になれるような特定の仕事

少年時代の思い出の樹
（生誕地・青山権田原町）

＊徳永正三（とくなが　まさみ）
建築家。1941年　谷口正久、島田正二とともに三座建築事務所を創立。

の方面がいいだろうと思い、私は建築なら数理的なものもあるが、絵画的な面も育てることができると思い、結局建築家になったという次第です。

また私のすぐそばに住んでおられた池田さんという方のご子息が東大の建築学科出身であられたということが、私の中学卒業ごろに念頭に浮かび、建築家になってみようかな、とおぼろげにさそい込まれたのではないかと思います。まあそんなことで早稲田にお世話になったわけです。

徳永 軍人になろうとしたのが、絵がたすけて建築家になったというわけですね。ところで先生の友人関係は……。

今井 友人関係で特別に思い出のある人は、学生時代では三宅雪嶺*先生の長男の勤君です。学生時分から学校を卒業したのちも実に私の心の友になってくれました。だが彼は昭和のはじめ、東京市の建築課につとめていて、本所か深川の下町方面の区役所の設計をしていて、事故のため即死したんです。それ以後、心の友を失いましたが、親しい友人の三宅勤君*がいまも心に残る人ですね。

村野藤吾先生とのふれ会い

徳永 ところで、今井先生は学生時代に村野藤吾先生の一年後輩でいらっしゃいましたね。今もなお友人以上の親しみもお付き合いもあるように伺っておりますが、村野先生の学生時代の印象とか村野先生観といったことをお伺いしたいと思います。

今井 村野先生は上級生でしたから学生時代にはそんなに親しくはしていませんでした。ただ心の中では私の片思いの存在のようにみえました。尊敬の念をもって、その才能と人となりを外側から拝見したり、設計の勉強をされている様子をながめていると、近づきがたいが心の中にひかれるものが多かったようでした。なにしろ立派な方だなと思っておりました。

徳永 しかし現在では、今井先生と村野先生とは非常にお親しくしていらっしゃいますね。

今井 おたがいに遠く離れておりますので、今でもめったにお目にかかることはないのですが、文通はいたしております。お互いに手紙のやりとり以外にも、やはり先生の人となりと作品は、私の念頭から離れません。その離れないということが親しさなのではないかという印象があります。ですからみなさんが思うように、村野先生とはずいぶん親しいから、多分いろいろのお話があるだろうなどとおっしゃっても、そんなにはありませんね。ただ村野先生と私とのあいだで、なにか建築上の問題でもあれば、それには二、三強い思い出もあ

法隆寺にて　1917年4月6日

三宅文庫外観

世界平和記念聖堂（村野藤吾設計）の正面に施された今井兼次作の彫刻「七つの秘蹟」

＊三宅雪嶺（みやけ せつれい）
1860-1945　近代日本を代表する哲学者、評論家。本名は雄二郎。

＊三宅　勤（みやけ つとむ）
1895-1928　三宅雪嶺の長男、建築家。

ります。

　というのは、私みたいな後輩に、村野先生はいろいろと相談をお持ちかけになることがあるんです。たとえば広島の平和記念聖堂の正面に彫刻を取り扱いたいというお話があり、私もそのときにはちょうどカトリックの洗礼を受けた直後ですから、いろいろと神父さまのお考えを聞いて、その中から自分なりに考えを提案してみようと思いました。結局ずいぶん構図を考えてみましたが、「七つの秘蹟」というカトリックの教義をテーマに描いて神父さまに差しあげたり、村野先生にももちろんお見せしなければならない。村野先生はまえまえから、もし彫刻を入れるならば欄間彫りのような透かし彫りにしたいというお考えでした。作者が正面部分に彫刻を採用する場合、この建物全体からいってここは透彫りがいいとのお考えですから、先生のお考えを実現させるために、どうしても規定の中で考えなければなりません。幸い村野先生と神父さまのご理解とを得たので、それで広島の平和記念聖堂のために私の小さいおつとめができました。あとで村野先生からたいへんに光と陰のことなどについて喜びの手紙をいただいたことがありました。

徳永　ほんとうに結構でございましたね。

今井　もう一つは、東京日本橋の髙島屋の彫刻を二科会の彫刻家にまかせられたが、どうも先生の意図とは合わないとのこと。たまたま村野先生が私に「どうもあれではぼくのイメージと合わないのでまことに困ったよ」とおっしゃられた。私は彫刻のことになると夢中になるくせがありますから、建築家と彫刻家との考えにずれのあることは、私もよく経験するが、やっぱり彫刻は建築家の意図をくんでいただかなければならんと思って、先生に「私が話してきましょうか」といいましたら、「でも今井さんがいってもむずかしいでしょう」といわれるのです。「でも私は先生のおっしゃることが正しいと思うから、いちど彫刻家とお互いに勉強し合うという意味で私が先生に代っていってみましょう」と申して、彫刻家のアトリエを訪ねました。

徳永 それは勇気がなければ、なかなかふつうの方ではできませんね。

今井 けっきょく村野先生のお考えと違ったものを先方では推賞しますね。それでは現場であなたと話し合いましょう。ここで見ている模型だけではわかりませんからと。その作家は最近亡くなられた有名な笠置季男*先生なんです。現場で彫刻家に無理をいうのはいけないと思ったのですが、建築の理解を得ていただくには、あくまでも建築家の考えを述べる必要があると思ったんです。それで現場の作品を下から見たり、建物の周囲をすっかり回って、遠近からこのアングルで見てどうでしょう。あのアングルでどうでしょうと……。

建築にかかわる彫刻をやるにはこのくらい、いろいろの広い環境からアングルを見て確かめないと、一点だけで眺めたのでは成り立たないですよ、と申し上げたら、くたびれたから休もうということで、近くの店でお茶を飲みながらまた建築の話と彫刻の話をつづけました。そこで私の最も尊敬している建築彫刻家スウェーデンのカール・ミレスの話をしました。そうしたら、「ほう、きみとこうして気楽にお茶を飲んで話していると、話がわかってきたよ」といわれるのです。「そうでしょう。アトリエではお互いに真剣になりすぎて、くだけて話ができないが、こうしてお茶を飲みながらだと楽にお互いの真意が取り引きできるのでよかったですね」とお別れしました。それからもう一つ戦争前でしたか、戦争後でしたかな、大阪のそごうができたときの話があります。

徳永 そごうは戦前です。あれは先生、昭和十年ごろに工事をやっておられました。私は学生時代に現場を拝見しまして、たしか昭和十二年に大阪に就職したときには完成しておりました。

今井 そうでしたか。あの話にもひとつのかくれ話があるんですよ。それはそごうの上に天使像みたいなものがあるでしょう。あの彫刻の話が思い出されますよ。

徳永 あれは藤川勇造*先生の作品ですね。

今井 当時二科会の藤川先生とも私は親しかったのですが、ある日先生が私のところへひょっこりこられて、「建築に彫刻をしたいのだが、こういうようなものはどうでしょうか」

という。建築家としては、私は先生のこの作品は失礼ですが、建築には取り扱えないと思います。けれども、建築設計者の方はどういう方ですかと尋ねますと、「それは村野先生です」というので、それはいけない。これをみられたら村野先生はご理解なさらないでしょう。彫刻については厳しい方ですからと話したのです。そうしましたら、「ぼくのアトリエで、いま弟子といっしょに制作しているから、見てくれないか」と。それを見にいきましたら、もうそれはリアルな彫刻で、村野先生の建築とはぜんぜん調和しませんので、私は建築家で彫刻家ではありませんが、かってなことをいいますけれども、ご参考だけといって、なにしろ相手は二科の総師でしたからね。けれども自分の考えを述べたほうがいいと思って、もっと単純化してください。と申し上げましたところ、「ではきみ直してもいいよ」ということになったので、こわごわお弟子さんたちといっしょにヘラを持って削りとったのです。それでとうとうずいぶん変わったものにしてしまったのです。かえってこちらが心配になって、「どうもこのへんでやめたほうがいいじゃないでしょうか。奥さんどうでしょうか」と聞いたら、奥さんの藤川栄子夫人が「いや、よくなりましたですね」「そうですか。まあそのへんのところであとは先生のお考えで、おやりください」というわけで……。

その後、村野先生がアトリエ通いの途次ときどき教室へいらっしゃったので彫刻の出来ばえはいかがでしたかとたずねましたら、まあまあ及第点だとおっしゃられたので、わたくしはひそかにホッとしました。はじめから私は内緒でしたから、私が彫刻に手を加えたことは最後まで村野先生にもらしませんでした。

徳永　あの厳しい村野先生が及第点とおっしゃったというのは、やっぱり今井先生の陰のご苦労が作品に反映したからでしょうね。

建築学科教室での思い出

徳永　ところで先生が古稀を迎えられますまで、早稲田大学で長いあいだお教えになっておられたわけですが、先生の早

壁彫「リズム」
（福岡 RKB 放送局中庭）

＊笠置季男（かさぎ すえお）
1901-1966　彫刻家。多摩美術大学教授。
＊藤川勇造（ふじかわ ゆうぞう）
1883-1935　彫刻家。ロダンの助手。代表作「シュザンヌ」

稲田大学の建築学科の思い出と申しますか、先生が学生を相手に手をとるようにして教えられた、そういうふうな先生の深い愛情のあるお気持ちをちょっと話していただきたいと思います。

今井　実は私は卒業のときに、三宅勤君といっしょに陸軍の技士になろうといって教室に申し出たんです。そうしたら、おまえは学校のほうのめんどうをみたらどうだといわれ、困ったなと思ったのですが、教育面ならできるだろうというような気がしたんですね。それでかろうじて勤めてまいりましたのですが、どちらかといえば若い学生と一体になって勉強していこうという気構えのほうに力を注いだわけです。そのときに設計指導の先生には若い方がいなかった、私一人だったものですから、もう学生のめんどうをみていると、まったく力がつきる。数は少ないといっても三クラスも受け持つわけですからね。

徳永　先生、大学教授というのは大ぜい学生をお持ちになりますから、なかなか過労でしたでしょう。

今井　ええ、学生といっしょに……お互いに卒業期が近いから友だちみたいですね。それで、内藤多仲先生の研究室に私ははじめて籍をおいたのです。内藤先生は構造力学ですから、いきおい先生が「おまえ構造演習をいまやってるから、めんどうをみてくれ」といわれました。構造のほうは得意ではなかったから困ったなと思ったけれども、これも学校にいる一つの修業と思い、内藤先生のおっしゃるとおりに学生のところにいってめんどうをみたり、問題の出題などもいたしました。そんなようなことで教室のめんどうをみたのですが、その後になってデザイン一本やりにさせていただけたんです。

それにもう一つ、はじめての学生指導の事柄では、佐藤武夫*先生のクラスの有志がデザイン・グループをつくったことです。あのクラスの人たちは皆、勉強家がそろっていましたから、私といっしょにデザインの勉強をしようとのことで、よく放課後に、色々のスケッチ・デザインをしたりして、親しくしていたことがありました。それが「メテオール」の結成の糸口になったのです。

徳永　最近の若い学生はどうですか、戦後の学生でとくに印象に残っておられるような……。

今井　むかしの学生諸君のときと、いまの学生諸君のときというのは、いわばクラスの数がぜんぜん違いますからね。けたが違うから、学生との接触がある程度全体にわたらないですね。ある特定な学生だけにぶつかっていきますからね。けれども私たちの関係した範囲では、やっぱりいまの学生でもいいと思いますね。それはデザイン面の方ですが、ただ数が多くなっただけに、接触の密度が少ないから、人間的なつながりがある特定な学生だけにぶつかるという片寄ったことが起こるでしょうね。戦前では授業が終わったので教室に製図室から戻ろうとすると、学生に引きとめられるぐらいでした。あの強い熱意が私の教育過程の中では、はげしい力を学生たちが与えてくれましたね。

海外旅行とスケッチのことども

徳永　たいへんけっこうなお話ですね。それではつぎに、先生はいちばん古くは戦前にソヴィエトを回って海外旅行をしてこられて、その次には一九六三年に……。

早稲田大学建築学科７回生
卒業写真　後列右から２番目が今井兼次

メテオール殿堂の意想
1924年

今井　まえのときは一九二六年、ずいぶんむかしですね。

徳永　一九六三年の海外旅行後、先生は『欧旅素描』（美術出版社）の出版をなされ、こんどの『旅路』にもいろいろと戦前、戦後の海外旅行のとき、また日本の国内旅行のスケッチ、そのほかに建築作品のいろいろのスケッチをパステルなどをお使いになって、ほんとうに壁面ができあがるまえに先生がイメージを画面に残しておられますが、そういうふうな旅行とか風景、建築のスケッチを含めまして、どうすれば先生のようにじょうずになれるのでしょうかね。

今井　じょうずになるということはあまり考えません。ただ、ものを描く習練だけは忘れないようにと心がけることですね。それはもちろんいつも建築のデザインのときに、自分の考えていることを一つの形象的な図面にあらわすとき、比較的早

アッシジの丘　1963年7月22日

＊佐藤武夫（さとう　たけお）
1899-1972　建築家。建築音響学の先駆者。代表作「北海道開拓記念館」

く、また重要な心象を投入できると思うんです。自分の情緒訓練の糧としているんですわ。旅をすれば風景を……山、海、あるいは建物を描く。それを一つの情緒の蓄積に……絵日記というようなことにもなりますね。そういうことで、思い出を残そうという楽しみ、そのような考え方でスケッチを気楽に今でも旅先で続けております。

徳永　お話に聞きますと、先生は写真機のシャッターを切るぐらいのスピードで、コンテでさっとスケッチなさるということですね。

今井　それは第一回の海外旅行にいったときの思い出と、その後の旅のことに多少関連があるんです。第一回の欧州の旅のときに、ソ連で画家のグリゴリエフという人が作品集の本を出しているんです。それにはすばらしいコンテが描いてある。ロシア人の生活や農村の中の風景だとか、人物、そういうものに心を引かれたからです。このぐらいのものを自分で描けたらいいなということが一つですね。

それからスウェーデンのヨーテボリに寄ったときです。

徳永　私もあの都市へまいりました。建築家エリック・ニールセンのコンサート・ホールと、彫刻家カール・ミレスの巨大な像と噴水のある街ですね。

今井　そこで舞台芸術家でヨン・アントという人に偶然会ったのです。彼は私にいちど家にこないかということで、その家庭を訪れましたところ、いろいろのカリカチュアの大きな作品を見せてくれました。それがコンテですよ。彼は舞台装置家でデッサンが早いんです。目のまえで私の横顔などさっと描く。そのことによってこれだけコンテというものは早くかけるんだなというので、コンテというものに誘惑を受けました。

それから以後、速写の実演をするようになったのが、内藤先生と北満支の旅に出たときの、カメラのシャッターとの競争です。

内藤先生がさっさといってしまうから、ぼくの楽しみなスケッチができないでしょう。ですから内藤先生がカメラをとっているあいだだけが私のスケッチ時間だと思って……それがずいぶん私を力づけましたね。

徳永　それは先生、ずいぶん厳しい訓練を経られたからで、やっぱり今日の筆の冴《さえ》に到達されたというわけですね。

今井　でも知らないうちに早く描けるようになりました。それから列車や飛行機の中から描くから、いきおいそういうことが癖になって、だんだん早く描くことになったんですね。

徳永　これはだれもまねはできないと思いますね。

今井　いや徳永さんあたりはできますよ。(笑)

徳永　それと有名な画家の先生方が今井先生のスケッチを見て、コンテなら今井先生にはかなわないと、かぶとをぬいでおられるようですね。

今井　それはおほめのことばを書かなければならないと思って、お書きくださったのではないでしょうかな。

徳永　今井先生、私は今大阪におりまして東京へもたまにでて、先生にお目にかかることがなかなかできないわけです。

今井　だが村野先生に私がお会いできないと同じ心境の中に、あなたがおられると思います。

徳永　ありがとうございます。あるいは離れているから、よけい気持ちが合うのでしょうか？

今井　それがいいんですよ。会いたいと思っても会えないなやみが、ありがたいことに貴いものになってくれるんですよ。

ガウディについて

徳永　先生は一九六三年にバルセロナに行かれまして、ガウディの作品を目のあたりにごらんになられました。あのガウディの作品を先生が訪問されたときのお話を伺わせていただけませんでしょうか。

今井　私が第一回の欧州に出かける四年まえ、ちょうど一九二二年ですから大学を出て三年ぐらいたったころ、外国雑誌上でガウディの作品が多少論述されていたんです。その頃は近代建築の勃興期のきざしのような状態でした。ちょうど日本の分離派あたりも活躍を始めたころではないでしょうか。そのときにあのガウディのような作品がすばらしいなと……。なぜならば、いわゆる近代建築とはまったく異質なも

ミラノ大聖堂のミサ光景
1963年7月21日

満支旅行スケッチ　朝鮮風俗
慶州にて　1938年8月18日

二月堂からの景観
1939年4月3日

焼岳　1939年9月9日

のであったからです。ある人はまるで狂人の作品だと言い捨てる人もあったぐらいです。けれどもたびたび私も書き記しましたが、アメリカの近代建築の父といわれるルイス・サリヴァンが、実物は見ていないけれども、写真でガウディの作品を見て、すばらしいと絶賛したのです。その絶賛したこととあわせて、私はガウディの作品に心酔し始めたんです。ガウディのほかにスイスのシュタイナーのこともそのころ、スイスの『ダス・ヴェルク』とか、『ヴァスムート』の雑誌にときどき建設中の記事がのせてあって注目しはじめた。それから北欧のエストベリがちょうどストックホルム市庁舎の工事を進めているとのことでした。このことがずいぶん第一回渡欧の愉しみで、ぜひそれだけは見なければならないと思いました。けれども近代建築の盛り上がりを世界に最も大きく及ぼしたのはバウハウスですね。つづいてコルビュジエの台頭が非常に強かった。もちろんそれらは私どもの勉強の対象でしたが、前述のガウディ、シュタイナー、エストベリだけはどうしても勉強してきたいので出かけました。

バルセロナにガウディの作品を訪問したとき、ガウディは既に約半年前に惜しくも亡くなっていました。私はサグラダ・ファミリアの現場に行き、未知のお弟子の方に案内していただきました。そのあとは町の中のカサ・ミラとか、カサ・バトリョなどの作品を実際に見ました。そして私のその感動をどうして納めていいかわからなくなりました。これこそが建築なのかという驚きを持ちました。バウハウスの機能的な建築と比較して、やはりこれは非常に精神的なものだと私の心を打ちました。はるかにバウハウス以上だと思ったわけです。

そのようなことで、第一回の欧州旅行から帰国してガウディの事柄について、朝日新聞社展やその他にもいろいろとガウディの建築写真を発表しましたが、だれもが「これが建築か」と一笑のことばが出るだけでした。私はもうこれ以上はいまの時点で紹介するのがこわくなり、次の時を待つこととし、以後ガウディについて語ることは一時やめました。

私がガウディの作品を訪問した翌年に、スペイン建築家ラフォルス氏*が自著『ガウディ』を送ってくれました。それを見てガウディのことが一層よくわかってきたのですが、もっと内容をつかみたいなと思い、スペイン語が上手なドミニコ会の神父さんに日本訳をお願いしました。それを読みくだきますと、ガウディの人間像がさらに大きく出てくるわけなんです。そろそろガウディの研究に打ち込んで、なにか終戦後の建築界の役に立てばと思ったわけです。

一方バルセロナの、ガウディ研究機関との連絡をどう進めようかと努力しているうちに、とうとうこちらの書信がめぐりめぐって「ガウディ友の会」へ届いたのです。それから両者の間に密接な交信が長くつづき、長崎の日本二十六聖人記念館が竣工した翌年「ガウディ友の会の創立十周年」が近くあるから、バルセロナに来ないかという通知をいただいたのです。

徳永　それはまことにおめでたいことです。先生の信念が反映されたわけですね。

今井　そう、ふしぎです。ちょうど二十六聖人の建物もできあがったから、ここで少し自分の心の整えのために、その式典に参列したいと思いました。それが第二回のバルセロナ訪問でした。そのときの思い出は、やはり私と同じカトリックの信仰を持ったエンリケ*さん（「ガウディ友の会」秘書―一九六八年三月末急逝―）の絶大な支援が私に作用したのです。その方のご案内でぜんぶガウディの代表的作品を見学してまいりました。

第二回の旅行の前から、ガウディの研究について大学当局から研究費をいただき、数多くの翻訳も進めることができました。その上さらにガウディ研究のエンリケ・カサネリェス*さんによって、ますますガウディの建築思想がよくわかってきたんです。そして信仰を持った作家というものは、これほど自己との戦いに激しいものかと驚きました。自分のなすことに反省をし、自己をむち打つのです。ガウディの人となりには、ほんとうに頭が下がる思いです。彫刻家であり、画家である、その両面から建築創造に向かう人は近代建築家の中にはきわめて稀な存在でしょう。

カサ・ミラ
（今井兼次撮影 1926 年）

サグラダ・ファミリアの建築家
（今井兼次撮影 1926 年）

サグラダ・ファミリア頭頂部パーツ
（今井兼次撮影 1926 年）

＊ホセ・フランセスク・ラフォルス・イ・フォンタナルス
Josep Francesc Ràfols i Fontanals 1889-1965　バルセロナの建築家。著作『ガウディ』

＊エンリケ・カサネリェス
Enrique Casanelles 1914-1968
「ガウディ友の会」秘書

徳永　一九五八年に私の渡欧の時に、サグラダ・ファミリアの地下には工作場があって、そこで聖堂の完成に何人かの技術者がガウディの遺志をついで働いている様子を見ましたが、先生、今でも続いているのでしょうか？

今井　ええ、いま「ガウディ友の会」の機関誌が毎月私のところにまいりますが、相当すすんでいますね。私が参りました第一回のときには、キリストご生誕の玄関だけしかできていなかったのが、第二回のときには、その反対側にキリスト受難の玄関をつくりはじめておりました。最近の機関誌を見ると、地上三〇メートルまでできつつあるようです。

　バルセロナでも未完成のサグラダ・ファミリアに対するいろいろの批評があり、もうガウディはいないのだから、この建築工事は中止すべきであるとの意見と、これを続行し最後までガウディの創意にもとづいて完成すべきであるという完成に賛成する二つのグループができたりしたんですね。現在では後者の意見で押し進めております。

徳永　それは大変立派なことですね。

今井　それですから、私がバルセロナにいったときにも「おまえはどう考えるのか」と新聞記者のインタビューをうけましたが、私は「あくまでもガウディの心を継いで、立派にお弟子さんがつくるべきだ」と答えたら、「それではいまバルセロナにはたくさんの小さな教会堂を建てる経済が必要です。では大きい聖堂、ガウディの大聖堂をつくる多額な費用をそれらのほうへ回したらどうでしょうか」とまた私に質問する。「いや、ひとつの世紀の里標《マイルストーン》を築こうとするには多少は社会の事情に相反するようなことに相なっても、これは時代のひとつの大きな記念事業であり、社会的な大きい意義ある仕事です。なんでも小さな教会をつくるというのはいつの時代でもできます。このときこそガウディの初志を貫かなければいけないでしょう」といって反論したんです。

徳永　それは非常に刺激になって、先生のおことばのようにいま進んでいるんでしょうね。やっぱり信仰なくしてはガウディの建築はできませんね。

今井　できませんな。ですから一般の批評家がガウディの作品のことを非常に〝奇怪な建築〟だといいますけれど、あれはぜんぜんわかってないと私は思います。ああいう批評はちょっとあぶないですね。

徳永　はい、もう表面だけを見ての批評でございますからね。

今井　もうデザインの発想の深い中にあるガウディの人となりと心を読みとらないで、いま徳永さんのおっしゃったとおり、表面的なことだけの結果からながめておられるのではないかと思います。

作品について

徳永　先生の戦前の作品と、戦後のものといろいろありますが、先生は非常に寡作な方だと世間一般ではいわれておられます。しかし寡作ではあるけれども、おつくりになるもの一つ一つが珠玉の作品とお見受けさせていただいております。

今井　そんなに珠玉でもないのですが、私の作品の最初から最後までを支えてくれた建築理念とも思われるものは、はじめての建築の仕事であった早稲田大学の図書館からうけたでしょうね。そこで始めて建築とは実際にどういうものだということを、働く人びとの中にあって教えられたのです。とくに私は現場でいっしょに協力してくれた労務者というか、職方たちの肌身に直接触れたということが、私の建築観を決定づけたのです。それは大学図書館という地味な設計でしたけれども、そのホールにある六本の柱を仕上げた左官職の人間性に私の心の琴線が触れたんですね。建築というものは実にすばらしいものだと。そしてこれら限られた人だけではなく、この建物の建設現場にかかわる人びと全体の総力によってできるものだ。そしてまた、それらの中にはすばらしい立派な職方もいるなと。それ以来私は学生諸君に、「きみたち現場へ出る機会が将来あるでしょう。そのときには必ず現場の職人をよく見つめてください。その中に必ず一人、あるいは二人、あなた以上に立派な職人がいますよ。それを必ずさがしてください。またそれを私に報告してください」というようなことまで付け加えたことがあるんですが、今日でも自分のこの考えは変わらないような気がいたします。

早稲田大学図書館

航空記念碑

徳永　それは、しかし先生の処女作といわれておりますす図書館ですから、きっと先生のお若いときですね。そのときに非常に情熱をこめて、早稲田大学の図書館をおつくりになった。それが今日の建築家今井先生の胸深く、心の底までずっと浸透したのではないでしょうか。

今井　やっぱり二十代の世代でしたからね。それにはじめての仕事でしょう。喜びもあるし、苦しい思いをもしたけれど、よく精根こめて働くことができました。

徳永　それから戦後の作品になるまでに、航空記念碑を情熱こめておつくりになりましたね。あれは私どもの学生のころではなかったかと思いますが……。

今井　昭和十六年の末に出来上ったのです。戦争が始まってすぐ除幕式になりましたよ。あれは彫刻と建築との一体化の点に目標がありました。台の上にものが乗ったというようなことを考えないで、台と彫刻が有機的に一つのかたまりとなる考え方でしたね。これはほんとうに今でも忘れられない思い出の多い作品です。

徳永　それで先生は終戦後、奥さまがお亡くなりなどして、非常なお苦しみの中での時代は、わりあい作品は少なかったとお見受けしていますが、しかし大多喜町（千葉）の役場から、二十六聖人（長崎）、皇后さまの音楽堂、桃華楽堂、それからごく最近では大隈侯の記念館（佐賀）、そういうふうなものを拝見させていただいておりますが。

今井　あの一連の作品は私が還暦の頃になってからの仕事です。それまでは私が設計したくても、学部や大学院のデザイン指導の主任をつとめていましたし、家内がなくなったりしてから、設計にかかわる暇がなかったわけです。学生諸君の勉強面に努めればつとめるほど、自分自身の設計面の仕事は乏しいものとなるわけです。考えてみれば一面自分は建築家であるけれども、作品をつくる機会をもてないのかと一抹の淋しさもありました。

徳永　それはごもっともですね。そういうお気持ちはたしかにおありでしたでしょうね。

今井　だがまた、一方設計の仕事をせずに、しずかに近代建築のゆくえをゆったりと水平線上に見まもる余裕を与えられたことを無上に貴いと思っています。近代建築がこれからどういう方向に動いていくかとか、真の建築とはいかなるものかとの考え方を、幸いにも静かに自己の胸中で鍛えることができました。私は設計を六十歳代以前は余りやらなかったのでマイナスもありますが、それにも増してこの休息期がプラスになったと思います。

徳永　先生の『旅路』を拝読しまして、先生は非常に努力されて模型をつくられ、その模型をさらに拡大され、その上に実際に色を塗って、しかも日当たりの戸外に出してごらんになって、さらに色のタイルなどの修正をされたり、なみなみならぬご苦心です。これはとても私どものまねのできないことをなさっておられます。先生がどのようなお気持ちで、どれだけの努力をされているか。たとえば二十六聖人の映画を拝見いたしましても、ほんとうに建築家がここまでできるのだろうかと感じました。それから施工者の方からも、先生の仕事っぷりは神々しいまでの姿であったとさえ伝えきいております。技術と精神、思想と信仰、人と神が一体となってはじめて可能の世界に、先生は進んでいられると存じ上げております。

今井　そうおっしゃられると私は恐縮ですが、むしろいっしょに働いてくださった方々にずいぶんご迷惑をかけたことが数々あると思います。けれども建物にはおのおの目的がありますから、二十六聖人に捧げるものは聖なるその殉教者をたたえねばなりません。皇后さまの音楽堂にはご還暦までの全ご生涯に近いもの、あるいは末永いご幸福を描写しなければなりません。私がそういう建物の設計の依頼を受けますと、まず依頼者側の機能的な主要点は、もちろんその趣旨をお受けしますが、あとは私におまかせしていただくような形で、またなお私にわからないところはお尋ねするという具合にして進めてまいります。

　二十六聖人の場合は、やはり二十六聖人のたどられた堅固な信仰と気高い勇気の生涯に自分なりの詩感をおりまぜてデザインを進めました。ディテールについても同じようなこと

大多喜町庁舎

日本二十六聖人殉教記念館
(ディテール)

桃華楽堂「光の窓」(外部)

大隈記念館

が考えられてゆきます。

結局は二十六聖人の殉教者のあの苦難の中の喜びを持たれて生涯を終えてゆかれた、気高い心をうたいあげようとするんですが、力がつき果ててしまうことがあります。そのような時には聖人のことを思いながら、これで倒れてはいけないと、このぐらいのことで倒れてはいけない。殉教者はもっとこれ以上苦しんだのだから、これではその足元にも及ばないぞと考えたりするのでした。また日曜のミサごとに現場に出かける前、近くの聖堂を訪問し、二十六聖人のための仕事に対して貧しいお祈りをささげて、聖人の精神が設計の中に反映するように、聖人の心を建物の中に少しでも表現出来ますようにと願い続けたこともあるのです。

皇后さまの音楽堂の場合でも、同じようなことがいえると思います。ですから皇后さまの建物には、皇后さまのお喜びばかりではなくて、ひそかにご苦悩あそばれた数々の事柄をも含む諸形象が自分なりに目立たぬようおなぐさめのしるしとしてかくされております。それはちょっと見出せません。ただ設計者の胸中にあるものが動いて、それがどう多くの人々に訴えるかは、ちょっとわからないですね。だがそれらのささやかな形象が、その建物のなかからなにか対話してくれるような気がします。自分だけがそう思うのかもしれませんが、少しでも生きた建築になってもらえたならとの願いが、私の現在の考え方ですね。ですから相手がこちらに語りかけてくれるまで努力しなければなりません。

徳永　あの長崎の二十六聖人を拝見しまして、ただいま先生にその精神を教えていただいたので、私はよく理解できると思います。私は完成の直後に二十六聖人を見るために長崎へまいりました。あそこはやはりたち去ることはできず、坂をおりはじめて途中でもう一度よく見ておこうと引返しました。今先生もそういうふうに書いていらっしゃいますけれども……。

今井　ほんとうにみなさんから「長崎へいってきましたよ」とよく話されるのですが、「あの建物を見てきましたよ」との私への挨拶なのですね。思わずこちらから「ありがとうございました」とさきにお礼をいってしまいます。ほんとうにうれしいことですよ。

徳永　大隈記念館は先生の一番最近の作品ですね。

今井　そうです。あれはいろいろ雑誌にも書かされたんですが、なにしろ建物が小さいですからね。

徳永　小さいよりも、先生の信仰、大隈先生を尊敬されるお気持ちが造形と一体になっているのでしょう。先生の建築家としての作品、作風の中に、お人柄と信仰と尊敬、そういう気持が一致して作品に凝縮しているように思います。

今井　人さまがどう考えるか知りませんが、私の言葉で表現すれば、その建物の目的にふさわしい精神的な空間を描きたいという考えが、どうしても起こるんです。ですからその考えをある程度まで作品に打ち込んでいけば、その考え方がかすかでもこちらに対話してくるように思います。その対話のはじまるまでにはどうすればよいかというと、それはもう最後の五分間のまた五分間まで、ちょっと変ないい方ですが、がんばるという努力が必要になってくるのです。そういう考えでやっていますと、協力者に非常にご迷惑をかけてしまいますので、本当につらいですよ。みんながもうこれでいいと思っているところに、また追いかけをするのですから、気の毒だなと思うことがしばしばあります。けれどそのようなことが語りかける建築の糸口となるんです。建築の最後の竣工まぎわになると、自分の体が全くまいっていることに気づくこともあります。

徳永　しかし協力者は喜んでいたようですよ。もう先生の建築家としての態度が神々しいものにまで高められていますから、みなさん先生の気迫に打たれて、協力をさせていただいたということを長崎の場合、あとでお聞きしました。

メダルと建築彫刻家のこと

徳永　つぎに先生はメダルのデザインで大変ご立派な作品を残されておられますね。数多いメダルを作品として拝見して感じることは、先生は彫刻家に近い建築家であると考えられます。

今井　それはうれしいおことばですね。私は大学で彫刻を武石弘三郎先生から習いました。それで自分も彫刻をやりたいと思い、第一回のヨーロッパ旅行にスウェーデンの彫刻家カール・ミレス訪問のときから建築彫刻家になろうかとも思いました。しかし結局学校勤めでは先生のアトリエ通いも怠りがちになり、それで武石先生から破門を受けたような形になってしまいました。けれども私の忙しい事情をよくご存じの武石先生でしたから、私にこんどは建築と彫刻との関係について先生の方からいろいろと相談があったわけです。武石先生から彫刻にふさわしい台座を考えてくださいといろいろ問題を持ちかけられる。それは建築と彫刻との関係になるわけですね。彫刻は私が建築家になったときからの忘れられない一つの欲望でしたから、これを勉強しなければいけないと思ってやっておりました。

　メダルの話は、大学当局者が、今井はメダル制作が好きだから、まかせたらいいと、どこからとなしに伝わっているらしいですね。メダルはずいぶんつくりました。この『旅路』の中に収録されていないのもいくつかありますが、早稲田大学に関係のあるメダルは随分つくりました。まあ『旅路』に載ってるのでは早苗会賞、体育会賞、それから小野梓賞*、この三つは私の好きな作品です。大学にまだ席があったときには、ヴィトルヴィウスあたりからルネッサンスを通して現代までの著名な建築作家のレリーフを学校に残そうと考えたことがありました。とてもそれは実現できなかったですがね。

徳永　やはりさきほど建築彫刻家になろうかとのおことばがありましたが、先生のは彫刻家の彫刻ではなしに、非常に建築的なおさまりと造形の美を考えていらっしゃる。しかし早稲田大学小野梓記念賞メダルなどは、ちょっと本業の彫刻家はだしのような……。

今井　そのメダルの中には小野梓先生の風貌を考えながら、また小野梓先生の世界観、巨大な思想を持った方でしたから、それでギリシャのアルカイック時代のポートレートをずいぶん勉強もしましたよ。

徳永　そうですね。やっぱりアルカイック・スマイルが出ているような小野梓先生ですね。

『旅路』について

徳永　ところで先生、『欧旅素描』と『旅路』は実にたいへんな出版でしたね。特に『旅路』は今井先生の長い人生の旅路を収録されたような、非常に印象の深い出版ですが、それにつきましてお話をお願いします。

今井　『旅路』の出版のことは教室で、私が定年になる前の年になにかその記念事業にあたることをされたらと教室の先生がたが考えられ、それでけっきょく作品集はどうですかという話で、私もそれに越したことはないですからお願いしたわけです。そうなると私の古稀までの記念になるのですから、やはり私の貧しい人生の旅路の記録と考えたほうがいいと考え『旅路』と名づけました。それには私のこれまでの建築の生涯ばかりでなく、自分のかかわりのあった絵画、工芸、彫刻もいっしょに含めていただくほうがよいということになったわけなんです。それでこの方向に委員会がお進めくださって、立派なものをつくっていただいたわけです。単なる建築作品だけでは専門的になって、いろいろの雑誌にも出ているのを繰り返すようなことになるので、ただムードだけ出したほうがいいとの考えで、図面を省略して、ただながめるという観点で編集をお願いした次第なんです。そんなことで一般の建築作品集のような姿にはならなかったと思います。

徳永　しかしたいへんいい記念の本ですね。私も座右に置かせていただきまして、疲れたときにときどき出して拝見させていただいております。

今井　いや、私もときどき心持ちの整理のために、またとくに巻頭の別冊におことばをいただいた方々の文章を何回となく繰り返して読んで、ほんとうに心を打たれております。

受賞のことなど

徳永　ところで、先生は建築学会賞とか芸術院賞を受賞なされたわけですが……。

今井　芸術院賞受賞の日は全く感動してしまいました。最近の丸善の機関誌『学燈』誌上にことし受賞された作家網野菊*さんが、式の情景や心境を手にとるように実によく書かれているのを拝見して、私はふたたびその前年にうけた感動を強く思い出してしまいました。両陛下に私がお目にかかる光栄に浴しましたのはこの受賞式のときがはじめてではなかったのでしたが。私がまだ桃華楽堂の現場通いをしている四十年の秋の園遊会にご招待されたときと、桃華楽堂こけら落しの初演奏会の催し前、たしか四十一年三月十八日との二回でした。この二度の機会で両陛下が家庭的にくつろげられるお姿に親しく接したのでした。後者の折は、両陛下おそろいにてはじめて桃華楽堂をご覧になられるとのことで、私も新装の楽堂前でお迎え申し上げました。そして私のところに近づきくだされ、労をねぎらうありがたいお言葉までいただいたりしました。さらに両陛下の御後にお供して天皇ご一家のおやさしい温い家庭的雰囲気とも申すべきものをひそかに拝察さ

小野梓賞

マリア静子像

フィレンツェとアルノ河
1963年7月23日

工事中のサグラダ・ファミリア聖堂
1963年6月22日

＊小野　梓（おの　あずさ）
1852-1886　法学者、政治運動家。早稲田大学の創立に寄与。
＊網野　菊（あみの　きく）
1900-1978　小説家。代表作『さくらの花』

せていただいておりましたから、受賞式に臨む心がまえも落ちつくかと考えていました。ですが、いざ受賞式となりましたら緊張のしつづけとなってしまいました。もし天皇さまからご下問がありましたら、どのようにお答え申したらよいのかしら、また日頃耳が悪いので間違ったお答えでも申しあげたらたいへんなことになるなど心の動揺を押えるのが精一杯でした。陛下は受賞者の作品をつぎつぎとご覧になられ、自分の作品のそばに立たれている受賞者とお話をかわされてゆくのです。いよいよ私は陛下をお迎えする番になりました。陛下は桃華楽堂など私の展示作品の方にお目を向けられてから、下段にならべられてある私の拙い『欧旅素描』をご覧なられて、「今井はどうしてこういうスケッチを描くの」とお尋ねになりました。建築家の素描が不思議にお思いになられたのでありましょう。陛下のお尋ねは急所でしたね。「はい、建築を勉強いたしますためには、やはりこういうスケッチを描きながら、自分の設計をよりよく自分の意思の通るように描くために書いております」「ああ、そう」と。そうおっしゃられました。

式の翌日は皇居にご招待なんですね。一同は陛下とごいっしょにご陪食をいただいてからひきつづいて別室でお茶の会があり、そこでまた各自一席専門のことについて短いお話を申しあげることになっているのです。いよいよ困ったんですね。陛下と皇太子さまと三笠宮さまが、並んで私の斜め向かいのお席におつきになられましたが、そうとう距離があるのです。私は耳の悪いことばかりが心配でしたが、幸い私のうしろに侍従さんらしい方と管理部長さんが控えていてくださったんですね。

私は建築相撲という自分の体験談を陛下にお話を申しあげたんです。「自分の建築というものは、なかなか考えているようにはできないものです。いつでも私は建築と相撲をとって負けてばかりおりますが、それでもなんとか相手の建築が黙っていないで、少しでも私の方に話しかけてくれるような建築になってくれればと願います。そのときには私の体はまったくどうにもならないほど疲れ切ってしまいます。もし、これ以上働くことができないと思って力を惜しみますと、建物がいつまでもなにもささやいてくれません。それでさらに最後の五分間の力をふりしぼってゆきますと、ふしぎにもなにかかすかに自分の考えていることが、相手の建築からこちらに伝わるような気がいたします。でございますので、自分の体力が疲労しつくして、もうこれ以上働けないというときになって、はじめて建物がなにか私の方に生きたもののように、話しかけてくるような気がいたします。私は建築設計の秘術は負けるが勝ちだと思います」と。そのようなお話を申しあげました。

そのあと陛下からのご質問がありました。それは芸術院賞受賞式のときと同じように「建築にはデッサンというものが必要なんですか」と質問されました。まえはスケッチだったでしょう。こんどは建築それ自身にはデッサンがいるのですかと。それで「そうでございます。いちおう自分の考えをデッサンしておく必要がございますので」とお答えしました。陛下は私の耳の悪いことを側近の方からすでにご存知であられたのでありましょう。お身体をのり出されて手振りをなされ、そのうえお声を一段と高めて下さいましたように拝察いたしましたが、まことに恐懼《きょうく》の至りでございました。おいたわりお深いお心に私は頭をさげて泣けてしまいました。

徳永　非常に先生、いいお話を伺わせていただきました。

よき思い出と海外建築家の墓参

徳永　そのほかに、先生の長い旅路の中でのよい思い出を一つ、二つお話しいただけませんか？

今井　早稲田の建築学科のために、私の『旅路』のなかで忘れられないひとつの物的な……物的といったらちょっと語弊があるかもしれませんが、思い出に残る仕事がひとつあるんです。

それは長野宇平治*先生の蔵書を、今井に譲りたいから下見にこないかということを、戦前人を通していってこられたんです。たぶん大阪の日本銀行にいらっしゃる杉山庫之さんだったとおもいます。長野先生のところにはすばらしい蔵書

ストックホルム市庁舎の一隅
1963年8月17日

ドルナッハ精神科学の殿堂
ゲーテアヌム内記念室
1963年7月13日

サグラダ・ファミリア聖堂の遠望
(「カサ・ミラ」屋上にて)
1963年6月23日

＊長野宇平治（ながの　うへいじ）
1867-1937　建築家。代表作「奈良県庁舎」

があるんですね。もし私にお金があれば欲しいのだけれども、その当時私にはどうにもならない五千円という大金でしたから、これはなんとか学校にでも買ってもらったらと。ちょうど昭和十二年の真夏のころですよ。暑熱の中、書庫に十日間も通いつづけてみてしらべましたが、長野先生はよくもこんな貴重な古典書を集められたものだと驚いてしまいました。ところが話によりますと、建築学会、丸善、それから東大にも話をかけたが当時そのような古い本は相手にされなかったのかもしれませんな……というのは古典の本ばかりでしたからら。それで早稲田の私にも話してきたわけでしょう。私は歴史的な書物が好きだったものですから、ほしくてしょうがないのです。それでこれを私の早稲田の建築学科で買ってもらったら私にも好都合と思い、さっそく建築学科の教室会議にはかったところが、案外みなさんは希望なさらないのですよ。私はもうしょうがないから、これを私の知人らを集めてみんなで少しずつ金を出し合い、名画集や銅版画などを譲っていただき、それをみんなで分けようかな、と考えたりしましたが、これは長野先生に対して申しわけないので、なんとか散逸をさけてこれを教室で買ってもらえないかと、くどく内藤先生に申し上げました。「ほんとうに今井がいい本だというけれども、間違いないものか」といわれました。「いや、あれは得がたいものです。私がどれもこれもみんなほしい稀有な貴重本です」と。「それでは図書係の青木安正君や池谷定雄助教授にも見てもらうように」と。それでとうとう内藤先生のご理解によって、かろうじて教室に収蔵することができたんです。戦争前のことですよ。その本の中には十六世紀版のヴィトルヴィウス*の原本『建築十書』、十八世紀の有名な建築家ピラネージ*の大銅版画が立派なパーチメント*付きの表紙で二冊分百二十枚、古代ローマの廃墟や建築のエッチングがあるんです。一冊分ひとりでもてないほどのものです。これは私が好きで勉強していたピラネージに関する唯一の本です。それに十九世紀末から二十世紀にかけてのフランス建築誌など沢山頂載いたしました。そのほかにルネッサンス以後の名著やカール・フリードリッヒ・シンケル*のアクロポリスの宮殿計画、フラ・アンジェリコの壁画集（限定版）などを含め五百冊、私がピック・アップした書籍全体のお金が当時五千円ぐらいでした。私は彼の銅版画だけを画家、長谷川路可さんに見せたところ、その頃一枚千円ぐらいだろうと。いまの時価にすると、それだけでも五千万円以上ぐらいになるのではないでしょうか。それですから私は門外不出の逸品として私の許可なくしては扱わぬよう大切にしておりました。ピラネージの大銅版画集はインクが山のようにもり上った迫

逆光のグルントヴィ記念教会堂
1963年8月30日

力のあるもので、印刷した複写ものでは到底味わえぬもので、大学院学生在学中にただ一回だけ金庫から取り出してきて建築家ピラネージの巨大な才能を紹介して刺激したりしておりました。また時折、前大浜総長が学園訪問の賓客をお連れしてくる時など、この銅版画を見られてこの至宝が建築学科に収蔵されていることに驚嘆されたこともありました。

　その他の五百部以上の貴重本を加えますと、おそらく評価は一億円を越えることになるだろうと思うんです。このように私は建築学科にそれを無理をして収蔵していただいたのですが、長野先生図書が教室の財産となっていると思うと、私は非常にうれしいことでもあり、よいことをしたと思っています。ほかにはなにもお役にたつようなことはしなかったけれども、長野宇平治先生もおよろこびでしょう。

徳永　先生の情熱と申しますか、熱意がやっぱり内藤先生を動かされたんでしょうね。

今井　まあそのことが、いまとなってもますます濃い思い出となって忘れられませんね。

　それから思い出としては、私が第二回のヨーロッパ訪問のときに、ガウディ、エストベリ、カール・ミレス、エーロ・サーリネン*の父エリエル・サーリネン*、アスプルンド*の墓参ができたこと。それからコペンハーゲンの建築家でデンマーク復興の父グルントウィの記念教会堂を設計したイェンセン・クリント*という先生、村野先生が非常に好きな建築です。そのクリントの墓参をしました。こういう建築家からいろいろと私が恩恵を受けた方々の墓参、これができたのは私にとっては生涯ありがたいことだったと思っております。

＊ヴィトルヴィウス・ポリオ
Vitruvius Pollio　B.C.90-B.C.20
ローマの建築家。『建築十書』
＊ジョヴァンニ・バッティスタ・ピラネージ　Giovanni Battista Piranesi　1720-1778　ローマの建築家。「ローマの光景」「カルチェリ」
＊パーチメント
羊皮紙のこと。
＊カール・フリードリヒ・シンケル　Karl Friedrich Schinkel　1781-1841　ドイツの建築家。代表作、ベルリン「新衛兵所」
＊エーロ・サーリネン
Eero Saarinen　1910-1961　フィンランドの建築家。アメリカに移住。代表作「ディア・カンパニー」
＊エリエル・サーリネン
Eliel Saarinen　1873-1950　フィンランドの建築家。代表作「ヘルシンキ駅」
＊グンナール・アスプルンド
Gunnar Asplund　1885-1940
スウェーデンの建築家。代表作「ストックホルム市立図書館」
＊イェンセン・クリント
Jensen Klint　1853-1930
デンマークの建築家。代表作「ニコライ・グルントヴィ教会」

徳永　これもたいへんいいお話ですね。

今井　徳永さんからいつだったか、あなたがジオ・ポンティ訪問の折、写された先生の肖像写真をいただきましたね。先年、早稲田にジオ・ポンティ*が来られて講演をした。そのときに教室から記念品を贈呈されました。私の退職後のことでしたからその品がなんであるかは知らなかったのですが、そばでのぞいてみましたら、私が好きで美術出版社から求めた本と同じなのですよ。それは日本の生活用品の桶とか菓子包みや、かごなどいろいろのすばらしい品々を収録した『日本の伝統パッケージ』という美本であったのでした。私は日本の伝統精神を讃え、日本の心を打ち込むこの本を愛蔵して時折、自宅に来訪される愛弟子の池原さんや若い人びとに見せてやりました。そのようなことからおそらくその本を記憶されておられた池原さんが、贈与のアイディアを出されたようです。そうして贈られた本をひろげながら、ジオ・ポンティは非常な喜びでした。これだけはこれからの旅先にも携行していつも愉しみにながめてゆきたいんだと。やはり私もポンティの創作態度、彫刻もやれば絵画もやる、それらの造形的なものを建築の中に……あの気持ちに共感しますね。同じようなものを持っておられると思うんですよ。ですから私が好きでならない本をジオ・ポンティ先生が喜ばれるのは、お互いに多少そのへんに心のかよいがあったのかもしれませんね。私もうれしかったですよ。

徳永　そうでしょうね。それはもうお言葉のとおりだと思います。

若い建築家へ

徳永　それでは最後に、ひとつ若い建築家になにか先生のお言葉をいただきたいと思います。

今井　もういまの若い建築家はなかなかがんばってよく勉強しているから……。けれども、まえにちょっとお話ししたように、自分自身と戦うことを怠りがちだと、とかくなにか不満が起こりはしないかと思います。仕事を与えられたときに、いろいろと現在の時代の変化で自分自身の考えを貫こうとすることがありますけれども、それをよく自分の心の中に入れて、いちおう自分の胸中のものと戦いをいどむ。自分はこれでいいのかと反省することも、建築家としての人間性を高めるひとつの要素ではないかと思います。

それからさきほども申しましたが、もう最後の五分間のまた五分間というところを惜しまないことですね。これは建築の対話の秘術が生まれるひとつの根源になると思います。ものを愉しむことはあるけれども、苦しむことを知らないでいるということは、作品にいろいろの影響を与えるので、あくまでも苦しんでのち、そのよろこびを得ることを若い建築家の働きの中に体験していくことも必要なのではないかと思います。

徳永　本日は、私どもの胸に迫るお話を頂載致しまして、ありがとうございました。

なにとぞ今後とも身体をお大事になさいまして、若い者にご指導いただき、さらにますます円熟された作品をお作りになられますことをお祈り申し上げます。

（『建築士』一九六八年第一七号、第一八号）

ミラノにある建築家ジオ・ポンティの中庭内アトリエ風景
1963年7月20日

サンドブラストのガラス障子
（増岡邸）

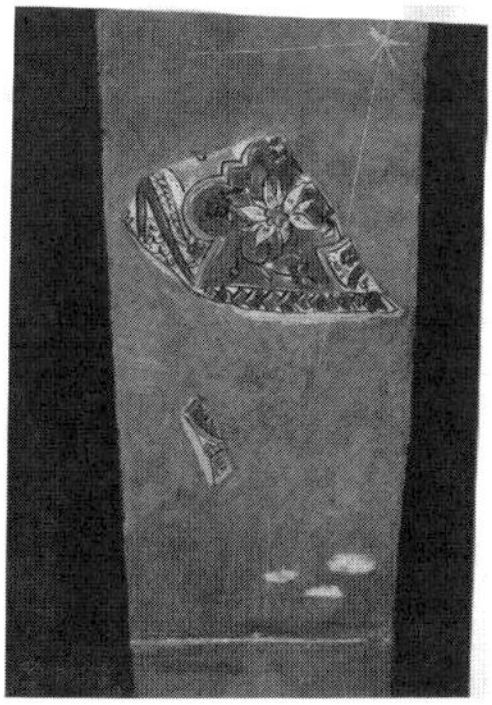

「星の下なるわがかけらの生活」

＊ジオ・ポンティ
Gio Ponti 1891-1979　イタリアの建築家。代表作「ピレリ・ビル」

出典一覧（編者註）

早稲田大学図書館――

早稲田新図書館建設の感想（本文一五頁）

〈出典〉『早稲田大学新聞』第七六号、一九二五年十月二十七日号。これに手を加えたものが『建築新潮』第七巻 第二号、一九二六年二月号、三七―四二頁に発表されている。

魂を打ち込んだ六本の柱（本文二三頁）

〈出典〉『雄辯』一九二九年九月号、一六四―一六九頁。

東京地下鉄道銀座線駅舎《上野―浅草間各駅》――

地下鉄余談（本文三二頁）

〈出典〉『早稲田大学新聞』第一四六号、一九二七年十二月一日号。

早稲田大学演劇博物館――

演博の建築にたずさわりし者の言葉（本文三五頁）

〈出典〉『早稲田学報』第四〇五号、一九二八年十一月号、四五―四六―三九頁。今井自身の文献として「演博二十五周年」（『早稲田学報』一九五三年九月号、八―一一頁）及び「演博よもやま話―三十年の思出」（座談会）（『早稲田学報』一九五八年十一月号、一二―二〇頁）を挙げておきたい。

建築当時の思い出――早大図書館と演劇博物館（本文四〇頁）

〈出典〉『早稲田学報』一九五九年九月号、二九―三一頁。

早稲田大学山岳部員針ノ木遭難記念碑――

遭難早大生を弔う記念碑きのう除幕式（本文四六頁）

〈出典〉生原稿。『報知新聞』一九二九年六月二十四日記事。二十五日写真をスクラップ・ブックに貼り、その側に記されたメモである。

遭難の碑（本文四六頁）

〈出典〉『建築とヒューマニティ』早稲田大学出版部、一九五四年、一〇四―一〇八頁。同文は『今井兼次著作集一』中央公論美術出版、一九九五年、八八―九一頁にも収録されている。「針の木雪渓の快音」と題する四百字原稿用紙五枚も残されている。本文四七頁に「当時私は海外にいて留守であったが、スペイン旅行中にこの痛ましい遭難のことを知った」とあるが、これは大正十五年の白馬岳の別の遭難を指すと思われる。

今井兼次自邸

私の新居――三千円の低利資金で建てた建築家の住宅（本文五二頁）

〈出典〉『住宅』一九三〇年十一月号、一五―一七頁。

和蘭風の軽快な中流住宅（三千円）（本文五六頁）

〈出典〉『初めて家を建てる人に必要な住宅の建て方』主婦の友社、一九三一年九月、二〇九―二一五頁。

吾が家を語る（本文五九頁）

〈出典〉『建築家の家　巻二』洪洋社、一九三四年、七―一四頁。

松尾部隊表忠碑

記念碑の石（本文六三頁）

〈出典〉『婦人子供報知』第六七号、一九三三年十二月号、二一頁。関連文献として「散華の碑」と題する一文が『建築とヒューマニティ』早稲田大学出版部、一九五四年、九九―一〇三頁及び、『今井兼次著作集一』中央公論美術出版、一九九五年、一一〇―一一五頁にも収録されている。

岸田國士山荘

浅間高原（本文六六頁）

〈出典〉『建築とヒューマニティ』早稲田大学出版部、一九五四年、一六六―一七一頁。同文は『今井兼次著作集二』中央公論美術出版、一九九五年、一三三―一三六頁にも収録されている。岸田國士氏については「想い」（四百字原稿用紙九枚）が残されている。

多摩帝国美術学校校舎

工事随想――多摩帝国美術学校新校舎竣工に際して（本文七二頁）

〈出典〉『工芸美術』第一巻 第二号、一九三六年二月号、一二―一五頁。

日本中学校校舎

母校新校舎小記（本文七九頁）

〈出典〉『日本中学校校友会誌』一九三六年十一月号、一二―一六頁。本文の一部は『日本中学五十年誌』一九三七年、二〇四―二〇六頁に引用されている。『日本心』第六巻 第四号、一九三六年、二―四頁を参照。

田中王堂先生墓碑

田中王堂先生墓碑（本文八七頁）

〈出典〉『建築世界』一九三八年七月号、一五頁。

航空記念碑

航空碑を設計して（本文八九頁）

〈出典〉『セメント工芸』一九四二年六月 三三号、九―一〇頁。

航空碑の設計（本文九二頁）

〈出典〉『稲友』一九四二年一〇二号、二一―六頁。航空碑については「航空の碑」の一文が『建築とヒューマニティ』早稲田大学出版部、一九五四年、一〇八―一一二頁に発表され、同文が『今井兼次著作集一』

中央公論美術出版、一九九五年、一一九—一二三頁に収録されている（「代々木原頭の航空碑」『新建築』十八巻 第二号、一九四二年二月号、三七頁）。

御礼言上（本文一〇〇頁）

〈出典〉プリント、一九七五年六月。

本文一〇一頁の「日本人建築家」に「石井澄男氏」を加筆した。

西武ユネスコ村

ユネスコ村（本文一〇五頁）

〈出典〉生原稿。『ユネスコ村の話』西武ユネスコ協会事務局、一九五四年十月、一—四八頁に多くの図版が掲載されている。「ユネスコ村」と題する一文は『建築とヒューマニティ』早稲田大学出版部、一九五四年、八七—九七頁、及び『今井兼次著作集一』中央公論美術出版、一九九五年、七六—八三頁にも収録されている。

根津美術館

設計について（本文一一六頁）

〈出典〉『新建築』一九五五年四月号、二五—三〇頁。

カトリック成城教会聖堂

誕生……充実、七つの星のステンド・グラス——聖堂建設秘話（本文一二〇頁）

〈出典〉『カトリック成城教会十五年のあゆみ』一九七〇年十二月、三一—三三頁。「月報」六三号、一九五五年より転載。

柿内邸

設計者の立場（本文一二六頁）

〈出典〉『芸術新潮』第六巻 第一一号 一九五五年十一月号、一八五—一八九頁。

世界平和記念広島カトリック聖堂レリーフ

私のメモより（本文一三〇頁）

〈出典〉『造形』一九五七年四月号、三六―三七頁。

広島平和聖堂の彫刻についての解説――世界平和記念広島カトリック聖堂（本文一三一頁）

〈出典〉『造形』一九五七年四月号、三六―三七頁。

「彫刻三題、七つの秘蹟透彫構想〈世界平和記念カトリック聖堂〉」『稲門建築会年誌』一九五八年第二号、一〇―一一頁にも同文が掲載されている。

碌山美術館

碌山美術館（本文一三四頁）

〈出典〉『旅路』彰国社 一九六八年、一五頁。

心の結集で建った碌山美術館（本文一三六頁）

〈出典〉『れんが』一九八一年第三号、一三頁。

大多喜町庁舎

描想（本文一三八頁）

〈出典〉『建築文化』一九五九年七月号、二五―二八頁。

大多喜町役場（本文一四二頁）

〈出典〉『新建築』一九五九年七月号、一八―二六頁。

受賞の印象に添えて（本文一四六頁）

〈出典〉『建築雑誌』一九六〇年七月号、三八八頁。

跣足男子カルメル会修道院聖堂

男子カルメル会修院聖堂の聖櫃の創意寸描（本文一五一頁）

〈出典〉生原稿、一九六九年十月十二日。

東洋女子短期大学壁面陶片モザイク——

モザイクについて（本文一五六頁）

〈出典〉『東洋女子短期大学新校舎竣工記念』パンフレット、一九六四年一月。

日本二十六聖人殉教記念館——

殉教者のためのモニュマン（本文一五八頁）

〈出典〉『芸術新潮』第十一巻、一九六〇年九月号、三三頁。

かき集めスケッチの覚え書——長崎における日本二十六聖人記念建築の設計を終えて（本文一五九頁）

〈出典〉『建築』一九六一年三月号、一—一〇頁。

長崎だより——日本二十六聖人殉教記念建築現場の寸描（本文一六八頁）

〈出典〉『建築文化』一九六二年三月号、八一—一一六頁。『稲門建築年誌』第五号、一九六一年、四八—五〇頁にも同文が掲載されている。

ガウディ精神の映像と私（本文一七六頁）

〈出典〉『ジャパンインテリア』一九六二年四月号、四—一一頁。

第九シンフォニーによる発想（設計者の弁）（本文一八一頁）

〈出典〉『芸術新潮』一九六二年八月号、六六—七五頁。

双塔の宗教的表徴について——日本二十六聖人記念館聖フィリッポ西坂聖堂（本文一八六頁）

〈出典〉『新建築』一九六二年八月号、七九—九四頁。

日本二十六聖人記念館の宗教的諸形象について（本文一九〇頁）

〈出典〉『礼拝と音楽』一九六二年十月号、二一—二六頁。

葡萄の房（本文一九七頁）

〈出典〉『早稲田公論』一九六二年十一月号、八二―八三頁。発表後雑誌への今井自身の書込みによって「おらしょを唱え輝きて」を「おらしょ唱え微笑みて」に、「砕かれ流す十字架は」を「栄光かがやく十字架は」に改めた他は原文のままである。

秘話随想——長崎・日本二十六聖人記念館の建設（本文二〇二頁）

〈出典〉『早稲田学報』一九六三年一月号、一二―一六頁。

原爆の地長崎に敬虔と望をあらわす——設計者として（本文二一〇頁）

〈出典〉『婦人の友』一九六三年八月号、八五―八八頁。

日本二十六聖人記念館については以上の他に"My Emotion", Japan Trade Monthly, Dentsu,1963 May「殉教の心歌いあげた―聖地の建築施設語る」『カトリック新聞』一九六二年六月三日号、「日本二十六聖人記念館施設の律動的旋律の考想」メモ五枚、「わが願いぞありき」生原稿十一枚、「わが感慨」生原稿四枚、が残されている。

大室高原ヘルス・ホテル計画案

大室ヘルス・ホテル計画の思い出（本文二一二頁）

〈出典〉『近代建築』一九六四年六月号、七五―八二頁。

訪問童貞会修道院聖堂

思い出の記（本文二一七頁）

〈出典〉『新建築』一九六五年八月号、一六一―一六六頁。

反省の記（本文二二五頁）

〈出典〉『ジャパンインテリア』一九六五年十月号、二一―二六頁。

色光の空間（本文二二七頁）

〈出典〉『芸術新潮』一九六八年五月号、四〇頁。

沈黙の空間――鎌倉の聖母訪問会修院聖堂（本文二二八頁）

〈出典〉『読売新聞』一九六八年十二月二十二日号。

桃華楽堂

皇后陛下御還暦記念ホールのタイリング・パターンについて（本文二三一頁）

〈出典〉『近代建築』一九六六年四月号、一四一―一五二頁、本論文は談話に基づく記録であったため、雑誌発表後今井自身によって一二九箇所が加筆されている。そのため、本論文ではその加筆をすべて収録している。末尾には〝春苑桃華の障壁と「桃華」楽堂の御下名のこと追記すること〟と書かれている。

回想の記（本文二四二頁）

〈出典〉『建築文化』一九六六年四月号、六一―六八頁。

回想寸描――皇后陛下御還暦記念楽部音楽堂について（本文二四六頁）

〈出典〉『新建築』一九六六年四月号、一〇五―一一六頁。

桃華楽堂の陶片モザイク（ホール側壁）（本文二五〇頁）

〈出典〉『建築東京』一九六八年十月号、一七頁。

日本二十六聖人記念館と皇后陛下御還暦記念ホールとについての感慨雑記（本文二五一頁）

〈出典〉プリント、生原稿には「一九六六年二月九日」とある。

桃華楽堂に関しては以上の他に、「桃華楽堂に秘めた各表緻のメモ（心象）」の四五項目に及ぶ生原稿九枚、「一九六六年五月十四日記」、「皇居内洋楽音楽堂設計の MEMO」、「設計上の考慮の発想」（三五項目）一九六四年三月二十三日、「質問の件」（一八項目）一九六四年二月十九日が残されている。

佐賀大隈記念館

佐賀大隈記念館竣工（本文二五七頁）

〈出典〉『早稲田学報』一九六七年六月号、一三―一七頁。
「回想寸記―大隈記念館を設計して」（『新建築』一九六六年十二月号、一七九―一八四頁）は、本論文との重複が多いためこれを割愛した。

万博・教会の家

無題（本文二六九頁）
〈出典〉プリント、一九六八年。

遠山美術館

一粒の生命を求めて――遠山美術館の設計に寄せて（本文二七二頁）
〈出典〉『建築文化』一九七一年二月号、八三―九四頁。

構想――遠山美術館の設計について（本文二七五頁）
〈出典〉『新建築』一九七一年二月号、一五三―一六二頁。

遠山美術館についての私の構想　追加分（本文二七七頁）
〈出典〉生原稿、「一九七一年二月四日記」とある。

メダルのデザイン

早苗会賞々牌制作後記（本文二八二頁）
〈出典〉『早苗会時報』第四三号、一九三九年十月号、二頁。

作者の言葉　早稲田大学「体育賞」（本文二八五頁）
〈出典〉『稲門建築会年誌』一九五七年第三号、一三二頁。

「乳母車」の図案に寄せて――今和次郎賞メダル・デザインの思い出（本文二八六頁）
〈出典〉『生活学会報』一九七七年三月号、四四―四六頁。

対談

古稀を迎え『旅路』の出版をされた今井兼次先生に聞く(1)(2)(聞き手 徳永正三氏)(本文二九〇頁)

〈出典〉『建築士』一九六八年 第一七巻 一九三号、二八―三三頁。第一八巻 一九四号、二六―三一頁。

冒頭には「一九六八年九月五日、丸の内ホテルにて収録」と記されている。

対談には、この他にも「建築の精神、愛と結晶(対談 川添登氏)」『建築』一九六二年八月号、「川添登氏との対談補足」生原稿、一九六二年八月、「建築の聖使徒(上、中、下)(聞き手 建築評論家・浜口隆一氏)」『日刊建設産業新聞』一九六六年六月二十五日、七月二日、七月四日、「建築の中のヒューマニティ 今井兼次先生に聞く(聞き手 川添登氏)」『設計管理』第五七号、一九八〇年十一月号、「設計の旅路」関東学院大学講演会記録 一九七四年七月十三日、がある。

今井兼次年譜

西暦	和暦	年齢	経歴	主な作品、著作
一八九五	明治二八		一月一一日　東京・青山権田原町に生まれる	
一九〇一	明治三四	六歳	青山尋常高等小学校入学	
一九〇八	明治四一	一三歳	日本中学校入学	
一九一三	大正二	一八歳	日本中学校卒業	
一九一五	大正四	二〇歳	早稲田大学高等予科入学	
一九一六	大正五	二一歳	早稲田大学大学部理工科建築学科入学	
一九一九	大正八	二四歳	早稲田大学大学部理工科建築学科卒業 早稲田大学理工科助教授	
一九二〇	大正九	二五歳	早稲田大学附属工手学校講師 早稲田大学理工学部助教授	
一九二一	大正十	二六歳	日本美術学校講師、国民美術協会建築部会員	
一九二二	大正十一	二七歳		早稲田奉仕園スコットホール（内藤多仲と共同設計）
一九二三	大正十二	二八歳	彫刻家武石弘三郎に彫刻制作を師事 国民美術協会評議員	早稲田大学大隈記念講堂設計原案
一九二四	大正十三	二九歳	建築団体「メテオール（流星）」を結成	大連停車場競技設計案

一九二五	大正十四	三〇歳		早稲田大学図書館、JOAK放送局（内藤多仲、木子七郎建築事務所と共同設計）、山口万吉邸（内藤多仲、木子七郎建築事務所と共同設計）
一九二六	大正十五（昭和元）	三一歳	ソ連・北欧・欧米などの近代建築および地下鉄駅研究視察、早稲田大学派遣留学生	内藤多仲邸（内藤多仲、木子七郎建築事務所と共同設計）
一九二七	昭和二	三二歳	留学より帰国	東京地下鉄道銀座線駅舎（上野—浅草間各駅）
一九二八	昭和三	三三歳	清水静子と結婚、帝国美術学校設立に尽力 早稲田大学付属高等工学校講師	早稲田大学演劇博物館、荒玉浄水場（内藤多仲と共同設計） 『現代建築大観』（共著、洪洋社）、『海外に於ける近代建築界の趨勢（其の二）』（日本建築学会）
一九二九	昭和四	三四歳	近代建築写真展 帝国美術学校開校、同校教員	早稲田大学山岳部員針ノ木遭難記念碑 『エミール・ファーレンカンプ』（建築世界社）
一九三〇	昭和五	三五歳	長男兼介誕生	今井兼次自邸、三宅文庫 『グンナール・アスプルンド』（建築世界社） 『近代建築概論』（早稲田建築講義Ⅵ） 『図書館』（早稲田建築講義XV）
一九三一	昭和六	三六歳		『ソヴィエートロシア新興建築図案』（洪洋社）
一九三二	昭和七	三七歳		松尾部隊表忠碑、シカゴ万国博日本館設計案
一九三三	昭和八	三八歳	山田守、蔵田周忠、吉田鉄郎、山脇巌らと「欧州新建築展」	燕山荘設計案、本川小学校講堂
一九三四	昭和九	三九歳		岸田國士山荘、広島商工会議所設計案
一九三五	昭和十	四〇歳	多摩帝国美術学校創設に参加 多摩帝国美術学校講師、のちに教授	父の像、多摩帝国美術学校校舎

一九三六	昭和十一	四一歳		日本中学校校舎、古市男爵銅像台座設計案 人見絹枝像記念碑台座設計案 天津火力発電所（内藤多仲と共同設計） 覆馬場設計案（内藤多仲と共同設計）
一九三七	昭和十二	四二歳		本川小学校奉安殿
一九三八	昭和十三	四三歳	早稲田大学理工学部教授 内藤多仲と北満支視察に同行	田中王堂先生墓碑 増岡邸玄関内サンドブラストガラス障子 寺尾橋、東京北沢通商店街商業組合店員道場 松花江水力発電所（内藤多仲と共同設計）
一九三九	昭和十四	四四歳	早稲田大学専門部工科講師 早稲田大学カトリック研究会会長	
一九四〇	昭和十五	四五歳		日蓮上人台座設計案
一九四一	昭和十六	四六歳		航空記念碑、早苗会賞メダル
一九四二	昭和十七	四七歳		進撃の碑、飯沼正明飛行士記念碑設計案
一九四三	昭和十八	四八歳		東京都忠霊碑設計案、黒田三郎先生記念碑台座
一九四七	昭和二二	五二歳	妻マリア今井静子逝去 多摩造形芸術専門学校理事	
一九四八	昭和二三	五三歳	カトリック受洗、霊名「十字架のヨハネ」 世界平和記念広島カトリック聖堂建築顧問	マリア静子墓碑 マリア静子像
一九四九	昭和二四	五四歳	早稲田大学第一理工学部教授 早稲田大学舞台美術研究会会長 カトリック美術協会会員	「妻の俤」（Bruno Schafer 編著 Sie hoerten Seine Stimme 『神の声を聞きし人々』）

一九五〇　昭和二五　五五歳　早稲田大学第二理工学部教授
野口英世博士記念像設計案

一九五二　昭和二七　五七歳
西武ユネスコ村

一九五四　昭和二九　五九歳　早稲田大学大学院工学研究科教授
根津美術館（内藤多仲と共同設計）
『建築とヒューマニティ』（早稲田大学出版部）

一九五五　昭和三十　六〇歳
カトリック成城教会聖堂、柿内邸
『建築家の画稿』（相模書房）

一九五六　昭和三一　六一歳
唐津小笠原記念館、世界平和記念広島カトリック聖堂レリーフ「七つの秘蹟」構想、窪田空穂先生歌碑設計案、式場病院設計指導

一九五七　昭和三二　六二歳
足立信用金庫、東京証券取引所会議室改造
沼津西武デパート石彫「海の幸」

一九五八　昭和三三　六三歳
碌山美術館、箱根芦ノ湖畔西武国際村
福岡RKBテレビ放送会館中庭石彫「リズム」
早稲田大学大隈記念室改造
『芸術家の倫理――職業の倫理』（共著、春秋社）

一九五九　昭和三四　六四歳
大多喜町庁舎、跣足男子カルメル会修道院聖堂
早稲田大学体育賞メダル

一九六〇　昭和三五　六五歳　大多喜町庁舎に対して日本建築学会作品賞受賞

一九六一　昭和三六　六六歳
遠山元一邸設計案、東洋女子短期大学壁面陶片モザイク「岩間がくれの菫花」他四題、大阪本町ビル東邦商事屋階陶片モザイク「糸車の幻想」、カトリック関口教会聖堂設計案

一九六二	昭和三七	六七歳	「アントニオ・ガウディの研究とその一連の建築作品について」に対して早稲田大学大隈記念学術褒賞受賞	日本二十六聖人殉教記念館 訪問童貞会修道院 習志野市庁舎設計案
一九六三	昭和三八	六八歳	日本二十六聖人殉教記念館に対して日本建築学会作品賞受賞、ガウディ友の会創立一〇周年記念祝賀会（バルセロナ）に参加	大室高原ヘルス・ホテル計画案 塩原リバーサイドホテル設計案
一九六四	昭和三九	六九歳		『欧旅素描』（美術出版社）
一九六五	昭和四十	七〇歳	早稲田大学停年退職 早稲田大学名誉教授	訪問童貞会修道院聖堂 朝日生命本社彫刻「まごころの奉仕」
一九六六	昭和四一	七一歳	桃華楽堂その他に対して日本芸術院賞受賞 関東学院大学大学院教授	桃華楽堂（香淳皇后御還暦記念音楽ホール） 大隈記念館、カトリック信者の墓碑
一九六七	昭和四二	七二歳	桃華楽堂に対して第八回建築業協会賞（ＢＣＳ賞）受賞	早稲田大学小野梓記念賞メダル 『旅路』（彰国社）
一九六八	昭和四三	七三歳		万博・教会の家計画案
一九七〇	昭和四五	七五歳	勲三等瑞宝章叙勲 文化学院建築科研究コース教授	遠山美術館
一九七一	昭和四六	七六歳		カトリック姫路本町教会設計案 大多喜城設計案
一九七二	昭和四七	七七歳		玉川学園礼拝堂設計案
一九七六	昭和五一	八一歳		今和次郎賞メダル
一九七七	昭和五二	八二歳	日本建築学会大賞受賞	

一九七八　昭和五三　八三歳　日本芸術院会員
カトリック田園調布教会祭壇正面壁面草案

一九七九　昭和五四　八四歳　アルフォンソ十世賢王勲章（スペイン）受勲

一九八三　昭和五八　八八歳　関東学院大学退職
竹内芳太郎賞メダル

一九八七　昭和六二　九二歳　五月二〇日　急性心不全のため逝去
従四位に叙さる
『絵日誌（昭和16年）』（早稲田大学出版部）

一九九三　平成五
『今井兼次著作集2　作家論Ⅰ　私の建築遍歴』（中央公論美術出版）

一九九四　平成六
『今井兼次著作集3　作家論Ⅱ　芸術家の倫理』（中央公論美術出版）
『今井兼次著作集4　旅記随想——建築欧旅』（中央公論美術出版）

一九九五　平成七　「生誕一〇〇年記念今井兼次回顧展」（早稲田大学旧図書館）
『今井兼次著作集1　概論——建築とヒューマニティ』（中央公論美術出版）

二〇〇五　平成十七　「建築家 今井兼次の世界」展（多摩美術大学美術館）

二〇〇七　平成十九　「ガウディの友 今井兼次」展（サグラダ・ファミリア贖罪聖堂地下一階ギャラリー）
「建築家 今井兼次の世界Ⅱ」展（多摩美術大学美術館）

二〇〇九　平成二一
『今井兼次 建築創作論』（鹿島出版会）

編者あとがき

本書の成立のためには長年にわたって多くの方々から様々なご協力をいただいた。

多摩美術大学からは四年にわたって貴重な研究助成を受け、未完とはいえ膨大な資料整理を一歩一歩進めることができた。

そして今井兼次先生の御子息今井兼介氏、洋子夫人のご協力がなければ、本書は生まれるべくもなかった。一九八七年以来膨大な遺稿を管理され、その遺稿の中から必要な資料を探し出され、その都度それを提供していただいた。その全ての出版許可をいただいたことに、心からの感謝の意を記しておきたい。

本書の編集にあたっては南風舎の小川格氏、南口千穂氏に多大なご協力をいただいた。一九二五年から一九七七年までの発表時の原稿を全てワープロに打ち出し、何度も校正を重ね、全体をまとめていただいた。

鹿島出版会の川嶋勝氏からは、本書の出版に対するあたたかいご理解とご協力をいただいた。写真家大橋富夫氏、下村純一氏、赤沼淳夫氏、広瀬正俊氏からは、貴重な写真の掲載許可とご協力をいただいた。

本書の成立のためにはこのように多くの方々からのあたたかいご協力をいただいたことに、心からの謝意を記しておきたい。

二〇〇九年一月十一日

多摩美術大学 今井兼次共同研究会

写真クレジット（50音順・敬称略）

赤沼淳夫（カバー表、p.133）
五十川殖（p.45）
池原義郎（p.211）
石川恒夫（カバー裏、口絵 訪問童貞会修道院聖堂、口絵 遠山美術館、p.86、p.155）
今井兼次（p.51）
大橋富夫（p.14、p.121、p.129、p.142、p.157、p.256、p.281）
下村純一（口絵 早稲田大学図書館、口絵 日本二十六聖人殉教記念館外観、内観）
広瀬正俊（今井兼次ポートレート）
村沢文雄（口絵 桃華楽堂、p.230、p.241）
渡部良治（口絵 東洋女子短期大学壁面陶片モザイク）
『旅路』（彰国社、1967年）より（口絵 碌山美術館）

索　引

編者紹介

多摩美術大学今井兼次共同研究会

メンバー及び協力者（肩書は平成二十年度当時）

山下　泉（代表・多摩美術大学環境デザイン学科教授）

今井兼介（今井兼次長男、著作権継承者）

上松佑二（東海大学名誉教授）

石川恒夫（前橋工科大学大学院准教授）

片岡正次（元多摩美術大学非常勤講師）（平成十七、十八年度）

伊藤憲夫（多摩美術大学大学史編纂室長）

小林宏道（多摩美術大学美術館学芸員）（平成十八年度〜）

池田愛子（多摩美術大学企画広報部職員）（平成十八年度）

原　衣代果（ビオ・ハウス・ジャパン一級建築士事務所勤務）（平成十八年度〜）

今井兼次　いまい・けんじ

建築家

1895 年　東京に生まれる

1919 年　早稲田大学理工科建築学科卒業、
　　　　同助教授

1935 年　多摩帝国美術学校創設に参加、
　　　　のちに教授

1938 年　早稲田大学理工学部教授

1965 年　早稲田大学名誉教授

1978 年　日本芸術院会員

1987 年　逝去　享年 92 歳

代表作

早稲田大学図書館、航空記念碑、碌山美術館、大多喜町庁舎、
日本二十六聖人殉教記念館、桃華楽堂、大隈記念館、遠山美術館、等

受　賞

日本建築学会賞、日本芸術院賞、日本建築学会大賞

今井兼次 建築創作論

発　行　二〇〇九年五月三十日　第一刷

著　者　今井兼次

編　者　多摩美術大学今井兼次共同研究会

発行者　鹿島光一

発行所　鹿島出版会

〒一〇七－〇〇五二
東京都港区赤坂六－二－八
電　話：〇三－五五七四－八六〇〇
振　替：〇〇一六〇－二－一八〇八八三

製　作　南風舎

印　刷　壮光舎印刷

製　本　牧製本

ISBN978-4-306-04527-9 C3052
Printed in Japan

本書の内容に関するご意見・ご感想は下記までお寄せください。
URL: http://www.kajima-publishing.co.jp
e-mail: info@kajima-publishing.co.jp